国务院发展研究中心
Development Research Center of the State Council

新一轮技术革命与中国城市化

2020—2050

影响、前景与战略

A NEW ROUND OF TECHNOLOGICAL REVOLUTION AND CHINA'S URBANIZATION

IMPACT, PROSPECT AND STRATEGY

国务院发展研究中心市场经济研究所课题组　著

中国发展出版社
CHINA DEVELOPMENT PRESS

图书在版编目（CIP）数据

新一轮技术革命与中国城市化：2020—2050：影响、前景与战略/国务院发展研究中心市场经济研究所课题组著．—北京：中国发展出版社，2021.12

ISBN 978-7-5177-1171-1

Ⅰ.①新… Ⅱ.①国… Ⅲ.①城市化—研究—中国—2020-2050 Ⅳ.①F299.21

中国版本图书馆 CIP 数据核字（2021）第 023844 号

书　　名：新一轮技术革命与中国城市化 2020—2050：影响、前景与战略
著作责任者：国务院发展研究中心市场经济研究所课题组
出 版 发 行：中国发展出版社
联 系 地 址：北京经济技术开发区荣华中路 22 号亦城财富中心 1 号楼 8 层（100176）
标 准 书 号：ISBN 978-7-5177-1171-1
经　销　者：各地新华书店
印　刷　者：北京市密东印刷有限公司
开　　本：700mm×1000mm　1/16
印　　张：19.75
字　　数：226 千字
版　　次：2021 年 12 月第 1 版
印　　次：2021 年 12 月第 1 次印刷
定　　价：88.00 元

联 系 电 话：（010）68990642　68990692
购 书 热 线：（010）68990682　68990686
网 络 订 购：http://zgfzcbs.tmall.com
网 购 电 话：（010）68990639　88333349
本 社 网 址：http://www.develpress.com
电 子 邮 件：fazhanreader@163.com

致　谢

必和必拓集团

世界经济论坛（WEF）

经济合作与发展组织（OECD）

国家发展和改革委员会

住房和城乡建设部

科技部

交通部

财政部

中国社会科学院农村发展研究所

国家发展改革委能源研究所

中国电子信息产业发展研究院

同济大学交通运输工程学院

北京交通大学经济管理学院

北京林业大学经济管理学院

中国发展研究基金会

“新一轮技术革命与中国城市化”
课题组

课题顾问：

马建堂　国务院发展研究中心党组书记

李　伟　国务院发展研究中心原主任、全国政协资源与环境委员会主任

王安顺　国务院发展研究中心党组成员、副主任（正部长级）

隆国强　国务院发展研究中心副主任

刘世锦　国务院发展研究中心原副主任、中国发展研究基金会副理事长

杨保军　住房与城乡建设部总经济师

吴敬琏　国务院发展研究中心研究员

课题负责人：

王　微　国务院发展研究中心市场经济研究所所长、研究员

邓郁松　国务院发展研究中心市场经济研究所副所长、研究员

课题联络人：

赵　勇　国务院发展研究中心办公厅副研究员

牛三元　国务院发展研究中心市场经济研究所副研究员

王瑞民　国务院发展研究中心市场经济研究所副研究员

课题组成员：

王　青　国务院发展研究中心市场经济研究所副所长、研究员
刘　涛　国务院发展研究中心市场经济研究所副所长、研究员
邵　挺　国务院发展研究中心市场经济研究所研究员
刘　馨　国务院发展研究中心市场经济研究所副研究员
李汉卿　国务院发展研究中心市场经济研究所副研究员
王立坤　国务院发展研究中心市场经济研究所副研究员
王　念　国务院发展研究中心市场经济研究所副研究员
侯永志　国务院发展研究中心发展战略和区域经济研究部部长、研究员
孙志燕　国务院发展研究中心发展战略和区域经济研究部研究员
王金照　国务院发展研究中心产业经济研究部部长、研究员
刘瑾钰　国务院发展研究中心宏观经济研究部助理研究员
赵　坚　北京交通大学经济管理学院教授
陈小鸿　同济大学交通运输工程学院教授
李艺铭　中国电子信息产业发展研究院研究员
苏　铭　国家发展改革委能源研究所副研究员
苏红键　中国社会科学院农村发展研究所副研究员
张　洋　北京林业大学经济管理学院副教授
张英杰　北京林业大学经济管理学院副教授
冯　璐　北京邮电大学经济管理学院讲师
卢昱周　北京大学光华管理学院博士生
金生学　北京师范大学经济与资源管理研究院博士生

序 言

城市是经济社会活动的空间集聚，是人类文明的多维载体。现代意义上的城市化，某种程度上发端于技术革命。18 世纪以蒸汽机发明和应用为代表的科技革命，引发了由传统的工场手工业转变为机器大生产的第一次工业革命，全面开启了人类工业化、城市化进程。19 世纪以电力和内燃机的应用为代表的科技革命，引发了从机械化生产向电气化和大规模工业化生产转变的第二次工业革命，也显著加快了全球城市化进程。20 世纪以原子能、计算机、通信技术的发明和应用为代表的科技革命，再次引发传统工业的革命性变革，自动化、数据化、智能化不断提升，极大地改变了人类的生产、生活方式，城市的经济结构、功能和形态都出现新的变化。以数字化、智能化、绿色化、融合化为标志的新一轮技术革命，方兴未艾、持续演化，催生了一系列新技术、新产业、新模式，对全球经济社会发展的影响正在加速显现，必将对全球城市化发展产生深刻影响。

当今世界正处于百年未有之大变局。这个大变局，是新一轮科技革命和产业革命带来的生产生活方式和发展方式之变，也是全球化背景下各类要素资源新一轮优化配置之变。新一轮科技革命和产业革命的孕育兴起，正在和中国转变经济发展方式形成历史性交汇，为中国经济社会高质量发展提供了难得的历史机遇。机遇稍纵即逝，抓住了我们就能迎头赶上，抓不住就会被时代抛下。我们必须把新一轮科技革命的机遇牢牢抓在手里，不等待、不观望、不懈怠，在日趋激烈的国际竞争中赢得主动。

中国城市化与新一轮技术革命拓展期高度重合。中华人民共和国成立70多年来，特别是改革开放40多年来，中国经历了世界历史上规模最大、速度最快的城市化进程，2020年中国城镇化率已达到63.89%，创造了人类城市发展史上的奇迹。中国城市化发展模式和道路有其自身特点，不仅与中国经济发展道路和产业结构变迁模式高度关联，也得益于改革开放和融入全球经济体系，在快速工业化的进程中实现了城市化持续快速发展。参照城市化发展阶段的国际标准，中国城市化经历了起步期和以制造业发展为主的加速期，目前已进入以服务业和新兴产业为主导的加速期。

面向未来，伴随经济社会从高速增长转入高质量发展，中国城市化发展也将进入新阶段。在新阶段，既有新技术革命带来的巨大创新发展动力，也将面临百年未有之大变局带来的不确定性，还面临着新一轮经济结构调整、新旧动能转换、治理体系提升等新的发展要求。迫切需要牢牢把握新一轮技术革命和中国经济社会结构转型升级的双重机遇，加快构建中国城市化高质量发展的动力系统，围绕“制度、要素、产业、技术”等核心动力机制协同推进，深化改革和推动高水平开放，促进中国城市化实现高质量发展。

呈现在大家面前的这本专著《新一轮技术革命与中国城市化2020—2050：影响、前景与战略》，是在必和必拓集团资助下，由国务院发展研究中心市场经济研究所研究人员为主撰写的。本书分三篇共十章，系统梳理了历次技术革命与城市化的关系，分析了新一轮技术革命对全球城市化的影响，展望了新一轮技术革命下的中国城市化前景并尝试研判提出相应的战略重点，具有较强的理论性和实践指导意义。

本书的出版是国务院发展研究中心发挥国家高端智库优势、提升为党咨政为国建言的质量、深化国际交流合作的一项重要成果。在全面建成小康社会、开启全面建设社会主义现代化国家新征程中，国家高端智库肩负着光荣而重大的职责使命。国务院发展研究中心将深入学习贯彻习近平新时代中国特色社会主义思想，围绕经济社会发展全局性、战略性、前瞻性、长期性和重点热点难点问题开展深入研究，力争推出更多高质量研究报告，进一步提高服务中央决策的能力和水平，并更多地与社会分享我们的研究成果。

是为序！

马建堂

2021 年 9 月 7 日于北京

目　录

摘　要

城市是人类最伟大的发明与最美好的希望，它不仅是人们生活的主要集聚空间，也是经济活动与技术创新的中心，是交通、贸易及信息流的枢纽，还是提供最优质的公共和私人服务的平台。城市化是一个复杂的经济社会发展过程，其本质是经济社会发展的重心从农村转向城市，劳动力、土地及资本等生产要素持续向城市配置的过程，人们的生产、生活方式也随之变迁。在过去的200年中，城市化成为全球最持久、最显著的趋势之一。2008年，全球城市居民人数在历史上第一次超过了农村居民，2018年全球城市人口达到42亿，占世界人口的比例达到55%，预计到2050年68%的世界人口将居住在城市。

现代意义上的城市化发端于技术革命，技术革命带来了土地、劳动力和资本等生产要素的革命性重组，也因此成为城市化的原动力。本书课题组首先从时间视角出发，回顾了历史上三次技术革命如何推动城市化，以归纳技术革命与城市化的一般规律；接着从空间视角出发，分析新一轮技术革命的特征及其对全球城市化的影响；在此基础上，回到中国的城市化议题，深入考察新一轮技术革命对中国城市化的影响，对2020~2050年的中国城市化前景进行了前瞻性研判，并提出新一轮技术革命背景下中国城市化高质量发展的政策建议。

第一节　历史上的技术革命与城市化

一、技术革命有力推动城市化持续演进

自 18 世纪以来，人类已经大致经历了三次技术革命。其中，以机器生产为代表的第一次技术革命，使人类进入“蒸汽时代”；以电力应用为标志的第二次技术革命，使人类跨入“电力时代”；以电子和信息技术为标志的第三次技术革命，将人类带入“信息时代”。每一次技术革命都推动了生产技术的系统性、根本性变革，孕育和推动了一系列新兴产业的发展，极大地提升了人类的生产力与生产效率，吸引大量劳动力、资本等要素资源进入新兴产业聚集地区，不仅实现了产业变革和经济结构的调整升级，而且有力推动了城市化的持续演进。

从长周期角度观察，历次技术革命大致都会经历导入期、拓展期和爆发期。在导入期，新的通用技术的创新，依赖于基础科学研究与发现。在拓展期，主导技术进一步成熟完善，与其相关的技术不断发展，技术之间相互融合渗透，主导技术在更大的领域和范围内扩散使用，呈现出成为通用技术的趋势性特征。围绕主导技术逐渐形成较为成熟的技术集群，其技术和商业价值为大众所接受，但从商业和产业化角度观察，仍停留在多种新技术的“并存融合但不爆发”阶段。在爆发期，通用技术取得突破性进展，成为引发各技术系统自增强效应的“引爆点”，新的通用技术及其足够的配套、支撑技术在效能和规模上达到全面耦合，多种新技术的“并存融合但不爆发”格局被打破，从而推动通用技术产业化应用的大规模爆发。

从三次技术革命发生和演变的过程看，技术革命发生的主导技术虽不尽相同，但存在着一些共同的规律。概言之，突破性科学发现为技术革命奠定了基础，市场需求扩大成为技术革命的重要推动力，通用技术的突破则是技术革命演进的关键环节，制度革新为技术革命提供了坚实的制度保障。

历次技术革命均对城市化产生了广泛且深刻的影响（如图 1 所示），突出表现在四大方面。

一是加快了城市化进程。技术革命通常率先发生在城市，新的高收入岗位、新的行业也率先在城市产生并且集中于城市，导致非农产业从业者的收入和农业从业者的收入差距不断扩大，进而表现为城乡间收入差距的扩大。非农产业和农业之间以及城乡间收入差距的不断拉大，吸引农村剩余人口向城市流动，成为农村剩余人口城市化的拉力。

二是技术革命推动城市兴衰演变。技术革命通过改变交通区位条件和竞争优势而引起城市的兴起和衰落。新的交通技术、能源技术和通信技术的发展，会产生“时空压缩效应”，降低运输成本，缩短运输时间，降低沟通协调成本，使企业和产业逐渐摆脱自然区位条件的限制，促进企业、产业的选址和再选址，新的城市可以在远离自然资源富集地而兴起，原有的资源型城市则可能出现衰落。技术革命通过新要素、新产品、新产业、新市场带动新兴城市的崛起，而无法尽快融入新技术革命的传统城市则会逐步衰落。

三是技术革命改变城市内部空间结构。技术革命引起的生产方式变革，特别是制造业和服务业集聚式发展、规模化生产经营，推动着城市居民的居住、消费、娱乐等行为以及生活方式的演变，也决定了城市交通出行、住房、公共基础设施和商业空间布局的演变。

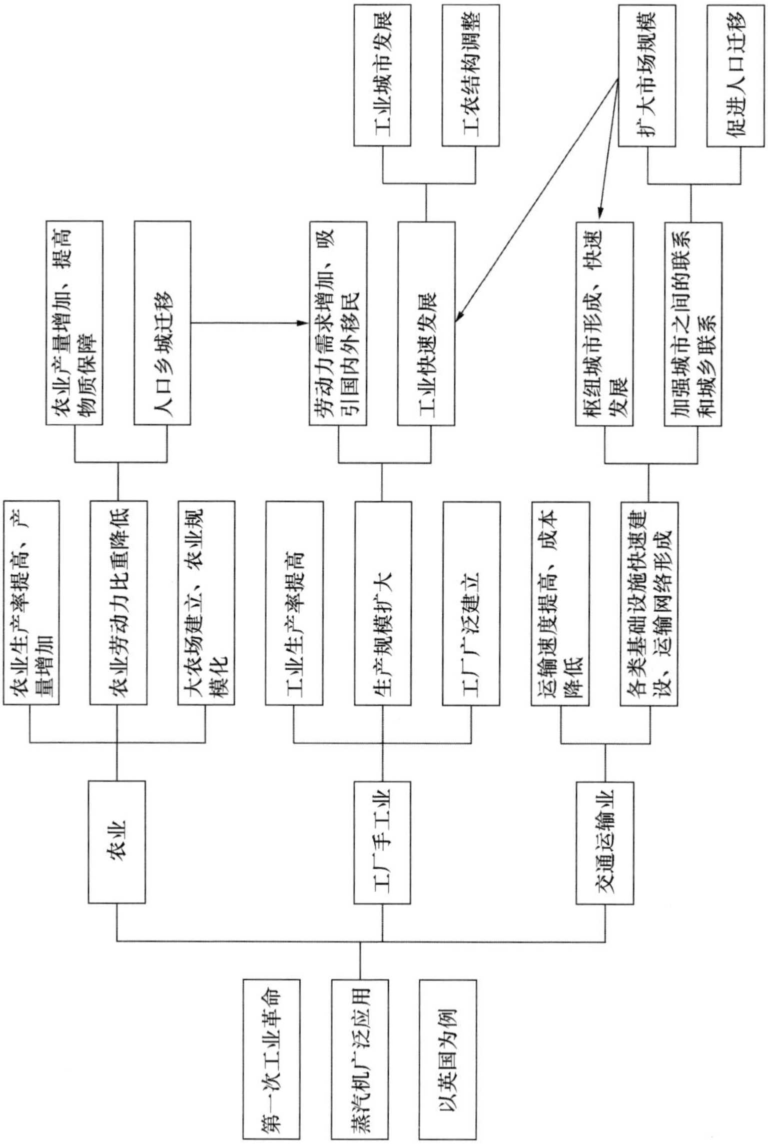

图 1　第一次技术革命对英国城市化和城乡关系演进的影响

资料来源：课题组整理。

四是提升了城市治理水平。技术革命通过赋能城市规划、管理及基础设施建设而提高城市治理水平，“城市的胜利”成为可能，“城市使生活更美好”成为现实。

二、产业的持续变迁是高质量城市化的关键

回顾全球典型国家的城市化历程，不难看出，产业的持续变迁是实现高质量城市化的关键，城市化率50%则是城市化质量分化的关键节点。城市化率达到50%后，逐渐进入服务业和新兴产业主导的加速期，第三产业的发展成为推动城市化质量提升的重要力量（如表1所示），城市化的速度达到峰值，此时城市文明普及最快、城市发展的辐射力最强，如英国1851年城市化率达到50%，德国1900年城市化率达到50%，美国1920年城市化率达到50%，均成为当时世界上最强大的国家之一。

表1　　城市化三个阶段的特征与产业结构

<table>
<tr><th colspan="2">城市化阶段</th><th>城市化水平与速度</th><th>产业结构</th></tr>
<tr><td colspan="2">初期阶段</td><td>10%～30%，人口缓慢向城市集聚</td><td>农业为主、轻工业为辅</td></tr>
<tr><td rowspan="2">中期阶段</td><td>工业化主导的加速期</td><td>30%～50%，人口加速向城市集聚</td><td>重化工业主导</td></tr>
<tr><td>服务业和新兴产业主导的加速期</td><td>50%～70%，城市人口继续较快增长，但增速有所放缓</td><td>逐渐转向服务业和新兴产业主导</td></tr>
<tr><td colspan="2">后期阶段</td><td>70%以上，城市人口比重缓慢增长乃至基本稳定</td><td>服务业、高科技产业主导</td></tr>
</table>

资料来源：课题组整理。

面对20世纪70年代以来的全球化引发的产业分工重构，拉美国家的民粹主义政府错失发达国家产业转移机遇，仍然实施进口替代战略，

未能实现产业的持续升级，在全球化浪潮中迅速失去比较优势，发展陷入停滞；而由政府主导、实施出口导向战略的韩国、新加坡等经济体成功承接了发达国家转移的重化工业，实现了经济起飞与城市化的快速推进（如表 2 所示）。对于仍处于城市化加速后期的中国，应充分借鉴先发国家与追赶型经济体城市化进程中的有益经验，吸取拉美城市化过程中产业支撑不充分的教训，抓住新一轮技术革命机遇，促进要素流动与市场开放，以持续创新和产业发展带动城市化，同时根据城市发展需要进行及时、有效的公共政策调整，着重提高城市发展质量及包容性、可持续性，实现城市化长期、持续健康发展。

表 2　　三类典型的城市化模式比较

	先发国家	追赶型经济体	产业支撑不充分的拉美国家
初始禀赋	自然资源丰富，殖民带来的原始资本积累	较高的人力资本，外部援助	自然禀赋较好，以初级产品出口为主
产业发展	轻工业—重工业—服务业的依次变迁	技术引进，实现重工业—服务业的跃迁	初级产品出口—进口替代，未能实现向出口替代的顺利转型
城市治理	及时、有效	及时、有效	弱
政府力量	后期介入，主要是公共服务	从一开始就介入，强有力的产业政策	民粹主义的分配政策

资料来源：课题组整理。

三、制度和政策在城市化与技术革命中扮演着举足轻重的角色

技术革命、城市化的演进过程也是制度政策体系不断改革创新的过程。技术革命及其产业化、商业化带动的产业变革，需要有利于促进各种要素资源加快集聚和持续优化重组的制度安排及政策激励。现代教育制度的建立与发展是技术革命发生的前提和基础。现代大学的出现和发

展，广泛而坚实的高等教育，为科技进步提供了大量的专业人才。现代职业技术教育的发展培养了一大批熟练劳动力。专利制度和知识产权保护制度明确并保护了新技术知识的专有性质，激发了人们进行技术创造的积极性和主动性，推动了技术创新活动，促进了经济和社会的发展。现代公司制度则推进了技术革命成果的产业化。股份制能够大规模吸收资本，增加抵抗市场风险的能力，有实力进行重大技术创新和推广使用。不难发现，上述制度安排都是伴随技术革命及其带动的产业发展而逐步形成和日臻完善的，从而为新兴产业的不断涌现、成长、集聚提供激励，为城市发展和城市化持续推进提供动力，也为培育城市持续创新的能力和推动未来技术变革提供制度基础，进而实现“技术变革—产业变迁和新兴产业发展—制度变革与政策创新—资源要素与产业发展集聚—城市化发展与创新能力提升—新一轮技术变革孕育”的良性循环。

在城市化发展的不同阶段，制度与政策会呈现不同的特征。城市化初期，劳动力权益保护、土地和规划制度开始起步，科技创新和教育事业开始兴起。城市化中期是各项制度、政策和城市治理机制基本成形的阶段，劳动力权益保护显著加强，土地和规划制度日益完善，教育和创新体系的结合日益紧密。进入城市化后期后，城市的各项制度、政策已基本成形，城市管理的法治化程度显著提升，对各项制度和政策进行调整、改革的难度加大；需要关注劳动力流动的隐性壁垒与过度权益保护，通过土地与规划变革推动城市更新，更加注重金融风险防范和人力资本、创新优势的培养。

城市化发展阶段的转变期通常也是相关制度与政策进行重大变革的时期。技术革命以及由此引发的产业变革会带来城市经济结构和发展主导动力的重大转变，相应的制度政策和城市发展战略通常会随之进行较大调整。特别是在进入城市化中后期阶段后，面对城市化进程中出现的基础设施滞后、住房短缺、环境污染、城市贫困等挑战，各国及城市政府需要对相关制度和政策进行新的调整与创新。例如，城市化中后期许多城市面临新增城市空间资源有限的挑战，土地和规划制度的变革能够更好地推动城市更新。如新加坡纬壹科技城通过多功能混合用地安排，打破单一功能分区，住宅、生活配套服务设施用地占有较大比例，并提前预留“白地”，以根据未来发展需要进行灵活调整。

需要强调的是，城市化的过程也是市场经济制度不断完善和发展的过程。在这一过程中，统一市场的形成，市场准入制度的不断完善，市场竞争机制和市场环境的持续改善，政府与市场关系的调整，都发挥了重要作用。市场经济制度的持续完善又不断提升城市的效率和吸引力。在同样的制度环境下，不同城市政府的治理能力的差异，对重要基础设施布局的不同选择以及在结构转型期城市发展战略取向上的差异，是造成城市发展路径和发展前景差异的重要原因。

总体看，制度与政策的持续变革和创新，对于是否能够持续推进技术变革和产业变革、实现城市化高质量发展至关重要。技术革命的每一次进步，都会带来产业的重构，也会扩大制度选择的空间，引起规模报酬递增和组织形式的变化，促使社会关系和社会结构的改变，引起制度的变迁。认识并主动适应技术进步、产业结构变化和城市发展对现存制度改革的要求，方能促进城市的长远发展。与城市化发展阶段相适应的制度安排和以创新为导向的发展战略，有利于促进各种要素资源持续优化重组，培育城市“后天”竞争优势，实现持续的创新和产业变迁，支撑新兴产业和高附加值服务业的发展；有利于提高城市的治理能力和应对城市化进程中出现的种种挑战，容纳不断新增的城市人口和提高城市的承载力及运行效率；是城市化顺利推进、城市经济转型升级、城市发展质量不断提升的基本保障。

第二节 新一轮技术革命对全球城市化的影响

一、新一轮技术革命的特征

进入21世纪，新一轮技术革命在全球范围开启帷幕。在全球经济增长低迷、亟待应用新技术来寻找新的动力，环境污染等现实问题迫切需要解决，科学技术发现不断取得重点突破的背景下，新一轮技术革命在全球范围内开始快速扩散。与以往历次技术革命不同，新一轮技术革命呈现出四个方面的突出特征。

一是以数字化为主导。新一轮技术革命突出地表现在物联网、大数据、云计算等一系列数字技术的出现，以及应用领域的创新性突破和经济社会行为的数字化转型。数字技术的突破直接促进了信息的数据化。数据要素及其新的组合应用引发生产方式的重大变革，尤其是数字技术将赛博（Cyber）世界和比特（BIT，Binary digit）世界有效连接融合，推动了数字经济的兴起。数字技术的发展引发通信方式、电子商务、电子支付和智能制造等领域的变革，极大地改变了决策、生产和交易的方式，出现了一系列新产业、新业态、新模式，加快了传统产业的数字化转型和智能化发展，数字的产业化和产业的数字化显著提升了经济效率，"信息经济"时代逐渐转向"数字经济"时代。

二是以智能化为指向。从生产角度来看，新一轮技术革命与以往历次技术革命的最大区别在于其生产和服务的智能化趋势。从制造业到服务业再到农业领域，在自动化基础上日益转向智能化，涵盖设计研发、加工组装、物流配送、金融服务等各个领域。数字化技术加速了劳动工具的智能化，3D 打印、数控机床、智能机器人等智能装备快速涌现，劳动工具从传统的能量转换工具向智能工具演进。万物互联、数据驱动、软件定义、平台支撑、组织重构、智能主导正在构建新的制造体系和服务体系，成为全球新一轮产业发展的制高点。

三是以绿色化为引领。针对人类面临的环境污染、生态破坏以及全球气候变暖等问题，新的技术在促进经济增长的同时，需要以更加低成本的方式实现绿色发展。尤其是在能源、交通和制造领域，绿色技术的突破和广泛应用成为新一轮技术革命的突出特征。新的能源技术突出地表现在形成了一系列清洁化、低碳化利用关键技术，如新一代核能、页岩气、氢能、可燃冰等清洁能源技术，以及储能和分布式能源关键技术、智慧能源管理技术。在交通领域，锂电池和充电桩技术等方面的突破，使氢能、电能等新能源汽车的发展日益受到重视，全球主要国家纷纷推出了传统汽车退出的时间表。在生产制造领域，生产制造技术更加注重节能、节水、资源综合利用和低碳排放，与智能化生产并重。

四是以融合化为趋向。以数字技术为主导的新一轮技术革命具有融合性、互联性和群体突破的特征。大数据、物联网、云计算等新一轮数字技术创新一经出现，就迅速向各领域渗透，与能源和交通等领域其他技术相互交叉，融合创新不断加快，影响也更为深远。例如，传统能源巨头埃克森美孚、雪佛龙、壳牌与科技巨头微软展开深入合作，道达尔则与谷歌携手协同推进技术创新。奔驰、丰田等许多传统汽车厂商与信息技术公司合作共同促进技术研发和产品创新。信息技术、交通技术和能源技术的全方位融合性变革，改变了以往独立创新的特征，呈现出技术创新相互融合、交互促进的新局面。

二、新一轮技术革命的演进趋势

当前，新一轮技术革命仍处在持续演进的拓展期。随着技术的进一步突破、技术融合和应用的日益广泛，未来技术变革将呈现出一系列新趋势。

一是信息技术向高速、高效和智能化趋势发展。数字技术和物联网的广泛应用，海量数据出现，对硬件的处理速度、储存容量的要求越来越高，计算机硬件将呈现处理高速化、大容量的特征。通信传输技术发展将转向6G、卫星互联网和空天互联网技术，向高速度、大容量、长距离、低时延方向发展，有效促进万物互联的实现。通用人工智能将成为下一代人工智能重点突破的方向。区块链技术围绕共识算法、加密算法等底层核心技术不断取得突破，并与人工智能、大数据、物联网等技术深度融合。

二是能源技术向低碳化、分布式和智能化持续转变。能源新技术正在与现代信息、材料和先进制造技术深度融合，太阳能、风能、新能源汽车等低碳能源技术不断成熟，大规模储能、氢燃料电池、分布式能源等技术有望突破。在应对气候变化的大背景下，低碳能源技术迅猛发展，推动世界能源结构加速向低碳化甚至无碳化方向演变。分布式能源使能源系统具有利用高效、运输损耗小、运行灵活、系统经济性好等优点，已成为全球能源行业的重要发展方向。以能源与信息技术深度融合为特征的能源技术正在广泛应用，推动了以智能电网为核心的智能能源体系建设。

三是交通技术向超高速化、智能化、绿色化和共享化持续变革。目前交通技术呈现出从系统、工具、基础设施和服务运行等多个环节共振变革的特征。“超级回路系统”和磁悬浮技术有望成为下一代超高速轨道交通系统的解决方案。基于传感器和车联网系统的无人驾驶汽车技术将进一步实现舒适、安全的驾驶体验和人力成本的节约。以燃料电池汽车为代表的新能源汽车具有节能、高效、低污染、低噪音等特点，极大地提升了车辆性能。“出行即服务”将实现公共交通、私人交通和共享交通等多部门数据整合共享，优化服务供给的协调配合，提供高度响应化的一站式高品质出行服务。

四是其他技术呈现出群体突破趋势。新一轮技术革命呈现多点突破、群体性突破的态势，正在形成多技术群相互支撑、齐头并进的链式变革。例如，在新材料领域，正在向个性化、复合化和多功能化的方向发展，石墨烯、柔性显示材料、仿生材料、超导材料、智能材料等层出不穷。在生命科学领域，基因组学、合成生物学、脑科学、干细胞等领域的突破性进展正全面提升人类对生命的认知、调控和改造能力。

三、新一轮技术革命对经济社会发展的影响加速显现

新技术的广泛应用和大规模商业化，对经济发展产生了深远影响。

一是创造新的生产要素，加快新兴产业发展和产业链升级。新技术引发“关键生产要素”变迁，数据成为越来越重要的生产要素，直接促进了数字经济的发展，加快了电子商务、工业互联网等新兴产业的发展，加快了产业链的融合、分解与消失进程，形成更高水平的数字化产业链和供应链。

二是改变区域间的比较优势和竞争优势，推动数字贸易、服务贸易的快速发展，促进全球产业链和贸易格局重塑。随着交通和信息技术的发展，运输成本和交流成本显著下降，会极大地提高服务贸易的便利

性，改变区域间原有比较优势，推动研发、制造、产业组织和分工、投资、贸易等围绕新的技术体系和生产要素进行重构，引发制造业和服务业在更大的区域范围内甚至全球范围内进行迁移，以及全球价值链、供应链和产业链在空间上重新分解与组合。

三是推动生产方式智能化、平台化和网络化，平台经济等新型产业组织快速兴起。物联网、云计算、人工智能、虚拟现实、增材制造、机器人等突破性技术的发展，特别是信息物理系统的发展，充分整合、优化虚拟和现实世界中的资源、人才与信息，形成高灵活度、高资源利用率的“智能工厂”。生产方式的平台化催生了新型产业组织，出现了极具影响力的平台型企业。根据中国信息通信研究院监测的数据，截至 2019 年底，全球市场价值超过 100 亿美元的数字平台企业达 74 家，价值总额达 8.98 万亿美元，同比增长 41.8%。新一轮技术革命使资源配置趋于网络化、协同化、分散化，生产供应模式由大规模生产转向大规模定制，生产组织日益由集中化向分散化、扁平化和虚拟化转变。

四是加快生活方式向数字化、共享化和绿色化转变。在数字化生存环境中，人们的生产方式、生活方式、交往方式、行为方式都呈现出全新的面貌。以大数据、人工智能、云计算为代表的数字技术正在对城市生活方式进行全面重塑。数字技术的广泛应用，给城市居民生活带来更多选择与便利。交通技术的发展，特别是其与数字技术的融合，改变了城市居民出行的方式。新能源技术的发展推动城市用电、用能由传统能源向新能源转变。

五是改变就业和收入分配格局。数字技术在提高生产力、促进经济增长的同时，还改变了就业和劳动力市场格局，特别是劳动节约型和技能偏向型新技术的发展，造成了“技术性失业”。技术变革带来的数字鸿沟，短期还可能扩大不同群体间的机会和收入差距，特别是在贫困地区和国家仍然有许多人没有分享到数字技术红利。但从长期看，新技术将提高生产力和促进 GDP 增长，创造大量新的就业岗位并最终有利于就业。

四、新一轮技术革命下全球城市化呈现新趋势

新一轮技术革命的扩散、新兴产业的兴起和传统产业的数字化转型，引起城市化动力、方向和质量的变化，全球城市化进程、城市体系、城市空间结构以及城市治理等出现一系列新趋势。

一是全球城市化出现新动力。从全球城市化未来趋势看，新一轮技术革命会推动工业化和服务业的发展，全球城市化水平将持续提高。发达经济体城市化率水平已超过 80%，技术革命对其城市化进程影响有限，城市化仍将维持在低速增长水平。发展中经济体城市化水平仍然较低，新一轮技术革命将会加速其城市化进程，成为全球城市化的主要增长区域。亚洲正在通过数字创新为工业化和城市化提供新动力，未来的城市化速度将明显高于其他地区。在非洲地区，新一轮技术革命会带动其产业升级，并有利于完善基础设施和各种公共服务，持续增强对农村人口的吸引力，从而保持较快的城市化增长速度。

二是大都市区人口和产业承载力增强。新一轮技术革命完善了城市基础设施和公共服务，提升了城市治理能力。通过缩短通勤时间、提高通勤效率，扩大城市通勤距离和范围，使作为一体化劳动力市场意义上的大都市区范围进一步扩大。城市集聚收益和拥挤成本的平衡点与临界规模不断提高，大都市区的人口规模和密度进一步提高，人口承载能力

增强，人口集聚程度相较于中小城市会更加显著。随着创新要素和创新活动的高度集聚，大都市区成为以服务业集聚为主的就业和经济增长空间，产业规模将进一步提高。

三是城市体系价值链功能分工加快演进。技术革命将加快推动城市体系价值链的功能分工深化。随着高速铁路等交通体系的发展，城市间运输成本降低，运输时间缩短。数字技术使交流沟通更加便捷，成本大幅下降，区域联系更加紧密，一体化程度提高。价值链的不同环节在中心—外围城市之间出现区位再选择。随着价值链集聚区位的演变，知识中心型城市将加快兴起，集聚大量的高技能劳动者和高水平研究型大学，形成高层次知识创新能力。国际消费中心城市也将不断涌现，成为全球消费资源的配置中心，引领全球消费发展。

四是城市生活方式加速向智能、包容和绿色转型。新一轮技术革命发生以来，城市生活方式已经发生了巨大改变。互联网、大数据、智能交通、可再生能源、智能交通出行等技术，在城市基础设施运营、公共服务、交通管理、智能建筑等方面得到广泛应用，“智慧城市”建设在各国持续推进。电子政务、数字政务的广泛应用，将大幅提升公共资源供给效率。随着可再生能源技术、智慧能源管理技术以及无人驾驶、智慧交通的发展，城市化石能源消耗将大大降低，从而减轻城市污染，显著降低碳排放，促进城市生活方式绿色可持续。

五是城市空间结构在融合中重塑。随着自动驾驶汽车和车联网的发展，大多数货运物流及快速车道将可能移到地下，城市将会有更多的绿地、公园和公共服务设施空间。餐饮、零售以及其他生活服务需求供给匹配效率越来越高，实体商业和服务空间将逐步减少。教育和医疗分布在居民居住决策中的作用将逐步弱化。在以上因素的共同作用下，传统的职住分离空间格局将会发生改变，生产空间、商业空间、居住空间、公共设施空间和绿色空间将会出现融合化趋势，从以物为导向的城市空间日益转向以人为导向的城市空间格局。

六是城市公共治理能力显著提高。随着数字政务体系的进一步完善，制度的调整和配套改革的推进，不同部门间的协同性将进一步提高，政务服务流程和体系将会进一步优化。数字技术的发展将更有效地提升政府对经济、交通、环境、碳排放、住房、教育、医疗、卫生等领域的监测管理能力。居民参与城市治理的程度将极大提高，并推进政务信息的公开和透明。数字孪生技术将使城市设计规划智能、科学、有效，实现数字城市与现实城市的同步规划、同步建设和同步管理。

需要指出的是，新一轮技术革命背景下，创新型城市在全球城市体系的地位将显著上升。城市体系结构临界规模趋于提高，大都市圈和城市群结构在全球城市发展中的主导力显著增强。城市内部产业布局的空间灵活性、辐射集聚能力和环境亲善度将明显提升。内涵式、可持续的高质量发展将成为城市发展模式的主旋律。智慧城市和大数据等技术将赋能城市治理模式走向精细化运营。收入不平等问题也将随着技术革命的深化逐渐得到改善。

第三节　新一轮技术革命与中国城市化

一、中国的城市化正处在转向高质量发展的关键阶段

中华人民共和国成立 70 多年来，特别是改革开放 40 多年来，中国经历了世界历史上规模最大、速度最快的城市化进程，成为世界城市化

历史上的奇迹。中国城市化发展内生于中国发展战略选择和产业结构变迁模式，也得益于改革开放和融入全球经济体系，城市在快速工业化的进程中实现了持续快速发展。城镇化[①]率快速攀升，2020 年中国城镇化率已达到63.9%（如图 2 所示），中国城市化进程和工业化进程的协调发展持续增强，产业结构和就业结构持续调整优化。

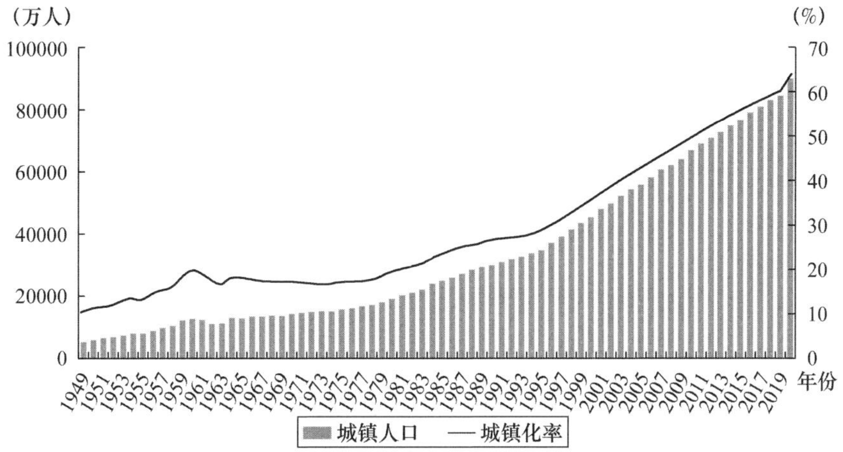

图 2　中国的城镇常住人口与城镇化率（1949～2020 年）

资料来源：国家统计局。

随着城市化的推进，中国城市的城区面积和建成区面积快速提升。城区面积从 2008 年的 17.81 万平方公里增加到 2020 年的 18.66 万平方公里，增长 4.8%。更能反映城市空间扩展的建成区面积从 2004 年的 3.04 万平方公里增加到 2020 年的 6.07 万平方公里，增长了 99.7%，超过同期 56.3% 的城镇人口增长率，即我国空间城市化的速度显著快于人口城市化的速度（如图 3 所示），反映出我国城市化进程中土地利用粗放、集约程度不高的特点。

① 在本书中，涉及国内城市化问题探讨时，主要使用“城镇化”这一表述，城镇化在中国有特定的政策含义，强调“城市化”的区域包含城市的主城区和建制镇的镇区以及同样作为镇一级建制的县城。

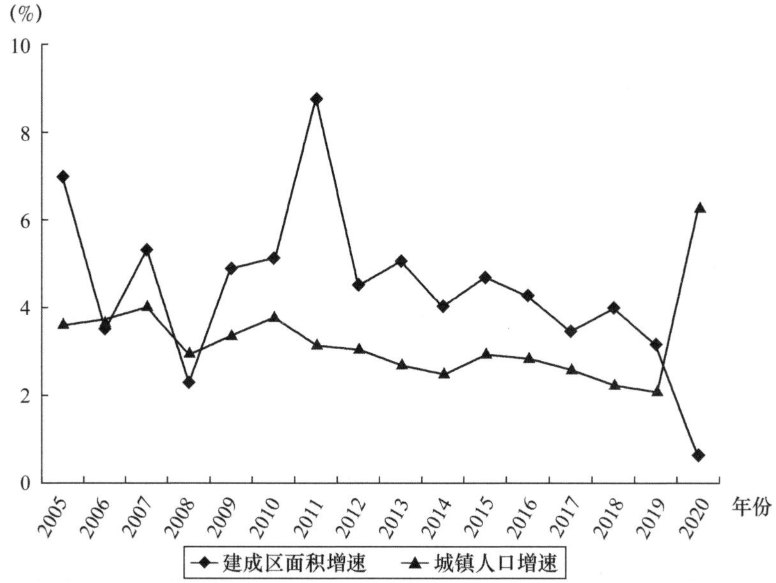

图 3　中国城市的空间扩张与人口增长速度比较（2005～2020 年）

资料来源：国家统计局。

新发展格局下，推动城市化发展的动力机制将发生很大变化。传统的城市化融资模式靠地方政府主导，依赖土地出让收入和通过地方融资平台发行城投债，造成了大量或有负债，地方财政承担了很大部分负有担保和救助责任的债务（如图 4 所示），地方政府的债务风险和潜在金融风险值得关注。近年来，中国经济从高速增长转向质量发展，城市化发展的外部环境发生深刻变化，城市经济由制造业主导向服务业主导加快转变，畅通内循环、扩大内需成为新发展格局下带动经济增长的主力军。与此同时，城市功能不断拓展，许多城市正在从传统的制造中心、贸易中心、交通枢纽向全球创新中心、国际消费中心、要素配置中心转变。

总体来看，中国的城市化正处在转型的关键阶段，依靠资源聚集、制造业驱动的传统动力正在弱化，迫切需要转向依靠技术变革、效率提升、改革开放等创新动力，在新阶段实现城市化高质量发展。

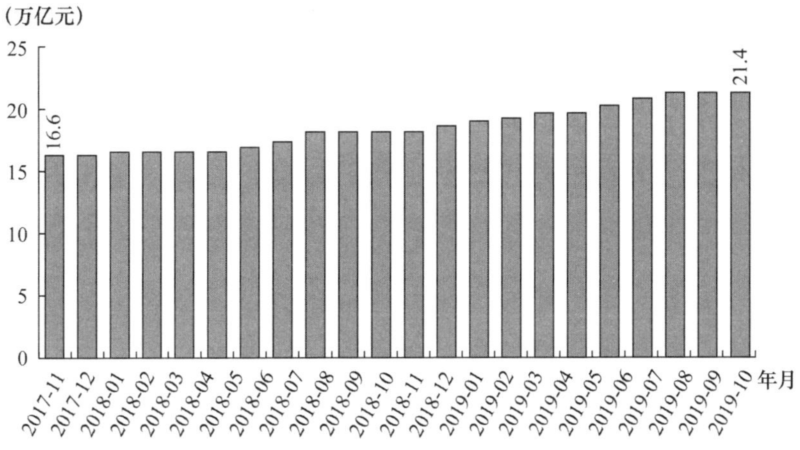

图4 中国地方政府债务余额（2017 年 11 月～2019 年 10 月）

资料来源：财政部。

二、新一轮技术革命对中国城市化的积极影响

新一轮技术革命将给中国城市化注入全新动力，也将对城市的布局、建设、运行、管理等带来一系列的深刻变革，对中国城市化发展产生深远影响。

一是推动城市产业升级和竞争力提升。通过产业升级不断强化城市发展的产业支撑是城市发展的必然选择。防止城市衰退、促进城市振兴的最终办法，就是利用技术和政策推动持续创新与新兴产业的大量涌现和快速发展，用产业升级周期来形成新的城市发展周期。新一轮技术革命会带来新的生产要素，催生新产业和新业态，成为当前和今后一个时期推动产业变革和效率变革的主要趋势。这将为促进中国战略性新兴产业发展，推动技术与各产业深度融合，优化城市基础设施和房屋的建造运营方式，创新技术和商业模式，推进新消费市场扩张等提供强大支撑，推动城市产业升级和竞争力提升，并推动中国进入数字经济时代。

以国民经济主导产业服务业为例，新一轮技术能够有力推动中国服务业的数字化转型，加快服务贸易方式转变和创新。在海淘、跨境电商、网红直播等新销售模式的带动下，消费者对海外商品的认知度、认可度不断提升，带动进口电商呈现爆发式增长（如图 5 所示）。

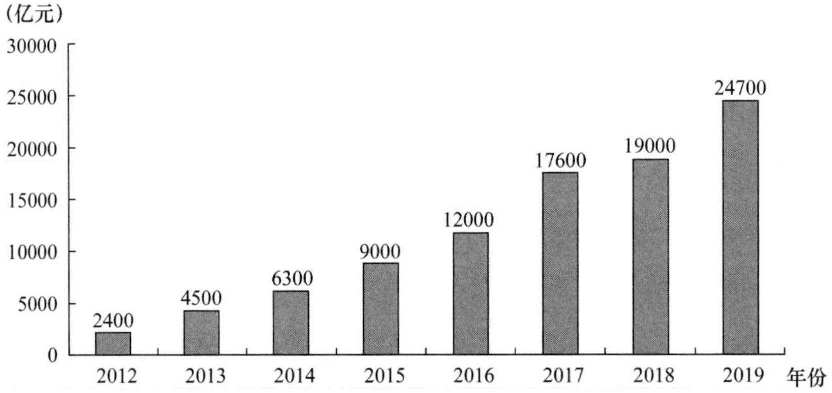

图 5　中国跨境进口电商市场交易规模（2012 ~ 2019 年）

资料来源：中国电子商务研究中心。

二是促进城市化水平提升和空间形态优化。新一轮技术革命将进一步推动人口向城市集聚，加速中国城市化进程。2035 年以前，中国城市人口规模仍将保持较快增长速度。交通技术及能源技术的快速发展和应用，不仅会促进传统制造业、服务业转型升级和效率提高，也会改变传统产业布局的区位选择。从空间分布来看，数字经济以及数字经济和制造业相结合的新兴产业、新型业态更多地分布于大城市，特别是在城市群范围内，成为中国当前和今后若干年内可预见的效率高地和就业机会集聚地，尤其是平台经济和独角兽等创新企业的集聚地。可以预见，未来较长时间内由于效率和就业优势，人口向城市群集聚将成为显著特征。这意味着城市发展模式的巨大转变和城市化空间格局的进一步调整。现代信息技术和交通技术会进一步提升大型城市与周边中小城市的互联互通程度，缩短城市群内大中小城市的时空距离，以大城市为中心的产业布局模式也将相应调整，大城市的制造业将调整转移，中小城市利用在空间、资源、劳动力等方面的比较优势，因地制宜选择适合自身发展的特色产业，与大城市形成具有合理地缘经济关系和分工关系的产业链体系，加快促进以产业分工合作为基础的城市群的形成与发展。更为重要的是，大城市和区域中心城市的高新技术产业与现代服务业加快发展，有利于中国以城市群为主导、以大型中心城市为平台参与全球技术创新及新产业、新业态的竞争，促进中国主要城市群加快融入全球城市体系，实现城市群综合竞争力、国际影响力的提升，形成世界级城市群和全球城市。

三是提升城市治理现代化能力。随着大数据及相关技术的飞速发展，获取大量城市级别的数据并进行大规模分析计算逐渐成为可能，城市化与城市发展的研究也随之逐渐从传统的定性分析向定量分析预测和优化发展。这一转变将给城市规划、设计和运行管理工作带来全新的革命性变化，并能够很大程度地解决目前城市发展的诸多问题，实现城市可持续发展。通过建立描述整个城市几何、物理、经济活动和社会活动的量化模型，从而把城市的规划、建设、运行管理提升到定量化，是城市发展领域将要出现的最重要的技术变革。技术创新，尤其是移动互联网技术，创新和丰富了公共服务供给的手段与方法，提高了公共服务的供给效率。

四是推动解决城市化进程中的不平等问题。从中长期来看，数字技术、移动互联网技术的发展降低了城乡之间的交流成本，高铁、磁悬浮等新型交通方式的出现降低了城乡间的交通成本，两者共同降低了城乡人口等资源流动的成本。同时，技术革命扩大了城市的承载力，进一步促进了资源从农村流向城市。

总体来看，新一轮技术革命不仅会影响中国城市化水平和速度，有助于逐步缩小中国区域间的城市化水平差距，加快大都市圈及城市群发展，促进多中心网络化城市体系形成，实现城市治理水平的提高和城市化进程中不平等问题的加快解决，而且会对中国城市融入全球城市体系、参与全球城市群竞争产生深远影响，促进中国城市化进入高质量发展轨道。

三、高度关注新一轮技术革命对城市化发展的挑战

新一轮技术革命方兴未艾，在给中国城市化发展带来巨大红利的同时，也带来一些挑战。

一是城市之间竞争日益激烈。在历次技术革命中，既出现了一些新崛起的城市，也有一些城市恰恰在技术革命进程中衰落。中国如果不能抓住新一轮技术革命的机遇，不仅可能会加大中国同世界级城市群的创新差距，而且在发展中国家城市竞争力提升过程中，中国城市的竞争能力和发展空间也可能被挤压和削弱。此外，新一轮技术革命也会进一步加大东中西部地区之间城市发展的差距，部分资源型、传统产业密集型城市也会出现发展停滞乃至衰落的现象，可能会在一定时期内加剧中国城市发展不平衡的问题。

二是城镇就业结构和居民收入分配格局调整变化。新一轮技术革命背景下，劳动技能趋向多元化，劳动者知识体系趋向复杂化，智力劳动者所占比重增加，创新能力成为就业的门槛。因此，新一轮技术革命会对城市现有就业结构和就业形态形成很大冲击，会引发对城市常规工作岗位的替代。从影响区域来看，东部发达地区服务业成为吸纳就业的主

要部门，但在技术革命带来的服务业收入极化、市场集中度上升以及大公司内部收入差距增加等影响的同频共振作用下，短期内东部发达地区城市内部收入不平等情况可能进一步加剧。同时，制造业仍然是中西部地区吸纳就业的重要部门，中短期内可能持续受到产业转型带来的收入破坏效应影响，在承接东部地区产业转移时还会面临来自东南亚和非洲等新兴国家的竞争，可能导致与东部地区的平均收入差距进一步扩大。

三是信息时代“数字鸿沟”现象突出。“数字鸿沟”首先体现在信息技术使用的代际差距上。青年群体是新一轮技术革命特别是互联网技术发展的主要受益群体，也是率先接受、使用各类新技术产品及服务的消费群体。受知识结构、生活习惯等因素影响，老年群体适应新技术产品和服务的过程较长，各类新技术产品的设计对于老年人而言也并不适用。比如围绕老年群体进行人性化设计的手机款式不多、许多公共设施需要借助智能化手段才能使用，老年信息科技产品和服务的安全性能、适老化特征和质量水平不高。这些都会加剧老年群体和青年群体在技术使用、分享过程中的“鸿沟”。“数字鸿沟”还会加剧现代城市社会与传统农村社会的分隔，对城乡二元社会结构产生“固化效应”。尽管农村地区利用信息技术的程度在加快提升，但现代信息技术在城市和农村地区的渗透度和利用率相差较明显，这会进一步拉大城乡教育水平、文化生活水平的差距，不利于城乡一体化发展。此外，城乡“数字鸿沟”还阻碍了农民工特别是中老年农民工技能的提升，制约了农村剩余劳动力就业技能的提高。

四、中国经济发展前景展望

2020～2050 年，中国将从目前的中等收入国家跨入高收入国家行列。伴随发展阶段的转换，中国经济将从高速增长转向高质量发展，经济结构和人口结构也将发生重大变化。以服务业为主体、以创新为驱动的中国经济内生增长模式更加巩固成熟，老龄化水平进一步提高，家庭小型化趋势更加明显。2020年中国服务业增加值占GDP的比重为54.5%、消费占GDP的比重为54.3%。参照发达经济体在不同发展阶段的产业结构变迁情况，结合中国实际情况，预计到2035年和2050年，中国消费占GDP的比重将分别提高到68.8%和76.3%（如表3所示）。消费驱动的中国经济内生增长模式更加巩固成熟。

表3　　2020～2050年中国经济增长和结构变迁情况：基准情景

		2010年	2018年	2020年	2035年	2050年
GDP增长率（%）		10.3	6.6	2.3	4.0*	2.0*
城市化（%）		47.5	59.6	63.9	76.8	81.1
GDP总量（现价，万亿元）		41.3	82.7	101.6	270.2	452.7
人民币对美元平均汇率		6.6	6.3	6.9	5.5	5.0
GDP总量（现价，万亿美元）		6.3	13.1	14.7	49.1	90.5
人均GDP	现价人民币（元）	30798	59496	71719	197515	356457
	现价美元（美元）	4666	9444	10369	35912	71291
GDP支出结构	投资率（资本形成总额）	48.1	42.3	43.1	31.2	23.7
	消费率（居民消费和政府消费）	48.2	55.1	54.3	68.8	76.3
产业结构	第一产业占比（%）	10.1	7.0	7.7	5.0	3.0
	第二产业占比（%）	46.7	39.7	37.8	32.0	27.0
	第三产业占比（%）	43.2	53.3	54.5	63.0	70.0

注：2035年和2050年当年的GDP增速会受到各类因素影响，预测精准性不高。此处是用2020～2035年和2035～2050年的年均GDP增速来表示。

资料来源：课题组根据国家统计局等相关数据的预测结果整理。

2020～2050年，中国产业结构仍处在大调整、大转型过程中，第三产业发展的潜力和空间巨大，第二产业和第一产业占比将延续回落态势，以生产性服务业为主导、“三产”加快融合发展的新型产业结构将逐步形成并稳定下来。参照发达经济体在不同发展阶段的产业结构变迁情况，结合中国实际情况，在基准情景下，预计2035年和2050年的中国第三产业增加值占GDP的比重将分别提高到63%和70%左右，比2020年分别提高约8.5个和15.5个百分点；第二产业增加值占GDP的比重为32%和27%，比2020年分别降低约5.8个和10.8个百分点；第一产业增加值占GDP的比重为5%和3%，比2020年分别降低约2.7个和4.7个百分点。

五、新一轮技术革命背景下中国城市化前景展望

在新一轮技术革命的有力推动下，2020～2050年中国城市化质量和效率将明显提升，城市发展模式将更加科学合理，城市治理能力将显著增强，出现一批世界级城市群和新全球城市。

一是城市化质量和效率明显提升。新一轮技术革命会提高中国城市的发展质量和效率，特别是那些具有规模经济效应以及基础设施配套完备的城市，依靠科技、知识、人才、资金以及制度等创新要素驱动城市的发展，反过来又加速了人才、资金等创新要素的集聚。新一轮技术革命以数字技术、智能技术为基础，带动中国城市产业结构和就业结构发生深刻变革。信息处理、研发、设计、管理的工作岗位需求大幅增加，大量就业岗位向办公室、实验室转移，研发、设计、管理等知识型员工成为就业主体。绿色城市化将成为未来中国城市化进程的主动选择和战略安排。能源供给将由目前的以煤为主转为以风、光、水、核等零碳能源为主的低碳方式，能源消费侧也将大幅度提高电力比例，并由刚性用

电模式转为柔性用电，以与不确定的可再生电力匹配。

二是城市空间发展格局不断优化。2020～2050 年，以城市群为主体带动大中小城市协调发展的空间格局加快形成。2035 年城市群内部的大中小城市功能布局进一步优化、协同发展效应充分显现。2050 年，预计长三角、珠三角、京津冀这三大城市群将集聚全国 30% 的人口、创造 60% 以上的 GDP。在继续提升三大城市群发展水平的同时，在成渝、中原、长江中游、哈长等资源环境承载力较强的地区，培育发展若干城市群，促进人口经济均衡分布。根据相关数据测算，到 2050 年中国 19 个城市群将集聚全国 80% 以上的城镇人口、占用全国 65% 左右的城镇建设用地。分城市群看，京津冀、长三角、珠三角、山东半岛、海峡西岸、成渝等城市集群式发展特征明显，主要表现为服务业占比持续上升、人均可支配收入较高。

三是城市发展可持续性增强。交通、能源、信息等技术的新一轮发展，为推动城市可持续发展提供了历史性机遇。2050 年的中国城市空间资源利用更加充分、城市规划更加精细化、城市环境更加宜居，不再盲目扩张城市规模，也不再继续走靠出让土地来推动城市建设的老路。未来中国城市的发展会统筹考虑社会、经济以及生态发展，增强城市空间规划的指导性和约束性，保持合理适度的开发强度，打造人与自然和谐的空间主体。绿色生产、绿色消费将成为城市经济生活的主流，节能节水产品、再生利用产品和绿色建筑比例会大幅提高。城市可持续的投融资模式基本建立，投资的重点将转向提升城市综合竞争力和满足居民更高层次的需求，投融资体系将以市场化为方向，发挥地方债券、地方财政收入和开发性金融等政策资金作用，吸引社会资本进入。

四是出现一批世界级城市群乃至全球城市。2050 年中国城市化将进入成熟期，城市化将达到较高水平。长三角、珠三角、京津冀、成渝等大型城市群，未来将构建起开放型城市发展格局，跨入世界级城市群行列。作为世界级城市群中的核心城市，北京、上海等特大城市的发展能级将进一步提高，产业结构将加快向高端服务业和先进制造业为主转变，创新能力、引领能力、国际影响力将不断提升，成为参与全球竞争的主要平台，有望成为具有全球影响力的世界一流城市乃至全球城市。长三角、珠三角、京津冀、成渝、长江中游等城市群中的区域中心城市，具有较强的技术应用和扩散能力，产业结构以中高端制造业为主，生产性服务业发达。还有一类是传统优势农业区域城市，农业机械化和信息化水平大幅提高，具有较高的农业生产率。产业和人口向优势区域集中，形成以城市群为主要形态的增长动力源，进而带动经济总体效率提升。

第四节　新阶段城市化高质量发展的战略路径与政策

抓住新一轮技术革命拓展期和中国经济社会结构转型升级的双重机遇，围绕“技术、要素、产业、制度”等核心动力机制协同推进，加快构建中国城市化高质量发展的动力系统。要利用国内超大规模的市场优势，加快新技术研发和广泛应用，形成强有力的技术外溢效应，推进制造业转型升级和迈上中高端，加快促进服务业特别是生产性服务业、生活性服务业双轮驱动发展，为城市化发展提供强有力的创新动力和发展活力；同时要深化以创新为导向的体制机制改革，提高城市对外开放水平，破除人口、资本、土地、数据等要素在城乡之间、城市之间、区域之间自由流动的体制机制障碍，提升城市治理体系和治理能力的现代化水平，有效应对收入差距扩大等挑战，加快形成以城市群为主要形态的城市化高质量发展新模式。

一、提升城市创新能力

一是强化城市战略科技力量，加快建设国际科技创新中心。以大型城市为核心加快促进各类研发机构发展和优化研发布局，推进科研院所、高校、企业科研力量优化配置和资源共享，加强基础研究、注重原始创新，推进学科交叉融合，完善共性基础技术供给体系。支持北京、上海、粤港澳大湾区布局建设综合性国家科学中心和区域性创新高地，形成国际科技创新中心。

二是进一步强化产业链协同创新，完善产学研合作机制，突破关键核心技术。充分依托我国的市场与人才优势，积极搭建新型技术合作平台，鼓励商业模式创新。科技实力强的大城市，要瞄准人工智能、量子信息、集成电路、生命健康、脑科学、生物育种、空天科技、深地深海等前沿领域，实施前瞻性、战略性的国家重大科技项目。

三是实行严格的知识产权保护制度，发挥知识产权法院的作用，实施惩罚性赔偿制度。完善金融支持创新体系，促进新技术产业化规模化应用。加强知识产权保护，大幅提高科技成果转移转化成效，为高质量城市化提供鼓励创新的制度保障。

四是完善创新成果转化激励政策。健全创新激励和保障机制，构建充分体现知识、技术等创新要素价值的收益分配机制，完善科研人员科技成果、知识产权归属和发明成果权益分享机制，不断提高科研人员成果转化的收益比例。

五是完善创新激励机制，激发人才创新活力。深化人才发展体制机制改革，全方位培养、引进、用好人才，造就更多国际一流的科技领军人才和创新团队，培养具有国际竞争力的青年科技人才后备军。

二、强化城市化的产业支撑能力

一是加快发展战略性新兴产业。加快壮大新一代信息技术、生物技术、新能源、新材料、高端装备、新能源汽车、绿色环保以及航空航天、海洋装备等产业。推动互联网、大数据、人工智能等同各产业深度融合，推动先进制造业集群发展，构建一批各具特色、优势互补、结构合理的战略性新兴产业增长引擎，培育新技术、新产品、新业态、新模式。促进平台经济、共享经济健康发展。鼓励企业兼并重组，防止低水平重复建设。

二是以智能制造为核心，深化新一轮信息技术与制造业融合发展。抓住新一轮科技革命和产业变革演进趋势，推动人工智能、5G、工业互联网等信息技术在制造领域的广泛应用，通过对制造业全产业链的改造，实现制造业数字化、网络化、智能化发展。加快制造能力平台化开放，依托工业互联网平台实现制造资源和生产能力在线共享与优化配置，发展平台经济、共享经济等新业态。

三是推动技术创新对传统产业的改造。中国传统产业门类众多，技术改造潜力巨大。围绕智能、绿色等产业升级方向，完善新技术、新工艺、新材料、新设备、新业态、新模式的应用推广机制，推动信息化与工业化的深度融合，提升传统产业创新发展能力。在劳动密集型行业加快推动“机器换人”，推进企业技术改造和设备更新，稳步提高劳动生产率。

四是大力发展服务业，实现生产性服务业与生活性服务业双轮驱动。重点发展研发设计、第三方物流、融资租赁、信息技术服务、节能环保服务、电子商务、法律服务、服务外包等生产性服务业，推动生产性服务业向专业化和价值链高端延伸，推动各类市场主体参与服务供给，推动现代服务业同先进制造业、现代农业深度融合，加快推进服务业数字化。推动生活性服务业向高品质和多样化升级，加快发展文化、旅游、教育、娱乐、体育、医疗、健康、养老、育幼、家政、物业等生活服务业，加强公益性、基础性服务业供给，推进服务业标准化、品牌化建设，满足城市居民日益提高的发展型、享受型的消费需求。

五是加快数字化发展。发展数字经济，推进数字产业化和产业数字化，推动数字经济和实体经济深度融合，打造具有国际竞争力的数字产业集群。加强数字社会、数字政府建设，提升公共服务、社会治理等数字化智能化水平。建立数据资源产权、交易流通、跨境传输和安全保护等基础制度与标准规范，推动数据资源开发利用。扩大基础公共信息数据有序开放，建设国家数据统一共享开放平台。保障国家数据安全，加强个人信息保护。提升全民数字技能，实现信息服务全覆盖。积极参与数字领域国际规则和标准制定。

三、优化以城市群为主体形态的城市空间布局

一是强化城市规划先导作用。按照资源环境承载能力状况和开发强度控制要求，兼顾城镇布局和功能优化的弹性需要，从严划定城镇开发边界和城镇空间。细化城市化空间治理单元，在县域层面划定生态、农业、城镇空间及生态保护红线、永久基本农田、城镇开发边界“三区三线”空间格局。

二是拓展城市化优势地区发展空间。持续提高中心城市和城市群等

经济发展优势区域的经济及人口承载能力，不断增强创新发展动力，使优势地区有更大发展空间，为城市化提供核心增长动力。支持主要城市群和中心城市进一步强化国际竞争优势，提高创新能力和水平，加快迈向全球产业链中高端，打造世界级创新平台和增长极。帮助欠发达地区的城市补短板强弱项，积极承接主要城市群和中心城市产业转移，逐步融入全球产业分工体系，获得发展空间。优化经济布局，增强区域发展协调性。

三是构建“两横三纵”的城市化空间战略格局。以陆桥通道、沿长江通道为两条横轴，以沿海、京哈京广、包昆通道为三条纵轴，构建以国家优化开发和重点开发的城市化地区为主要支撑，以轴线上其他城市化地区为重要组成部分的城市化空间战略格局。

四是完善城乡土地利用体系，提升土地利用效率。适应新一轮技术革命带来的产业和行业形态的多样性与不确定性特点，要增强土地资源配置的灵活性，为未来产业升级留足发展空间。在符合国土空间规划和用途管制要求的前提下，推动不同产业用地类型合理转换，探索增加混合产业用地供给。积极探索实施农村集体经营性建设用地入市制度。加快推进城乡统一的建设用地市场建设，统一交易规则和交易平台，完善城乡基准地价、标定地价的制定与发布制度，形成与市场价格挂钩的动态调整机制。积极开展土地指标跨区域交易试点，探索建立全国性的建设用地指标跨区域交易机制，用市场化的交易机制，增加有发展优势和发展潜力的城市新增建设用地指标，主要用于支持创新产业发展。

四、加快形成世界级城市群和培育全球城市

一是提升全球创新资源集聚能力和创新成果转化能力。鼓励培育和

发展科技型中小企业。为创新型中小企业提供良好的政策环境，发挥大企业和中小企业在创新能力培育和转化中的协作功能。鼓励开放融合式创新以及跨领域、跨行业的创新活动，一方面加大“卡脖子”核心技术的攻关能力，另一方面借助互联网平台实现对更多行业有辐射能力的共性技术创新突破。鼓励跨区域联合创新、协同创新。各城市群内的不同城市要发挥各自优势，增强协同创新能力，打造具有全球影响力的科技创新中心。

二是加快推动形成与世界级城市群和全球城市相匹配的产业结构，发展未来产业。瞄准未来，积极发展生物科技、可再生技术、智慧制造、大数据信息平台等前沿行业。增强产业生态系统的竞争能力，在城市群内部和城市群之间形成更大范围的产业链体系。发展现代服务业，主要城市群和中心城市要加快建立以服务经济为主导、三产融合发展的产业格局，推动创新、金融、教育、卫生等现代服务业发展。

三是打破行政区划的障碍，增强中心城市与周边城市的发展合力。加快制定城市群统一的土地利用、城市规划和产业规划。要打破单个城市的规划体系限制，从整个城市群发展的角度制定和实施相关规划，新增建设用地指标要向有经济活力的大城市倾斜，基础设施投入要统筹考虑，打通各类“断头路”和“最后一公里”。基本公共服务要尽快实现同城化待遇。以城市群公共服务均衡普惠、整体提升为导向，统筹推动基本公共服务、社会保障、社会治理一体化发展，持续提高共建共享水平。推动公共服务从按行政等级配置向按常住人口规模配置转变，促进优质教育、医疗等公共服务资源共享。建立统一开放的市场体系。以打破地域分割和行业垄断、清除市场壁垒为重点，加快清理、废除妨碍统一市场和公平竞争的各种规定与做法，在城市群范围内营造规则统一开放、标准互认、要素自由流动的市场环境。

五、着力提高城市发展质量

一是系统布局和加快新型基础设施建设。抓住新一轮技术革命的机遇，以技术创新为导向，以信息网络为基础，加快第五代移动通信、大数据中心、人工智能和工业互联网、新能源消纳和存储设施、智慧能源系统等新型基础设施建设，为城市实现数字化转型、智能升级、绿色发展、融合创新提供基础设施体系支撑。

二是加快完善和提升现代城市交通体系。以大型城市为枢纽和关键节点，加快完善综合运输大通道、综合交通枢纽和物流网络，加快城市群和都市圈轨道交通网络化，切实提高城市群内部、城市群之间、城乡之间的互联互通水平，为促进以大型城市群为主导的城市化高质量发展提供便捷高效的交通支撑。

三是补齐城市基础设施短板。重点补齐城市市政工程、公共安全、生态环保、公共卫生、物资储备、防灾减灾、民生保障、社区服务、新能源充电桩等领域的短板，推动城市燃气、电力、供水、公共服务等领域的设施更新和智能化技术改造，为城市安全健康运行提供支持。

四是加快实施城市更新。加快老旧小区改造和城市更新，确保结构安全，完善基本功能，传承历史风貌，提升居住环境。推动城市有机更新，多途径、多渠道地改善人民群众的居住条件、居住环境和居住质量，提高人民群众的幸福感和获得感。出台城市更新和老旧小区改造的法律法规、实施意见和配套政策文件。明确改造标准和对象范围，优化改造模式，创新投融资机制，加强金融、财政、土地、规划等政策协调。充分利用老旧小区内外低效利用的工业用地、非住宅居住用地、空地、荒地等，创新规划变更程序，鼓励混合出让，适度提高容积率，统一规划、统一设计、统一改造、统一运营，实现资金综合平衡。

五是推动城市建设转型升级。抓住新一轮信息、能源、材料等科技革命的机遇，利用信息化、智能化、绿色节能的新技术、新产品、新工艺、新材料，加快推广绿色建筑，提高住房精细化设计和建造水平。大力发展新型建造方式，加快实现住宅建筑模数化和标准化、住宅建造工业化、住宅生产协作社会化，推进住宅建设管理信息化。围绕提高住宅质量整体水平，加大科研投入，建立科技创新平台，促进新技术、新材料在住房建设领域中的集成与运用，形成一批研发生产基地和示范建设项目。完善大型居住社区配套设施建设。

六、充分利用数字化技术，完善城市治理体系

一是稳步推进智慧城市建设。推动政务信息系统整合共享，打造智慧政府。加快推进“互联网＋政务服务”，突出精准治理，引导各地区将大数据、物联网等新一代信息技术引入城市管理，推行以数据为基础资源的城市管理新模式，实现精细化管理、人性化服务，提升城市治理水平。融合人工智能、区块链、云计算和大数据等技术，提升政府社会治理和公共服务水平。提升电力、燃气、交通、水务、物流等公用基础设施的智能化水平，实现精准化、协同化、一体化运行管理，构建普惠化公共服务体系。利用信息智能等技术，构建全时全域、多维数据融合的城市管理体系。

二是推进城市服务供给精细化，增强城市包容性。除了满足城镇居民传统的衣、食、出行等公共设施服务需求外，还要针对城市居民消费和服务升级的新趋势，围绕子女教育、住房保障、医疗卫生及养老托幼等新需求，提供精准化的基本公共服务。将户籍家庭和非户籍家庭

"一视同仁"，纳入统一的城市公共服务体系。城市政府要通过户籍、教育、医疗等制度改革，为全体城市居民提供均等化的公共服务。现有的住房保障体系要逐步覆盖非户籍家庭，加大环卫、公交等行业从业群体的住房保障力度。

三是推动城市治理的重心和配套资源下沉。依法明晰街道办事处和基层群众性自治组织的权责边界，明确基层群众性自治组织承担的公共事项及公益服务，强化自治组织自治功能，为基层群众性自治组织更好发挥基础作用、参与社会治理奠定基础。激发基层治理机构的活力。引入高层次、有经验的社会工作者，以解决社区工作力量不足、服务能力有限、专业化水平不高等问题。

七、深化以创新为导向的体制机制改革

一是深化户籍、土地等制度改革。全面放宽城市落户条件，完善配套政策，打破阻碍劳动力流动的不合理壁垒。超大特大城市要调整完善积分落户政策，确保社保缴纳年限和居住年限分数占主要比例；逐步扩大居住证所包含的公共服务项目，使其接近本地户籍居民享有的公共服务水平。形成全国统一开放、竞争有序的商品和要素市场。要实施全国统一的市场准入负面清单制度，清除对非本地企业、产品和服务设置的歧视性市场准入限制和壁垒，打破行政性垄断，坚决破除地方保护主义。改革土地出让制度和用地模式，增加大中城市住宅用地供应。探索集体经营性建设用地渐进式进入住宅用地市场，实现住宅用地的多元供给。促进城市闲置低效各类用地再开发，提高土地利用效率。

二是加快构建开放型城市格局。在大型城市有序增加设立自由贸易试验区、服务业扩大开放综合试点等开放平台数量。借鉴上海、天津、福建、广东等自贸试验区的相关经验，结合地方特点，充实新的试点内

容，给予开放平台更多改革权力，结合国家发展战略需要加快向其他地方复制推广，推动实施中国城市新一轮高水平对外开放。全面实施准入前国民待遇加负面清单管理模式。简化外商投资项目管理程序和外商投资企业设立、变更管理程序，加强事中事后监管。推动城市产业“走出去”，提高对外投资质量和效率。扩大服务贸易规模，推进服务贸易便利化和自由化，依托大数据、云计算、物联网、移动互联网等新技术，推动城市服务业转型，培育服务业竞争新优势。

三是积极应对城市化进程中的各类挑战。切实提高中等收入人口比重。促进劳动力在区域、城乡、产业和企业之间自由流动，微观上增加个人和家庭收入，宏观上提高劳动生产率。深化相关领域的改革，消除阻碍劳动者横向和纵向流动的体制性障碍，构建“橄榄形”分配结构。加快健全以税收、社会保障、转移支付为主要手段的再分配调节机制。加快推进“混合所有制”和“以管资本为主”的各项改革，打破垄断部门的利益藩篱。加快基础教育、医疗等公共服务均等化进程。创造良好的政策环境和公共服务平台，使人人都有通过辛勤劳动实现自身发展的机会，打破社会身份的固化，阻断贫困的代际传递。高度重视当前持续拉大的多层次“数字鸿沟”挑战。从青少年抓起，高度重视可能出现的不同性别间、不同收入间、不同专业间的“数字鸿沟”问题，将信息技术基础知识和信息技术应用推广作为城市化进程的重要公共政策。

四是构建有利于新一轮技术革命拓展的现代监管模式。制定信息技术发展带来的隐私保护等针对性监管政策。应以数字经济法治化为重点，发挥立法的引领和推动作用，规范信息技术发展与管理，根据各地实际，完善与此相关的个人信息保护法、网络安全法等法规和政策。加强平台经济有效监管，创新对行业新业态的监管理念和监管方式，促进平台经济领域公平竞争。预防和制止、排除限制竞争的垄断行为，维护平台经济领域公平竞争、开放包容的发展环境。

八、构建中国城市化高质量发展的评估机制与指标体系

虽然中国的城市化取得了很大成绩，但总体发展质量不高、注重短期增长的特点比较突出。未来的中国城市化要按照高质量发展的要求，围绕"创新、协调、绿色、开放、共享"五大发展理念，构建衡量城市高质量发展的指标体系（如表4所示），发挥指标体系对城市化进程的引领和导向作用。

表4　　中国城市高质量发展评价指标体系

一级指标	二级指标	三级指标	备 注
创新发展	创新投入	每万人中R&D人员数	R&D人员数/总人口×10000
		创新投资指数	创新研发投资额/GDP
	创新绩效	每万人发明专利拥有量	发明专利申请量/总人口×10000
		科技进步贡献率	扣除了资本和劳动等因素后科技对经济增长的贡献份额
协调发展	城乡结构	城镇化率	城市人口/总人口
		城乡人均收入比	城市人均收入/农村人均收入
	产业结构	非农产业产值占比	1－第一产业产值/三产总产值
		高新技术产值占比	高新技术产业产值/三产总产值
绿色发展	节能减排	污水处理率	经过处理的生活污水、工业废水量/污水排放总量
		每万元GDP综合能耗	一次能源供应总量/GDP
	生态建设	建成区绿化覆盖率	城市建成区的绿化覆盖面积/建成区面积
		空气质量优良率	全年环境空气污染指数（API）≥二级的天数/全年天数

续表

一级指标	二级指标	三级指标	备　注
开放发展	对外贸易	贸易依存度	进出口总额/GDP
		外资依存度	外商投资额/GDP
	对外交流	外籍人口比重	外籍人口/总人口
		旅游创汇收入能力	旅游外汇收入/GDP
共享发展	社会保障	城市就业率	城市在业人员/（城市在业人员 + 城市待业人员）
		城镇职工基本养老保险参保比例	城镇职工基本养老保险参保人数/城镇职工人数
		城镇职工基本医疗保险参保比例	城镇职工基本医疗保险参保人数/城镇职工人数
	教育医疗	每万人专任教师数量	专任教师数（普通高校 + 中等职业教育学校 + 普通中小学）/总人口 ×10000
		每万人学生数量	学生数（高等本专科学校 + 中等职业教育学校）/总人口 ×10000
		每万人执业（助理）医师数	执业（助理）医师数/总人口 ×10000
	基础设施	每万人互联网宽带接入用户数	互联网宽带接入用户数/总人口 ×10000
		每万人公共图书馆图书藏量	公共图书馆图书藏量/总人口 ×10000

资料来源：课题组整理。

第一篇

历次技术革命与城市化

城市是人类最伟大的发明与最美好的希望，它不仅是人们生活的主要集聚空间，也是经济活动与技术创新的中心，是交通、贸易及信息流的枢纽，还是提供最优质的公共和私人服务的平台。历史地看，城市化是人口及经济社会活动不断向城市集聚、生产生活方式转变、经济结构持续演进、社会治理不断完善的过程。现代意义上的城市化发端于技术革命，技术革命也因此成为城市化的原动力。自 18 世纪以来，人类已经大致经历了三次技术革命。每一次技术革命都推动了生产技术的系统性、根本性变革，孕育和推动了一系列新兴产业的发展，极大地提升了人类的生产力与生产效率，吸引了大量劳动力、土地、资本等要素资源进入新兴产业聚集地区，不仅实现了产业变革和经济结构的调整升级，而且有力地推动了城市化的持续演进。城市化的演进过程也是制度政策不断改革创新的过程。技术革命及其产业化、商业化带动的产业变革，需要有利于促进各种要素资源加快聚集和持续优化重组的制度安排和政策激励，从而为新兴产业的成长、聚集和城市的发展提供持续的动力，也为培育城市持续创新能力和推动未来技术变革提供制度基础，进而实现技术变革—产业变革与新兴产业发展—制度变革与政策创新—资源要素与产业发展聚集—城市化发展与创新能力提升—新一轮技术变革孕育的持续发展。

第一章

全球城市化历程、典型模式和启示

城市是人类最伟大的发明与最美好的希望，是经济活动与技术创新的中心，是交通、贸易及信息流的枢纽，并提供最优质的公共和私人服务。回顾城市化的发展历程可以发现，城市化是人口不断向城市集聚、经济结构持续演进、社会治理不断完善的过程。第一次工业革命以来，城市化速度开始加快，但不同区域城市化的路径选择、城市化水平和城市化质量仍存在较大差异。理清城市化演变历程、典型国家城市化的路径，将有助于更好地把握城市化发展规律，并为新阶段的中国城市化提供借鉴。

第一节　城市化概念界定

城市化是一个复杂的经济社会过程，其本质是土地、劳动力和资本等生产要素从农村向城市转移和集聚，与此同时，居民的主要职业、生活方式也随之变迁（联合国，2019）。

城市的界定因国家而异，行政区划、人口特征（人口规模与密度）、经济特征及城市功能均可成为城市的划分标准（见图 1.1）。在全球 233 个国家或地区中，有 121 个国家或地区使用行政标准来区分城市和农村地区，其中，59 个国家或地区以行政区划作为唯一标准。中国的城市即是以行政区划界定。有 108 个国家或地区用人口规模或人口密度来界定城市，其中 37 个国家或地区以人口特征作为唯一标准。然而，居住区被视为城市的人口标准下限差别很大，有的国家或地区将 200 人以上聚居的地方就称为城市，而有的国家或地区城市的人口标准下限为 5 万人。如，美国聚居人口超过 2500 人的地区即可称为城市，希腊把城市定义为最大的人口中心超过 1 万名居民的自治地区。有 38 个国家或地区以经济特征作为界定城市的部分标准。有 69 个国家或地区以城市功能，如铺砌街道、供水系统、排水系统或供电照明，作为城市界定的部分标准。例如，尼加拉瓜的城市指的是有街道和电灯、居民超过 1000 人的行政管理中心。尚有 12 个国家或地区没有明确的城市界定标准。

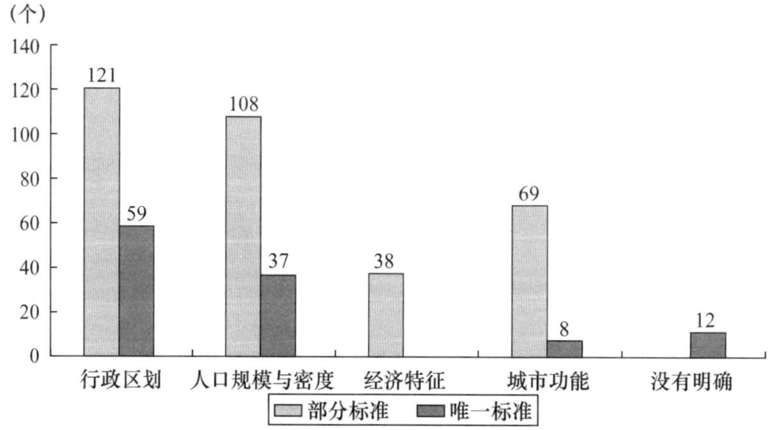

图 1.1　城市界定标准

资料来源：The United Nations. World Urbanization Prospects 2018。

【专栏 1.1】 城市的特征清单

考古学家戈登·柴尔德以城市文明的概念，列出特征清单来说明城市的与众不同。

1. 规模。定居者的数量达到足以超过以往任何时期的人口规模。

2. 人口结构。职业的专业化分工（伴随着从原有农业秩序的转型）意味着可以雇用全职的行政人员和工匠。

3. 公共资本。公共资本的出现可以建设标志性公共建筑，可以供养专职艺术家。

4. 记录和精确科学。保存记录的需要促进了书面文字和数学的出现，这两者都与城市文明紧密相关。

5. 贸易。贸易不仅推动了城市的革新，而且其形成的网络也成为城市化的里程碑。

资料来源：诺克斯、麦卡锡：《城市化：城市地理学导论》，电子工业出版社 2016 年版。

需要指出的是，中国多用“城镇化”这一术语表达类似的概念。1998 年 8 月 13 日发布、1999 年 2 月 1 日起施行的《中华人民共和国国家标准城市规划术语标准》（GB/T 50280—1998）第 2.0.6 款对“城市化”的定义是：“人类生产方式和生活方式由乡村型向城市型转化的历史过程，表现为乡村人口向城市人口转化及城市不断发展和完善的过程。又称城镇化、都市化。”据此，我们认为“城市化”与“城镇化”[①] 本质

① 2014 年 3 月 16 日公布的《国家新型城镇化规划（2014—2020 年）》第一篇第一章将“城镇化”的意义解释为：“城镇化是伴随工业化发展，非农产业在城镇集聚、农村人口向城镇集中的自然历史过程，是人类社会发展的客观趋势，是国家现代化的重要标志。”

上是相同的概念，只是城镇化强调“镇”也是农村人口转移和产业发展的重要载体。为论述方便，本书中统一使用“城市化”这一概念。

2018 年，全球城市人口高达 42.2 亿人，城市化率为 55.3%。其中，亚洲城市人口最多，达 22.66 亿人，但城市化率仅为 49.9%；北美洲、拉丁美洲和加勒比海地区、欧洲的城市化率最高，依次为 82.2%、80.7%、74.2%；非洲的城市化率最低，仅为 42.5%（见图 1.2）。

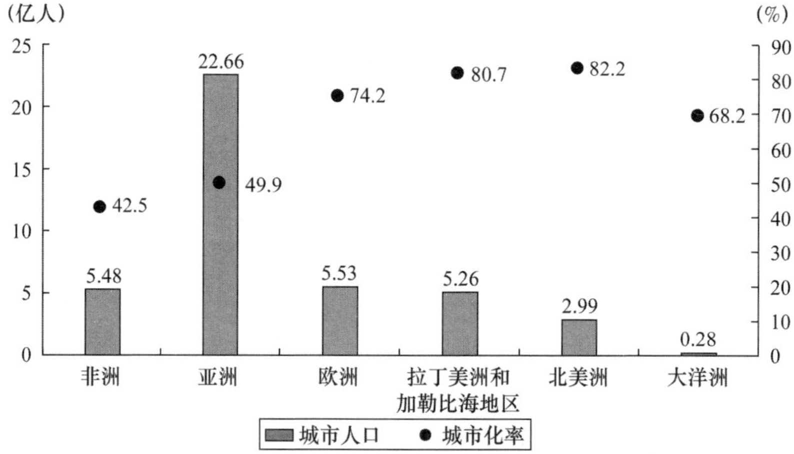

图 1.2　全球各大洲城市人口与城市化率（2018 年）

资料来源：The United Nations. World Urbanization Prospects 2018。

在过去的 200 年中，城市化是全球最持久、最显著的趋势之一，仅 1950~1980 年世界城市人口就翻了一番，增加到 17.5 亿人，城市人口占世界总人口的比例从 30% 达到 39%，这意味着全球每 10 个人中就有 4 个人生活在城市里；其后世界城市人口上升的速度更快，到 1999 年达到了 27.76 亿人，城市人口占世界总人口的比例达到 46%（世界银行，2001）。2008 年，城市居民人数在历史上第一次超过了农村居民，2018 年城市人口达到 42 亿人，占世界人口的比例达到 55%；预计到 2050 年，68% 的世界人口将为城市人口（联合国，2018）。

第二节　城市化发展阶段划分

漫长的农业社会中，绝大部分人口从事农业，生活在农村。城市依附于农村腹地，主要承担行政、宗教、防御及贸易中心的职能，城市人口仅占总人口的极小比例。18 世纪的工业革命及其后的工业化，拉开了现代意义上的城市化进程，成为人类社会最伟大的历史变迁。

美国城市学者诺瑟姆（Ray. M. Northam）将城市化历程归纳为一条稍被拉平的 S 形曲线，于 1979 年提出了“城市化过程曲线”① （见图 1. 3）。其以城市化率 30% 和城市化率 70% 作为两个关键节点，将城市化历程划分为 3 个阶段，即城市化水平较低、发展较慢的初期阶段（城市化率 30% 以下），人口向城市迅速聚集的中期加速阶段（城市化率为 30% ~70%）和进入高度城市化以后城镇人口比重的增长又趋缓慢甚至停滞的后期阶段（城市化率达到 70% 以上）。

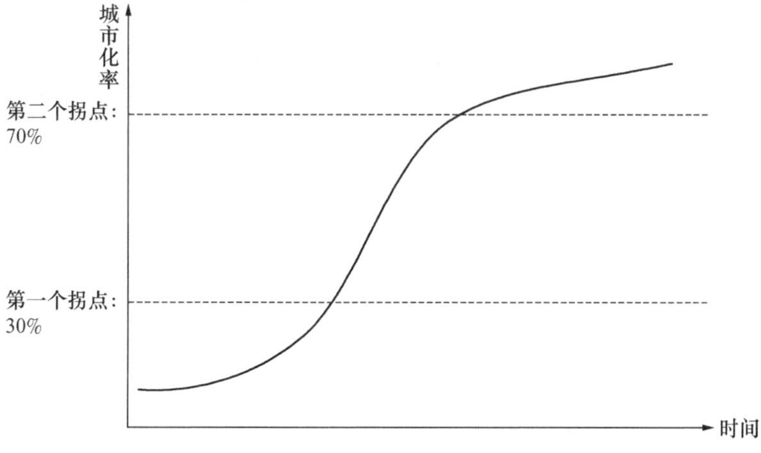

图 1. 3　诺瑟姆曲线

① 实际上，早在 1974 年，联合国《城乡人口预测方法》就提出了类似的城市化增长曲线。

通常而言，在城市化的三个不同阶段，城市化的动力、产业结构以及出现的相应问题也各不相同（见表 1.1）。

表 1.1　　　　城市化三个阶段的特征与问题

<table>
<tr><th colspan="2">城市化阶段</th><th>城市化水平与速度</th><th>城市化动力</th><th>产业结构</th><th>问题与趋势</th></tr>
<tr><td colspan="2">初期阶段</td><td>10% ~30%，人口缓慢向城市集聚</td><td>轻工业</td><td>农业为主、轻工业为辅</td><td>基础设施匮乏，城市人口死亡率甚至超过农村</td></tr>
<tr><td rowspan="2">中期阶段</td><td>工业化主导的加速期</td><td>30% ~50%，人口加速向城市集聚</td><td>重化工业</td><td>重化工业主导</td><td>交通拥挤、住房紧张、环境恶化</td></tr>
<tr><td>服务业和新兴产业主导的时期</td><td>50% ~70%，城市人口继续较快增长，但增速有所放缓</td><td>生产性服务业和生活性服务业</td><td>逐渐转向服务业和新兴产业主导</td><td>城市基础设施与卫生条件等开始改善，可能出现原有主导产业衰退带来的发展动力不足问题</td></tr>
<tr><td colspan="2">后期阶段</td><td>70% 以上，城市人口比重缓慢增长乃至基本稳定</td><td>信息化、全球化与创新驱动</td><td>服务业、高科技产业主导</td><td></td></tr>
</table>

资料来源：课题组整理。

城市化率超过 10% 后，城市化进入初期阶段，工业化不断加速，轻工业成为经济发展和城市化的主要动力，工业占整个经济的比重快速上升，而服务业比重的上升幅度则相对缓慢。

城市化率超过 30% 后，一般进入重化工业主导的加速期，这一过程一般持续到城市化率达到 50% 左右。随着城市人口聚集程度、分工专业化程度和生产方式复杂化程度的提高，城市居民对各类服务的消费需求、工业部门对服务活动的中间需求不断增加，直接促进了服务业进入快速发展阶段，服务业增加值比重进入持续上升轨道，并逐渐占据经济发展主导地位，城市化进入服务业和新兴产业主导的时期。需要指出的是，城市化中期是城市化质量分化的关键阶段，而城市化率50%则是城市化质量分化的关键节点。城市化率在30%～50%时，是重化工业主导的城市化加速期，工业发展吸引农村人口进入城市，城市化率迅速提升。但城市的快速发展也带来了交通拥挤、住房紧张、环境恶化等一系列问题。城市化率达到50%后，逐渐进入服务业主导的时期，此时城市的相关制度与政策安排是否能够促进城市基础设施、卫生条件、生活品质提升，以支撑高附加值服务业和新兴产业的发展，对于是否能够实现高品质的城市化至关重要。

当城市化率超过70%后，开始进入城市化后期阶段。在这一阶段，经济结构继续以服务业为主，高附加值服务业和高科技产业成为带动城市化的主导动力。

一、城市化初期阶段

漫长的农业社会中，绝大部分人口从事农业，生活在农村。城市依附于农村腹地，主要承担行政、宗教、防御及贸易中心的职能，城市人口仅占总人口的极小比例。城市化水平达到10%，城市化进程才真正开始启动。城市化初期阶段的典型特征是以纺织等轻工业为主导的产业发展开始吸纳农村人口进入城市，城市的数量与人口增加，但城市基础设施匮乏、卫生条件糟糕，城市人口死亡率甚至高于农村，初期阶段的城市化进程也相对缓慢。这一时期，城市布局主要受煤炭等能源禀赋和铁路等交通条件的影响，邻近能源产地或能通过便利的交通运输获取能源，成为工业化启动的重要先导条件。

英国是现代意义上城市化起步最早的国家。18世纪的工业革命带来了生产方式、生产效率的根本性变革，改变了产业的规模，人口也随之大规模集聚。纺织业技术革命拉开了工业革命序幕，机器代替劳动，生产效率成倍提升。1764 年，英国技师哈格里夫斯发明了“珍妮”纺纱机，1769 年阿克莱特发明了水力纺纱机。由于水力纺纱机必须装在有水流落差的地方，有分工和协作的纺纱厂开始取代家庭纺纱。瓦特发明蒸汽机后，历史上首次在厂房里实现纺织全流程的机械化，进一步推动了工厂发展与人口集聚。大型工厂的各个部门，离动力中心的距离在 1/4 英里范围内时，蒸汽机的效率最高，每座纺纱机或织布机必须由中央蒸汽机的轴和皮带传动，大型机械越集中，动力效率越高。一个工厂就可以雇用 250 个工人，工厂主提供住房来吸引那些因工作时间长而必须就近居住的工人，城市居民便围绕着新工厂的发展而逐渐增长。10 个这样的工厂，连同它们的配件车间与服务设施，即可形成一个新兴城镇。城镇规模的扩大，反过来也为产业发展提供了组织良好的劳动力市场，工厂主可以根据市场需要增加或减少雇用工人的人数，有效降低了劳动力成本。

自然资源禀赋、区位条件和交通状况直接决定了城市化初期产业的分布以及城市的发展。工业革命早期，主要依靠水力的纺织机器，在枯水季节就无法运转，而以煤炭为燃料的蒸汽机，则不受季节影响，有煤可采或者能够通过廉价的运输方式取得煤，工厂就可以一年四季正常生产。一个集中大量产业和人口的城市，其最重要的条件就是与煤炭供应地直接联系①。新的工业中心集中在煤田附近或者经铁路与煤田相连的

① 在此之前，原始技术时代的交通系统，如泥泞的道路、风帆、马拉，都有助于人口的分散，导致许多地区的区位条件并无显著不同。

山谷，如法国的里尔区、德国的鲁尔区、英国以伯明翰为中心的工业区。

工业革命催生了新的城市类型——工业城市，它不再是为了满足军事、政治或贸易的需要，而是为了商品生产和销售。工业发展所需要的条件正好是城市能够提供的：工厂、仓库、商店及办公楼等硬件设施，交通网络，大型劳动力市场和消费者市场。与此同时，工业化改变了城市的面貌、内部结构及功能。工业原料和产品主要通过火车运输，铁路交通在城市发展中起到重要作用。

到 19 世纪，工业革命及工业化推动的城市化开始向英国以外的区域扩展，德国、法国等欧洲国家以及北美的城市化进入起步阶段。到 1840 年，美国的城市化率达到 10.8%。这一阶段，全球城市数量开始显著增加，1800 年，全球 10 亿人口中仅有 5% 生活在城市，到 1850 年，城市人口比重达到 16%，10 万人口以上的城市达到 900 个。拉美的一些国家，由于早期欧洲移民的大批进入，并得益于农产品、矿物等初级产品的出口，城市化也进入起步阶段，到 1925 年拉美的城市人口已占总人口的 25%。

直到 2018 年，全球范围内仍有 20 多个国家处于城市化初期阶段，主要分布在亚洲与非洲。如非洲的布隆迪城市化率仅为 13%，尼日尔、马拉维、斯里兰卡等国的城市化率也都在 20% 以下。

总体来看，初期阶段的城市化主要体现为城市数量的增加。在农村的汪洋大海中，部分具备资源或者交通区位优势的地区开始城市化，城市数量迅速增加，但城市内部结构尚未优化，功能相对单一，单个城市的规模也非常有限。

二、城市化中期阶段

城市化率达到 30% 以后，城市化进入城市化率提升速度最快的中期阶段。城市化加速阶段的典型特征是重化工业发展加快，推进人口大量进入城市，第二产业成为国民经济的主导，为产业发展提供生产性服务和为城市人口提供生活服务的第三产业也开始蓬勃发展，城市基础设施开始大幅度改善。技术进步与城市卫生条件的改善使人口增长模式转变为“高出生率，低死亡率”，城市人口快速增加，城市规模扩大，城市人口占一国或区域总人口的比重达到 60% ~70%。具体而言，城市化中期的加速阶段又以城市化率 50% 为分界点，分为两个时期。

1. 重化工业主导的加速期（城市化率为 30% ~50%）

城市化率在 30% ~50% 时，重化工业发展吸引大量农村人口进入城市，第二产业成为国民经济的主导部门。

1800 年，英国的城市人口占比已经超过 30%，进入加速阶段。到 1851 年，英国的城市化率已经超过 50%，成为世界上第一个进入城市社会的国家。但直到 19 世纪 70 年代第二次工业革命的到来，德国、美国等国家凭借重化工业的赶超，才相继进入城市化加速阶段。

从产业发展来看，以钢铁、机械、化学工业为代表的重工业取代轻工业成为工业化主导的加速期的主要产业。19 世纪 70 年代以后，发电机、电动机相继发明，远距离输电技术的出现，使电气工业迅速发展起来，电力在生产和生活中得到广泛的应用。内燃机的出现及广泛应用，为汽车和飞机工业的发展提供了可能，也推动了石油工业的发展。化学工业是这一时期新出现的工业部门，从 19 世纪 80 年代起，人们开始从煤炭中提炼氨、苯、人造燃料等化学产品，塑料、绝缘物质、人造纤维、无烟火药也相继发明并投入了生产和使用。面对新技术革命，率先实现工业化的英国，更新已经成形的经济、产业体系以及工厂设备，“菜单”成本较高；而德国、美国等工业化发展较为缓慢的国家，用较快的速度与低廉的成本完善了工厂设备，实现了赶超。从20世纪50年代起，日本、韩国等后发国家依靠美国的资金与技术援助，引进重化工业技术，并充分利用本国劳动力丰富的比较优势，产业发展带动城市化加速，并实现了长达十几年的黄金增长，短时间内城市化率就跨过了50%的拐点。

到2018年，亚洲（城市化率49.9%）、非洲（城市化率42.5%）仍然处于工业化主导的加速期，尚未跨越城市化率50%的拐点。

2. 服务业主导的时期（城市化率为50%～70%）

当城市化率超过50%时，意味着一个地区或者一个国家进入城市化社会，此时生产性服务业与生活性服务业开始蓬勃发展，吸引更多的农村人口进入城市，城市基础设施、卫生条件等也开始大幅度改善。

源于英国的工业化启动了城市化，产业发展吸引大量农村人口进入城市就业。但是城市建设没有先例可循，政府的应对经验也严重不足，城市住房极度短缺，进城的产业工人多住在工厂主提供的简易房屋、临时工棚甚至破落的农舍中，每个房间要挤4个人甚至更多。卫生状况也非常糟糕，垃圾随意堆放，排污设施缺乏，空气中弥漫着恶臭，成为霍乱与其他传染病的温床。城市人口的死亡率甚至超过了农村，婴儿的死亡率尤其高。糟糕的城市基础设施成为城市发展的掣肘。19世纪40年代，伦敦兴起“模范住宅”运动，慈善组织“大都市改善勤劳阶层住宅协会”和“改善劳工阶级生活状况协会”率先进入工人阶级住房领域，在保障住房结构、设施、舒适度等方面符合最低立法标准的前提下，建造模范住宅，以尽可能低的价格（最高不得超过成本价 5%）租赁给工人居住。一些建筑商也陆续成立了 30 多家模范住宅公司。由于基础设施具有较强的外部性，依靠私人部门提供，必然存在供给不足的问题。随着模范住宅运动的进行，政府的力量开始介入，从 19 世纪 60 年代起，英国政府开始为慈善住房机构提供 4% 的低息贷款，支持其进行模范住宅建设，部分缓解了伦敦中心城区过度拥挤与卫生条件糟糕的状况。这一时期，英国和德国开始改善城市公共卫生设施，整治城市下水系统，安装抽水泵，开凿活水沟，修筑阴沟，使污水和粪便从地下排走，住宅也必须配建下水道和厕所。1848 年英国诞生了世界上第一个公共卫生条例。

到 1950 年，英国、德国、美国等主要发达国家的整体城市化率已经超过 50%，步入城市化加速阶段的后期。随着有轨电车、汽车的发展，城市居民的通勤半径大大拓展，上述发达国家的城市出现了郊区化浪潮。郊区居住密度低，居住条件显著改善。

从城市化率达到 30% 进入中期阶段，到达到 70%，英、美等国用了百年左右甚至更长时间。拉美国家通过实施进口替代战略，到 20 世纪 70 年代中期，城市化率也达到了 70%。

总体来看，城市化中期阶段主要体现为城市数量增加转向城市规模扩张。中期的上半程，城市内部的分工开始深化，制造业进一步发展，成为国民经济的主导产业，呈现城市数量继续增加且城市规模快速扩张的趋势，但城市快速发展过程中相关的城市治理挑战也逐渐显露；城市化率达到 50% 以后，进入中期的下半程，城市基础设施与卫生条件不断改善，城市功能逐步完备，城市的承载能力得到显著提升，促进了城市规模的扩大和布局的逐步优化。

三、城市化后期阶段

城市化率超过70%后，进入后期阶段。从全球比较看，城市化率超过70%且发展水平较高的城市，普遍以第三产业特别是知识密集的高科技产业为主导，人口增长模式向低出生率、低死亡率转变，城市人口增长速度趋缓甚至出现停滞，城乡差别越来越小，区域空间基本实现一体化。这一阶段，城市化的主要动力是以信息技术为代表的第三次技术革命与全球化，企业跨国配置资源、组织生产的能力显著增强，全球范围内出现了城市间的新分工。

20世纪50年代以来，第三次技术革命在以美国为主的发达国家展开。始于微电子革命覆盖软硬件领域的信息产业，替代能源密集型的重化学工业，成为发达国家新的支柱性产业。信息技术革命也使得大型企业在区位选择与生产组织方面拥有更大的灵活性，即时（just-in-time）制造等新技术的“时空压缩”效应强化了特定地区的比较优势，空间阻碍的减少放大了各地区之间土地和劳动力成本的细小差别。产业在全球范围内加速分工，美国和西欧发达国家的城市形成以高端制造业和服务业为主导的产业结构，其重化工产业和大量劳动密集型产业逐步向发展中国家转移。

跨国公司成为推动产业转移与城市发展的重要力量。纽约、伦敦、东京等成为跨国公司集聚的世界级城市，高端服务业成为其主导产业。由于跨国公司的规模和复杂程度不断增加，使其不得不向专业化服务公司外包其主要管理职能。金融、法律、会计等专业化服务需要大量的专业技能人才和信息储备，而这些只有在世界级城市中才能找到。

与工业革命时期大城市主要是大型传统制造业中心不同，现代大都市区尤其是世界级城市往往都是各类服务业，特别是生产性服务业的集中区。服务业对经济增长和就业的贡献在不断扩大（见表 1.2）。

表 1.2　　世界部分大型城市产业构成比较　　单位：%

城市名称	年份	服务业增加值占 GDP 比重	服务业就业人员比重
纽　约	2005	88.4	90.4
伦　敦	2004	89.1	89.8
巴　黎	2003	84.6	82.8
法兰克福	2002	83.7	86.7
东　京	2005	85.7	80.8
首　尔	2005	73.0	66.4
新加坡	2004	66.4	76.1
中国香港	2004	87.6	84.8

资料来源：根据陈宪主编的《中国服务经济报告 2009》（上海大学出版社 2010 年版）相关数据整理。

美国、日本等进入城市化后期阶段的国家，服务业对经济增长的贡献率超过 60%，并且呈不断上升态势。其中，美国服务业对 GDP 增长的贡献率由 20 世纪 80 年代的 79.3% 提高到 90 年代的 81.6%，2000～2007 年进一步上升至 83.1%；日本在 1980～1990 年服务业对 GDP 增长的贡献率为 63.5%，1990～2000 年猛增至 102.5%，2000～2007 年虽回落到 78.9%，但仍处于较高的水平（见表 1.3）。

表 1.3　　1980～2007 年部分国家服务业对经济增长的贡献率　　单位：%

国　家	1980～1990 年	1990～2000 年	2000～2007 年
美　国	79.3	81.6	83.1
日　本	63.5	102.5	78.9
巴　西	37.9	32.4	51.9

资料来源：世界银行数据库。

需要指出的是，仅以城市化率70%来衡量，拉美国家虽然在20世纪70年代中期也进入了城市化后期阶段，但由于产业发展未能适应新一轮全球化分工的浪潮，未能及时从进口替代转向出口导向，产业竞争力迅速下降，加之民粹主义的分配政策，大多掉入“中等收入陷阱”。拉美城市住房短缺、基础设施匮乏、失业与贫困等城市化中期阶段积累的城市治理问题，并未随其进入城市化后期阶段而有效化解。例如，巴西在20世纪70年代末城市人口比重就超过70%，但其城市中非正规就业占据了相当大的比重，服务业也相对低端，对经济增长的贡献在40%以下，直到2000年后才提高到50%以上。

【专栏1.2】　　大城市的优势及其原因

大城市在共享、匹配与学习三大微观机制上均有突出优势。

共享：大型的不可分商品和设施的共享、来自多样性收益的共享、劳动分工深化带来的个人专业化收益的共享，使得城市的生产效率更高。以劳动分工深化为例，工人数量的增加使产出以更大比例增加，并非由于新增的工人能够承担新的任务，而是可以使得现有工人专注于更少的任务。工人专注于同一任务的次数增加，其灵巧性增加，同一工人也无须切换任务，节约了时间成本，单一任务也更容易实现机械化，从而节约劳动。

匹配：大城市中较高的人口密度以及高素质人才的集聚，提高了匹配的质量与机会，减轻了专用技能或资产的“要挟”问题，一些具有较高技能和知识水平的人只有在城市甚至大城市才能找到用武之地；一般而言，集聚效应会使得城市劳动力增长快于企业数量增长，加剧劳动力市场竞争，有利于企业降低成本。

学习：大量的人口集聚有利于面对面的交流，有利于知识溢出和创新，也有利于技能和思想的传播。

资料来源：约翰·弗农·亨德森、雅克－弗朗索瓦·蒂斯主编：《区域和城市经济学手册（第 4 卷）——城市和地理》，经济科学出版社 2012 年版。

城市化后期的另一突出特征是城市群的形成与发展。城市化率达到 50% 左右时，城市群开始起步，企业规模和产业规模的扩张进一步吸引大量农村人口进入城市居住，城市规模和城市数量均迅速扩大。城市化率超过 70% 后，城市群初步形成。目前，世界上知名的大都市区，如美国的五大湖区、英国的伦敦—伯明翰—利物浦—曼彻斯特、日本的东京—名古屋—大阪，几乎都在城市化率 50% 左右时起步、在城市化率 70% 以上时基本成形。

第三节　全球典型国家城市化路径的比较与借鉴

回顾全球典型国家的城市化路径，以产业是否能够持续升级并推动城市发展进入高质量的城市化后期阶段为标准，可划分为成功实现高质量城市化的国家与未能成功实现高质量城市化的国家两大类。成功实现高质量城市化的国家中，根据实现城市化所用时间长短，又可分为两类：一类是英国、德国、美国等先发国家，经历百年探索最终实现高质量的城市化；另一类是以日本、韩国为代表的“二战”后的追赶型经济体，在 30 年左右的时间里迅速实现高质量的城市化。拉美虽然城市化率很高，但未能成功实现高质量的城市化，剖析其背后的原因将有助于更好地把握高质量城市化的关键要素。

一、欧美国家产业结构渐进跃迁的探索型城市化

英国、德国、美国等先发国家基本在“二战”前就已经进入了城市化中期阶段后期。但先发国家的工业化和城市化无先例可循，经过100年左右的漫长探索，城市化才进入高质量的稳定发展阶段。

从初始的禀赋条件来看，先发国家具备优越的自然资源条件与原始资本积累。如英国丰富的煤炭资源，对其爆发工业革命有重要作用。英国的煤矿埋藏浅、易开采，又近通航水域，其煤炭价格是当时所有国家中最低的。廉价煤炭的使用使英国摆脱了因木材短缺而产生的资源约束。殖民扩张和对外贸易是先发国家原始资本的重要来源。先发国家从殖民地掠夺或低价购买农产品、矿产等初级产品，再将其工业制成品向殖民地出口，高额“剪刀差”为其本国的城市化与进一步工业化积累了大量资本，使得资本密集的机械化大生产成为可能。

从产业发展来看，先发国家的产业结构演变基本遵循了“轻工业—重化工业—服务业”的依次、渐进跃迁。英国的工业化从纺织业的技术革命开始，以纺织业为代表的轻工业发展吸收了大量的非农就业。到第二次技术革命后，先发国家的产业转变为以钢铁、化学等重化工业为主。1950年先发国家的城市化率普遍达到50%以后，其产业结构又向服务业转变。特别需要指出的是，先发国家服务业[①]内部也在不断进行结构性升级。知识和技术密集型服务业开始兴起和快速发展，生产性服务业和社会服务业占服务业增加值的比重不断上升，逐渐取代传统的

① 本书服务业分类采用辛格曼的四分法，将服务业分为流通服务业、生产服务业、私人服务业和社会服务业。参见任兴洲、王微等著：《服务业发展：制度、政策与实践》，中国发展出版社2011年版。

商品流通服务业，成为服务业乃至国民经济的支柱和主导。例如，1950年，美国商品流通服务业增加值占 GDP 和整个服务业的比重分别为23.7%、41.1%，至2008 年则分别下降到 19.7%、25.0%；而同期生产性服务业增加值占 GDP 和整个服务业的比重分别由 15.3%、26.6%持续递增至 33.2%、42.1%，社会服务业增加值占 GDP 和整个服务业的比重也分别由 12.8%、22.2%上升到 20.1%、25.5%。持续的产业变迁为先发国家高质量的城市化提供了源源不断的动力（见表1.4）。

表 1.4　1950～2008 年美国服务业增加值结构变化　单位:%

	年份	流通服务业	生产服务业	私人服务业	社会服务业	其他
占GDP比重	1950	23.7	15.3	3.2	12.8	2.6
	1960	22.0	18.8	2.8	15.9	2.9
	1970	21.8	20.0	2.8	19.2	2.6
	1980	21.2	22.5	3.0	18.8	2.2
	1990	19.7	27.7	3.4	20.5	2.4
	2000	20.5	31.3	3.6	19.2	2.3
	2008	19.7	33.2	3.6	20.1	2.3
占服务业比重	1950	41.1	26.6	5.5	22.2	4.6
	1960	35.3	30.1	4.5	25.5	4.6
	1970	32.9	30.1	4.2	28.9	3.9
	1980	31.3	33.3	4.4	27.8	3.2
	1990	26.7	37.6	4.6	27.8	3.3
	2000	26.6	40.7	4.7	25.0	3.0
	2008	25.0	42.1	4.5	25.5	2.9

资料来源：美国经济分析局（BEA）。

从城市治理来看，先发国家在探索中完善了城市公共政策与社会保障。19 世纪由于大量农村人口进入城市，而基础设施与公共服务供给不足，英国的城市遭遇了严重的城市公共卫生和环境问题：城市空气污浊、污水横流、传染病流行，死亡率一度远高于农村地区。英国及时调整公共政策，于1848年颁布了《公共卫生法》、1866年颁布了《环境卫生法》、1956年颁布世界上第一部《空气清洁法》，城市环境问题得到根治。德国在19世纪后半叶的城市化进程中也面临城市人口激增导致的公共卫生与环境污染问题，工人阶级斗争此起彼伏。俾斯麦政府于1883年颁布了《医疗保险法》，对工人因病、工伤以及年老等出现的经济困难进行社会救济，开启社会保障制度的先河，促进了社会转型与城市化健康发展。美国在进入城市化加速阶段后，城市环境与居住条件恶化，城市贫困与犯罪问题突出。19世纪末，美国掀起城市美化运动，实施住房改革，1937年通过了《住房法案》，对于改善城市景观、消除城市贫困、改善居住条件起到了显著作用。

总体来看，先发国家的城市化经历了市场主导到政府跟进的过程。先发国家的城市化，源自技术革命及其后的工业化的自发带动，早期由市场机制与私人部门为主导，产业培育与壮大、人口流动甚至城市基础设施建设，均以私人部门的力量为主。随着城市化进程的推进，城市居民对公共服务的关切与需求不断升级，政府在改善基础设施、防治传染病、提供社会保障方面的作用逐渐凸显，提升了上述国家的城市化质量。

二、日韩等国家产业政策推动的追赶型城市化

“二战”后，日本、韩国等东亚的追赶型经济体在30年左右的时间内迅速完成了工业化与城市化。1956～1973年，日本工业产值年均增长13.6%；1961～1980年，韩国制造业增加值年均增长16.5%，工

业发展创造的城市就业机会吸引大量农村人口进城，两国均从城市化启动阶段（城市化率 30% 以下）迈入成熟阶段（城市化率 70% 以上），日本城市化率从 1945 年的 27.8% 增加到 1973 年的 74.2%，年均增长 1.66 个百分点；韩国城市化率从 1960 年的 28.6% 增加到 1995 年的 78.2%，年均增长 1.42 个百分点。

从初始禀赋条件来看，追赶型经济体具有教育程度较高的人力资本，并得到了有力的外部援助。日本在 20 世纪 50 年代确立“教育立国”方针，全面普及义务教育，积极推广职业技能教育，人力资本水平较高。日本和韩国城市化的迅速推进都得益于外部援助和较好的国际市场环境，如日本在 20 世纪 50 年代依托美国的资金援助，并积极引进当时美国的新锐重化学工业技术，迅速实现了重化工业化。

从产业发展来看，政府力量从一开始就强有力地介入，政府主导的产业政策成功推动产业转型升级，最终实现了从工业主导向服务业主导的经济结构的转变。一方面，政府为产业升级提供积极的政策保障，如日本对高新技术产业发展提供税收、土地、基础设施等一系列支持措施，韩国则在经济起飞阶段实施“政府主导性增长战略”，通过金融、土地等政策优惠扶持出口部门与重化工业发展，加速资本积累（见图 1.4）；另一方面，日本、韩国政府高度重视国土空间规划，以使空间政策与产业政策能够有效衔接，促进产业与城市的良性互动。日本从战后就开始了国土整治工作，1950 年颁布《国土综合开发法》，先后五次实施“全国综合开发规划”；韩国从 1972 年起实施了四轮综合国土规划，颁布了《国土空间框架法》等法规。上述规划对于重塑城市化空间布局、优化要素空间分布起到了重要的引导作用。

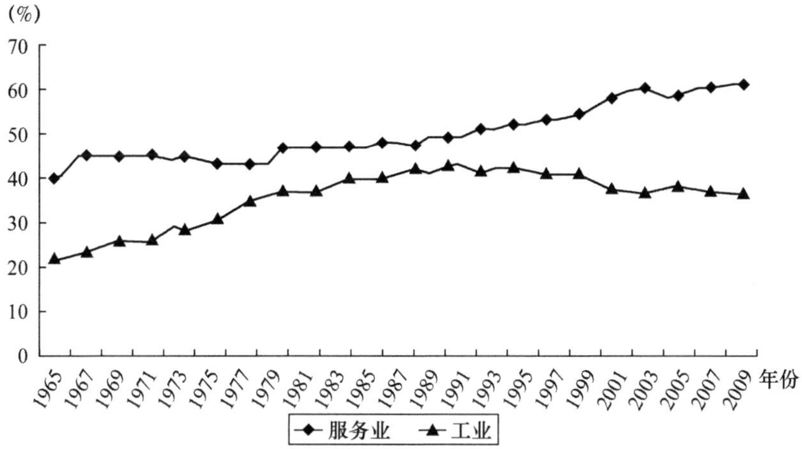

韩国

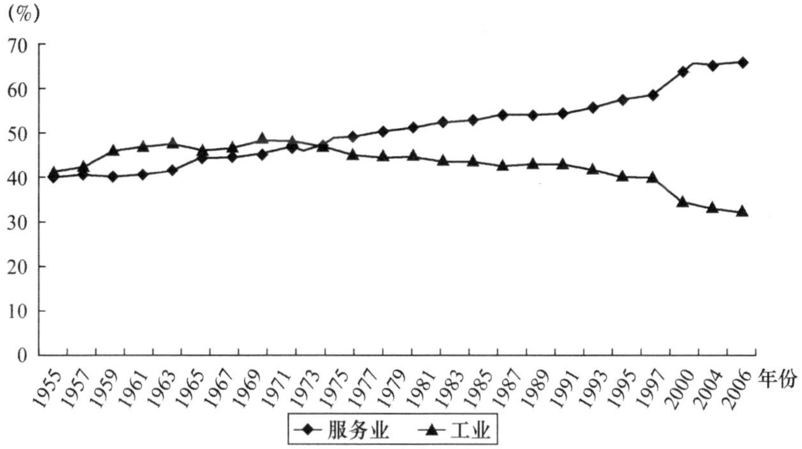

日本

图 1.4　韩国、日本的工业、服务业占 GDP 比重的变动趋势

资料来源：世界银行数据库、日本统计局与统计中心。

从城市治理来看，及时、有效应对城市社会与环境问题，是日本、韩国实现快速城市化的重要保障。20 世纪 50 ~ 70 年代，日本的钢铁、能源、化工等产业高速发展，环境污染日益突出，一度爆发严重的“四大公害”事件，日本政府及时出台《公害对策基本法》《大气污染防治法》等 14 部环保法规，制定严格的环保标准，明确企业公害责任；

地方政府则引入社会监督，对不达标企业采取强制措施，经过 10 年左右的努力，日本的城市公害问题得到有效治理。韩国在工业化过程中，企业普遍实行的家长制管理，导致工人在经济与精神方面遭受压迫、社会权益得不到保障。政府起初压制工人运动，但 1987 年爆发全国性的劳工骚动，先后发生 3000 多起劳动冲突，政府的劳工政策开始转型，修改《劳动法》，扩大工会活动空间，以法律、行政手段规范劳资关系，同时积极促进企业采取更加人性化的现代管理方式，有效地化解了城市化进程中的社会矛盾。

总体来看，日本、韩国立足本国资源禀赋，充分尊重市场；政府有力作为，在规划与产业政策方面发挥导向性作用，重视技术创新、产业升级与人力资本投资，合理应对城市化进程中的环境与社会问题，从而实现了高质量的城市化与经济追赶。

三、拉美国家产业支撑不充分的失衡型城市化

拉美地区包括 33 个独立国家①，不同国家的城市化起点不一，进程各异。2018 年整个拉美地区城市化率达到 80.7%，高于全球平均水平（55.3%）约 25 个百分点。乌拉圭、阿根廷等部分国家城市化率超过 90%（见图 1.5）。

从初始的禀赋条件来看，拉美自然资源较为丰富，初级产品出口带动了拉美的早期城市化。殖民者以沿海交通要冲、生产中心、印第安人聚居地等构建城市体系，并以城市控制与管理乡村。第二次工业革命后，初级产品的出口激增带动了拉美的经济增长，吸引了大量的外国投资，铁路、港口等基础设施也大量兴建，城市化进一步加速发展。

① 此外，还有 12 个尚未独立的地区。

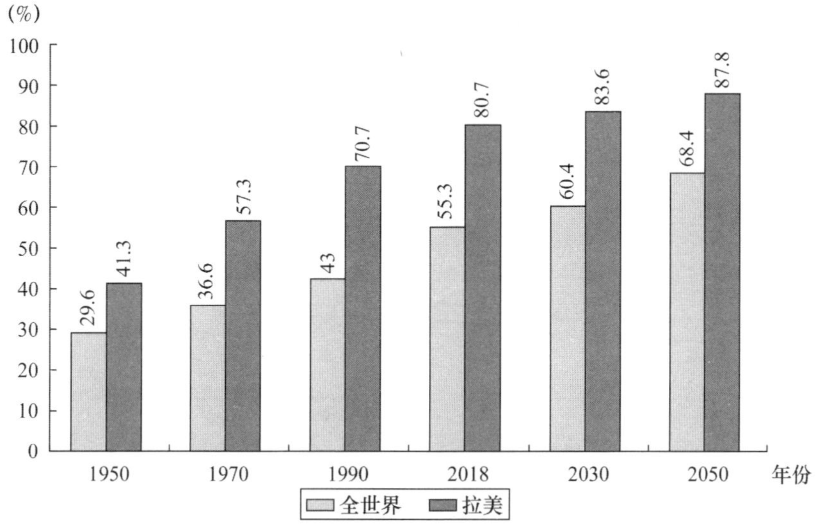

图 1.5　拉美城市化率（1950～2050 年）

资料来源：The United Nations：World Urbanization Prospects 2018。

从产业发展来看，拉美城市化后期未能实现持续的产业结构变迁，大量城市人口在非正规部门就业，拖累了其城市化质量。20 世纪 30 年代，经济大萧条倒逼部分拉美国家尝试转向进口替代战略。“二战”爆发后，欧洲出口到拉美的制成品锐减，推动了拉美国家制造业的发展。但即使在城市化中期，拉美制造业也从未成为国民经济中的主导产业，在 GDP 中的比重一直徘徊在 20%～25%；峰值出现在 1985 年，但制造业增加值在 GDP 中的比重也仅有 25.08%（见图 1.6）。1989 年以来，拉美城市化率超过 70%，进入城市化后期阶段，周期性的民粹主义政策盛行，使其未能及时顺应全球化浪潮，将进口替代工业化调整为出口导向，在全球竞争中失去比较优势，制造业在国民经济中的比重进一步下滑，从 1989 年的 24.51% 下降到 2018 年的 12.84%，经济发展缓慢甚至陷入衰退。缺乏工业化充分支撑的城市化，导致拉美城市新增人口集中在非正规部门就业（见图 1.7）。

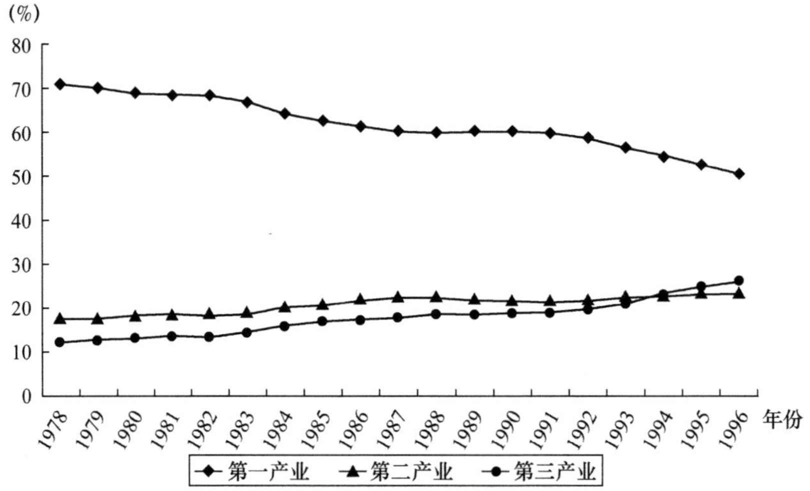

图 1.6　1978～1996 年拉美国家一、二、三产业发展情况

资料来源：The United Nations：World Urbanization Prospects 2018。

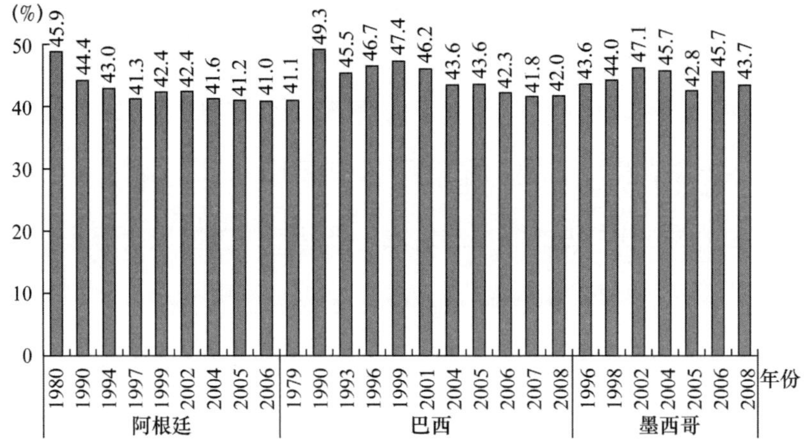

图 1.7　阿根廷、巴西、墨西哥非正规部门就业比重（1980～2008 年）

资料来源：20 世纪 90 年代以后数字来自 Panorama social de America Latina，2009，Cuadro18，Cuadro 24。

从城市治理来看，拉美的城市化呈现出显著的自发性，政府规划与政策引导缺位，大城市当局无法充分满足移民对城市基础设施、各种公共服务业以及住房等条件的要求，城市中出现了交通拥挤、环境恶化，移民聚集于贫民区等问题。拉美国家囿于有限的财政能力与治理能力，难以有效应对城市化进程中的住房短缺与环境危机，城市化质量堪忧。

四、借鉴与启示

高质量的城市化需要城市鼓励创新，城市产业能够持续升级，环境与社会治理能够较好地容纳日渐增长的城市人口，政府的公共政策能够及时、有效地应对城市化进程中的挑战。若城市化缺乏产业的充分支撑，或城市资源不足，难以容纳大量涌入城市的农村人口，则城市无法实现包容性发展，政府也无力应对城市化进程中的危机，其结果会导致城市贫困化。

面对20世纪70年代以来全球化引发的产业分工重构，拉美的民粹主义政府未能抓住发达国家产业转移机遇，仍然实施进口替代战略，未能实现产业的持续变迁，在全球化浪潮中迅速失去比较优势，发展逐渐停滞；而由政府主导、实施出口导向战略的韩国、新加坡等经济体成功承接了发达国家转移的重化工业，实现了经济起飞与城市化的快速推进（见表1.5）。

表1.5　三类典型的城市化模式比较

	先发国家	追赶型经济体	拉美
初始禀赋	自然资源丰富、殖民带来的原始资本积累	较高的人力资本，外部援助	自然禀赋较好，以初级产品出口为主
产业发展	轻工业—重工业—服务业的依次变迁	技术引进，实现重工业—服务业的跃迁	初级产品出口—进口替代，未能实现向出口替代的顺利转型
城市治理	及时、有效	及时、有效	弱
政府力量	后期介入，主要是公共服务	从一开始就介入，强有力的产业政策	民粹主义的分配政策

资料来源：课题组整理。

中国的城市化率已超过60%，与拉美城市化中期期末的水平接近，所面临的挑战也具有一定的相似性。应充分借鉴先发国家与追赶型经济体城市化进程中的有益经验，吸取拉美城市化过程中产业支撑不充分的教训，抓住新一轮技术革命机遇，以产业发展带动城市化发展，既充分发挥市场配置资源的基础性作用，也注重发挥政府在规划与产业政策方面的导向作用，并积极应对城市发展过程中的环境污染与公共治理挑战。应着重提高城市的包容性与可持续性，尤其是对低收入转移人口的接纳能力。在政策理念上，应正视农村转移人口的积极作用，他们是城市的建设者，为城市提供低成本的服务，降低了城市的生活成本，提升了城市的产业竞争力。因此，源源不断的转移人口是城市活力之源。

第四节　城市化顺利推进需要具备的条件

从全球城市化历程与典型国家的城市化路径来看，技术革命引发的工业化或产业变革，是城市化起步与加速的最重要动力，产业的持续变迁是实现高质量城市化的关键。面对城市化进程中出现的基础设施滞后、住房短缺、环境污染、城市贫困等挑战，及时、有效的制度与公共政策调整是实现高质量城市化的重要保障。

一、持续升级优化的产业结构

技术革命引发的产业变革或工业化，无论是自发的，还是通过引进外来资金和技术推动的，均是城市化启动和加速的主要动力机制。具体而言，工业发展吸引农村人口进入城市。同时，农村的工业化（农业机械的大量使用）带来农业生产率提升，解放农村劳动力，推动其进入城市。农业劳动力受益于机械化与城市中的技术革命，生产力空前提高，农村剩余劳动力可以到城市中不断发展的制造业部门工作。城市中更高的工资和更好的机会吸引了大量来自农村的劳动力。更高的农业生产率提供了更多的食物去养活不断增长的城市人口。城市中制造的农具、农机、化肥及其他产品又加快了这一进程，使得农业生产效率进一步提高。工业革命推动的城市化，是外部经济、集聚经济带来的螺旋式增长。工业部门崛起，工厂和标准化、低成本产品的大规模生产刺激了交通基础设施的建设与改善，工资和货币经济变成了行为准则，批发与零售贸易增长，劳动力的专业化得到增强，工业部门与自然环境的联系不再那么密切，企业对区位的要求更多地指向文化和经济状况，可移动的企业对有利区位的响应带动了工业城市的崛起。

工业化由一连串的技术变迁与革命所推动。特定的城市化发展阶段由特定的技术体系所承载，技术革命主导了区域与国家的经济演化方向，也推动了城市空间形态特征的变化（见表1.6）。

表1.6　　技术革命与城市化发展

城市化阶段	初期	中期		后期
技术革命	• 水力 • 蒸汽机 • 棉纺织品 • 钢铁厂	• 燃煤蒸汽机 • 钢铁 • 铁路 • 机床 • 世界海运	• 内燃机 • 石油和塑料 • 电子工程 • 航空 • 无线电和电信	• 微电子 • 数字通信 • 生物技术 • 信息技术
城市空间形态	步行城市	工业城市	郊区化	城市群（大都市区）

资料来源：诺克斯、麦卡锡：《城市化：城市地理学导论》，电子工业出版社2016年版。

【专栏1.3】 技术革命与城市空间形态

在城市发展过程中，交通技术的变革被认为是城市空间形态和土地利用最重要的单一决定因素。交通系统决定了城市的密度和城市扩张的范围，交通站点成为商业和娱乐的节点。

步行城市：在经济发展早期，由于快速且廉价的交通工具不足，紧凑型城市应运而生。人们步行行动，大多数货物通过手推车或者马车运输，步行城市中的各种活动杂乱无序。因为大部分城市是海港或河港城市，滨水地区是经济活动的中心，聚集了商人办公室、会议中心、仓库和码头。紧挨着滨水区的是宾馆、教堂、零售商店、公共建筑和上层人士的住宅。手工艺人、仓库保管员和工人的住宅混杂其中，并延伸至城镇的边缘。在城镇边缘，通常建有占地面积大（如纺织厂）、用水量大（如啤酒厂）和气味难闻的工厂（如屠宰场、制革厂等）。住房和工厂之间通常没有分隔。工厂主通常在工厂旁边修建住宅。

工业城市：工业革命带来了城市人口和城市边界的急剧扩展，土地利用出现了前所未有的专业化和差异化。更为先进的交通技术、通信技术和基础设施将城市带入了规模经济、集聚经济和劳动分工的时代。经济专业化带来了城市空间的重组。经济发展带来更多的工业、商业和人口，不同土地利用的规模和强度不断增加，引起了对土地的激烈竞争和冲突。土地利用者在空间上相互隔离，根据其支付能力来选择工业、商业或居住等用地的最佳区位。工厂首先选择合适的地点，并主导了空间布局的各个方面。对于第二次技术革命时期的支柱行业，如纺织、化学、钢铁而言，最佳选址是滨水地区，以便保证有充足的水量来供应蒸汽锅炉，制作必要的化学溶剂和染料，还可以用来倾倒废弃物。在工厂周围，投机商为工厂工人建造了住房，出现了专业化的住房市场。工人的工资限制了住房质量，他们无力支付日常城际通勤的费用，所以开发商只能在工厂和铁路之间的空地上为其建造拥挤、简陋的住所，竞争使其将成本和价格压至最低。城市土地利用重组产生了紧凑的地块、狭窄的小巷和没有公园的实心街区。与此同时，出现了两种变化趋势，即向外和向内运动。富裕的专业人士和白领家庭以及高级零售服务业迁到了近郊区和远郊区，产生土地利用重组的向外力量；而大多数工厂、仓库、办公室、旅馆和特色零售活动聚集在专业化的中心地区，产生向内力量。

网格化的基础设施重构了城市。城市发展机会随着新技术（煤气灯、电气化、钢架结构的摩天大楼和升降电梯等）的出现急剧增大，为企业家带来前所未有的致富机会，催生了各类新型消费产品，资助建造了现代化的公路、隧道、桥梁、下水道和路灯等基础设施。给水、排水、供气、供电、电报、电话、有轨电车和地铁系统等基础设施网络是城市变化过程的根本。

郊区化：有轨电车的出现，使在半小时内从市中心向外行驶16公里成为可能，居住用地的开发范围迅速扩大。中产阶级的郊区化为市中心重新安排非居住用地提供了空间。有轨电车的舒适性和低廉价格使郊区家庭主妇可避开交通高峰乘车去购物，进而在市中心形成了专业化的高档购物区。有轨电车还促进了远郊区和卫星城镇的发展。

城市群（大都市区）：汽车的普及和高速公路的发展进一步促进了郊区的扩张，并使卫星城镇连结成片。开发商“蛙跳”到郊区外围，在新高速公路沿线附近交通便利的地点建设大型购物中心，并以此作为新的大型居住社区的营销工具。以信息技术革命为代表的第三次技术革命使大型企业能够更灵活地利用区位和组织生产，空间阻碍的减少放大了各地区土地和劳动力市场的细微差别，因为新技术可以使这些细微差别被快速利用，全球城市分工快速重构，大都市区成为专业性服务和商业化服务的中心。

资料来源：诺克斯、麦卡锡：《城市化：城市地理学导论》，电子工业出版社2016年版。

城市化率30%～70%的阶段是城市化的加速阶段，特别是城市化率达到50%时，城市化的速度达到峰值，此时城市文明普及最快、城市发展的辐射力最强。如英国1851年城市化率达到50%，德国1900年城市化率达到50%，美国1920年城市化率达到50%，均成为当时世界上最强大的国家之一。

世界典型国家在城市化率达到50%左右时呈现一个显著共性，即产业结构发生重大变化，服务业（第三产业）开始超越制造业成为经济结构中占比最高的产业（见图1.8）。产业结构的持续跃迁，尤其是第三产业的发展成为城市化质量提升的重要推动力量。因此，在城市化率达到50%这一关键节点，即进入服务业主导的时期后，如能顺利实现产业转型，往往就能实现高质量的城市化。

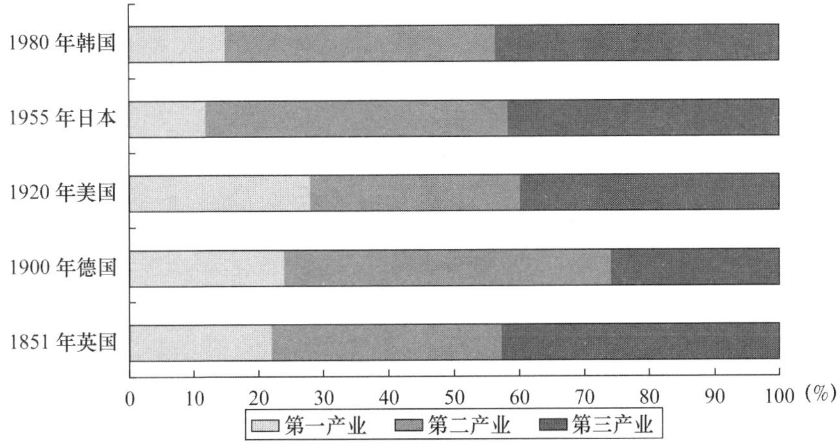

图 1.8　典型国家城市化率 50%时的产业结构

资料来源：李璐颖："城市化率 50% 的拐点迷局"，《城市规划学刊》2013 年第 3 期。

一般而言，城市化率在 50% 以下时（工业化主导的加速期），各国的产业结构仍以重化工业为主，重工业发展过程中的规模化与专业化，导致企业对外部环境和社会服务的依赖性增强，生产性服务业得以发展；同时，人们收入的提高也会带动生活服务业的发展。随着工业化进一步深入，电气设备、航空工业、精密机械等产业对劳动力的吸纳能力降低，但城市化的发展以及金融保险、房地产业等现代服务业的蓬勃发展，使得第三产业吸纳劳动力的速度超过第二产业。例如，日本于 1955 年城市化率达到 50%，消费革命推动其第三产业迅猛发展，随之出现了长达 18 年的高速增长，成为亚洲率先实现城市化的国家。拉美国家在城市化率达到 50% 时，虽然也进入了服务业主导的时期，但城市中的现代服务业未能发展起来，大部分城市人口在非正规部门就业，难以支撑城市化健康发展，最终大多掉入"中等收入陷阱"。

二、功能完善的基础设施

基础设施具有基础性和准公共物品性质，既是保障城市人口生活的基本条件，也是城市发挥集聚效应的关键所在。城市化进程中，人口向城市快速集聚，基础设施能否及时跟进，直接影响到城市化能否持续推进。英、美等先发国家的探索型城市化进程中，工业化先行，人口集聚带来的环境与卫生挑战，倒逼城市政府改善基础设施和提供公共服务，城市的活力得以延续。日、韩等追赶型城市化国家，利用外部的资金和技术援助，在工业化进程中同步改善基础设施，甚至基础设施先行，以高质量的基础设施为工业化提供有效的支撑，企业因能够共享大型的优质基础设施而产生规模经济效应，城市居民也因优质基础设施而更加充分地享受城市生活的便利。优质基础设施本身也是吸引移民进入城市的重要因素。反观陷入“中等收入陷阱”的拉美国家，大量人口集聚城市，而城市基础设施建设却长期滞后，城市新增人口聚居在基础设施匮乏的贫民窟，城市贫困日趋严重，犯罪等问题频发，影响了城市稳定，反过来制约了城市发展。

三、及时有效的制度与政策调整

及时、有效的制度与政策调整是应对城市化挑战的重要保障。尤其是快速城市化阶段，城市经济空前繁荣，但这一时期城市治理矛盾层出不穷，当城市化率达到50%左右时，城市治理矛盾日益激化。无论是先发国家、追赶型经济体，还是拉美国家，这一阶段均出现了较为普遍的住房短缺、交通拥堵、环境污染、社会保障滞后等困扰城市发展的问题（见表1.7）。政府及时、有效应对，对于保障城市化的健康发展至关重要。俾斯麦创建的德国国家福利体系，特别是世界上最早的工人养老金、健康和医疗保险制度，为德国制造业的发展奠定了良好的人力资本基础，社会矛盾得到有效缓和。韩国在20世纪80年代通过修改《劳动法》，扩大工会活动空间，引导企业改善管理方式，提高了劳工的权益保障水平。而拉美的民粹主义政策，短期内虽然缓解了城市的社会矛盾，却使政府财力不堪重负，无法改善基础设施和提供公共服务，城市发展难以持续。

表 1.7　　典型国家城市化率 50%时的城市治理矛盾

	年份	城市社会矛盾	措施
英国	1851	住房短缺，卫生条件差	模范住宅运动，1848 年颁布《公共卫生法》
德国	1900	住房拥挤，劳工权益保障不足	1883 年颁布《医疗保险法》，1910 年开始实施城市规划
美国	1920	住房短缺、失业严重	颁布《住房法案》，推行城市美化运动
日本	1955	环境污染	颁布《公害对策基本法》《大气污染防治法》
韩国	1980	劳工权益得不到保障	修改《劳动法》
拉美	20 世纪 60 年代	住房短缺，城市贫困	公共住房、自建房补贴计划

资料来源：课题组整理。

四、充分流动的要素与开放的市场

要素流动与市场开放是城市化活力的源泉。集聚效应产生的规模经济是城市发展的重要动力。要素自由流动，可以使企业从更大范围内配置生产要素，有效降低生产成本；市场充分开放，可以使企业在更大范围内销售所生产的产品，从而找到最合适的买家。要素充分流动与市场开放也有利于技术的扩散和传播，推动城市产业持续升级。英国在18～19 世纪成为“世界工厂”，其中一个重要原因就是可以从众多殖民地采购原材料，保障工业生产的低成本；又可在全球范围内销售其工业产品，从全球市场开放中获益。拉美等实施进口替代战略的国家，通过高关税壁垒限制国外商品的进入，“保护”了本国生产的商品，但是国内需求不足，导致市场难以扩大，本国企业也缺乏转型、升级的动力，逐渐在全球化分工时代失去竞争力，国民收入难以提升，国内市场进一步萎缩，陷入恶性循环，城市贫困愈发严重。

本章小结

在城市化初期、中期和后期三个发展阶段中，城市化中期是城市化质量分化的关键阶段，城市化率50%则是城市化质量分化的关键节点。城市化率达到50%后，逐渐进入服务业主导的时期，此时城市的相关制度与政策安排是否能够促进城市基础设施、卫生条件、生活品质提升，以支撑高附加值服务业和新兴产业的发展，对于是否能够实现高质量的城市化至关重要。

从初始禀赋条件、产业发展、城市治理等维度对全球典型国家城市化的路径和成效的比较分析表明，顺利推进城市化应充分借鉴先发国家与追赶型经济体城市化进程中的有益经验，吸取拉美城市化过程中产业支撑不充分的教训，抓住新一轮技术革命机遇，以产业发展带动城市化发展，着重提高城市的包容性与可持续性。

总体来看，产业的持续变迁是成功实现城市化的关键。面对城市化进程中出现的基础设施滞后、住房短缺、环境污染、城市贫困等挑战，及时、有效的制度与公共政策调整是实现高质量城市化的重要保障，要素流动与市场开放是城市化活力的源泉。

参考文献

[1] 阿瑟·格蒂斯，朱迪丝·格蒂斯，杰尔姆·D·费尔曼．地理学与生活．北京：北京联合出版公司，2013
[2] 爱德华·格莱泽．城市的胜利．上海：上海社会科学院出版社，2012
[3] 陈明珠．发达国家城镇化中后期城市转型及其启示．中央党校博士学位论文，2016
[4] 国务院发展研究中心课题组．中国新型城镇化：道路、模式和政策．北京：中国发展出版社，2014
[5] 任兴洲，王微．服务业发展：制度、政策与实践．北京：中国发展出版社，2011
[6] 李璐颖．城市化率50%的拐点迷局．城市规划学刊，2013（3）
[7] 刘瑾钰．美国城市化历程．国别报告，2020
[8] 刘易斯·芒福德．城市发展史：起源、演变与前景．上海：上海三联书店，2018
[9] 龙多·卡梅伦，拉里·尼尔．世界经济简史：从旧石器时代到20世纪末．上海：上海译文出版社，2012
[10] 卢昱周．英国城市化历程．国别报告，2020
[11] 牛三元．德国城市化历程．国别报告，2020
[12] 诺克斯，麦卡锡．城市化：城市地理学导论．北京：电子工业出版社，2016
[13] 乔尔·科特金．全球城市史．北京：社会科学文献出版社，2014
[14] 王瑞民，冯璐．拉美城市化历程．国别报告，2020
[15] 约翰·弗农·亨德森，雅克－弗朗索瓦·蒂斯主编．区域和城市经济学手册（第4卷）——城市和地理．北京：经济科学出版社，2012
[16] 张英杰．日本城市化历程．国别报告，2019
[17] The United Nations. World Urbanization Prospects 2018. 2008

第二章

历次技术革命对城市化的影响

技术革命是指生产技术的重大、根本性的变革。通常认为，人类已经大致经历了三次技术革命。历次技术革命发生的社会历史背景、技术革命的标志性内容不尽相同，但从历次技术革命的演化进程来看，还是呈现出了一些共同的阶段性特征和演进规律。三次技术革命推动人类社会由蒸汽时代迈向电力时代，进而进入信息时代。每一次技术革命都孕育了新的通用技术和主导产业，并成为带动城市持续向前发展的最主要动力。

第一节　技术革命演进的三个阶段

从长周期角度来看，历次技术革命演进总体上会呈现出阶段性发展特征，大致会经历导入期、拓展期和爆发期三个阶段[①]。

① 佩雷斯从技术演变与金融资本之间的关系角度将技术革命分为导入期和拓展期两个阶段，并进一步将发展阶段划分为爆发阶段、狂热阶段、转折点、协同阶段和成熟阶段五个阶段。我们借用佩雷斯关于导入期和拓展期的概念，主要从技术演进对产业发展影响的角度将技术革命分为三个阶段。

一、技术革命的导入期

在导入期，新的技术发明和创新出现，但局限于特定领域和局部范围内应用。主导技术由于不成熟、使用范围有限且使用成本高，特别是与之应用相关的技术和基础设施等尚未形成，导致其技术成熟度和商业应用前景不明确。技术的应用和扩散也较为缓慢。

例如，作为第一次技术革命标志性成果的蒸汽机，18 世纪初出现的纽卡门蒸汽机体积大、适用性差且效率较低，经过杜德利・卡斯尔的改进，才在经济上逐渐可行。在导入期，蒸汽机扩散速度慢的原因在于：一是工匠式的发明创新，技术不成熟，技术创新改进的速度相对较慢；二是使用成本高，相对于已有的动力技术，其优势很小。纽卡门蒸汽机笨重且使用成本高，在问世几年后才扩散到法国、德国和比利时[①]。

第二次技术革命时期，技术发明和创新越来越依赖于有组织的科学实验，产业研究实验室成为组织创新的核心。德国和美国企业内部建立了大量的研发实验室以及大学实验室，比如德国皇家物理和技术研究所、K-W 化学研究所、拜耳研发实验室等。在这一时期，技术发明和创新与科学的联系非常紧密，非常依赖于与大学间形成的科学交流网络。企业建立的实验室与市场部门的联系非常紧密，不仅开发新的技术，还从外部获取已开发的技术，技术创新及导入速度明显加快[②]。

第三次技术革命时期，电子技术的革命可以追溯到晶体管和计算机

① 乔尔・莫吉尔：《富裕的杠杆：技术革新与经济进步》，华夏出版社 2008 年版。
② 詹・法格博格等：《牛津创新手册》，知识产权出版社 2012 年版。

两个关键性的创新。这两项关键性的创新在 20 世纪 40 年代后期就已出现，但针对计算机的商业需求一直到 20 世纪 50 年代早期才开始逐渐增长，而且主要是由政府采购驱动。到 20 世纪 50～60 年代，科学计算机和小型机的发展才推动了电子计算机、计算机软件和半导体元件产业的发展。

总体来看，在技术革命的导入期，基于工匠式发明或基础科学研究成果基础上的技术演进，特别是通过应用研究将新技术转化为经济上可用的技术的探索，通常需要耗费相当长的时间。随着时间推移，一直到主导技术不断成熟、技术使用成本下降以及相关配套技术、设施、关键原料方面突破，新技术的技术范式和技术路径才开始逐渐清晰。在其商业价值和潜力逐渐显现的阶段，主导技术的扩散速度才会加快，逐渐覆盖到比较广的领域。

二、技术革命的拓展期

在拓展期，主导技术进一步成熟完善，与其相关的技术不断发展，技术之间相互融合渗透，主导技术在更大的领域和范围内扩散使用，呈现出成为通用技术的趋势性特征。围绕主导技术逐渐形成较为成熟的技术集群，其技术和商业价值为大众所接受，但从商业和产业化角度来看，突出地表现为多种新技术的“并存融合但不爆发”特征。

第一次技术革命期间，经过瓦特等人对已有的蒸汽机多次革命性的改良，降低了机器对燃料的要求，并大大提高了燃料的利用效率，显著地降低了使用成本，使机器可以在任何地方使用。其广泛地在矿业、冶金领域使用，也带来了交通、纺织业的突破性发展，并引起了其他相关技术和产业的发展。

第二次技术革命时期，交流电诞生于19世纪末期，但是能够让电广泛应用还需要具备一系列因素，其中发电机是最为关键的部分。在经过帕西罗蒂、西门子、格莱姆、赫尔曼·斯普伦格尔等人的一系列革命性创新后，突破了多相电动机、变压器等技术难题，随之而来的是一连串的发明及广泛性应用[①]。

第三次技术革命时期，20世纪50年代以来，随着中央处理器和数据存储设备等计算机元部件的性价比明显提高，计算机技术快速发展，应用拓展加快，快速扩张到许多新的应用领域中[②]。进入20世纪80年代后，随着通信、数据传输及互联网等技术的群体突破，出现了互联网发展热潮。进入21世纪，随着在线支付和移动支付技术的突破，以及二者的融合，又推动了电子商务等新产业、新业态的大量兴起。

技术革命历程表明，从技术应用范围的拓展到突破性爆发，技术之间的融合以及互补性技术的成熟完善需要较长的时间。主导技术扩散并成长为通用技术，当通用技术以及与之相匹配的商业模式逐渐成熟，这些新技术的应用将会催生新的产业，适应新技术需要的基础设施逐步完善，技术得到更广泛应用，大量资本投资于作为增长引擎的新兴产业领域，新兴产业呈现出规模经济优势。与此同时，新技术和新兴产业逐渐与传统技术和产业融合并向其他传统领域渗透、应用，开始在局部推动传统产业转型，并伴随着企业组织结构的调整、企业和行业发展模式的重构变革。这一过程一直到技术奇点[③]来临，各种新旧技术、企业和

①② 詹·法格博格等：《牛津创新手册》，知识产权出版社2012年版。

③ 技术奇点是指技术发展在极短的时间内发生极大的进步，当这一转折点来临时，将会引起社会极大的变革。

行业之间产生整体关联性，才会产生集中式的爆发并扩散到绝大多数行业，进而彻底引发技术经济范式的转换。

三、技术革命的爆发期

在爆发期，突出地表现为通用技术取得突破性进展，廉价的关键投入的出现及广泛应用，成为引发各技术系统自增强效应的“引爆点”；新的通用技术及其足够的互补技术在效能和规模上达到全面耦合，多种新技术的“并存融合但不爆发”格局被打破，通用技术的产业化应用出现了大规模爆发。

第一次技术革命期间，到 19 世纪后半段，蒸汽动力渗透到交通、运输、炼钢等工业生产的各个领域以及经济生活的方方面面，扩散到整个西方世界及世界其他地区。

第二次技术革命期间，使用其他能源产生电力、建造接收装置将电转变为动能或者热、开发长距离传送电流的输电线路技术和设备等领域的突破性进展，使电的广泛应用出现了革命性突破，能够使电转变为动力能源，作为集中分布式能源，影响企业的空间布局。

第三次技术革命时期，1971 年英特尔公司集成电路微处理器的商业化应用，标志着计算机技术的突破性发展。它改变了整个 ICT 产业的技术基础，出现了台式计算机并在许多部门迅速得到应用，在很大程度上改变了计算机硬件和软件产业的经济形态，并为互联网的应用创造了前提条件。20 世纪 90 年代，互联网开始商业化，真正启动了信息技术时代。

在历次技术浪潮中，随着技术系统的复杂化，通用技术的扩散所历经的时间也越来越长，表现出“潜在的重组越深远，技术的最初发明与其对经济和社会的全面影响之间的时滞就越长”①。在爆发期，通用技术的突破性进展，使以通用技术为主导的新的经济范式开始占据主导地位，并全面渗透到各个产业领域，从商业到行政到教育等相关活动中，更高水平的生产率和更高品质的产出成为常态，一直到技术革命动能消耗殆尽，转入下一轮新的技术革命②。

【专栏 2.1】　技术革命演变的六个阶段

按照克里斯·弗里曼的认识，技术革命演变周期大致可进一步细分为六个阶段。第一阶段：实验室发明阶段，最初的原型、专利、小范围证明及早期应用；第二阶段：技术和商业可行性的决定性证明阶段，广泛的潜在应用价值显现；第三阶段：爆炸性的起飞和增长阶段，其间，新调节体制逐步建立起来，同时伴随着经济动荡的结构性危机和政治调和危机；第四阶段：持续高增长阶段，技术系统成为常识并主导世界经济领先国家的技术体制，应用的产业和服务范围更广；第五阶段：随着系统的成熟和新技术的挑战，进入增长减慢、利润率下降阶段，并引发新的结构调整危机；第六阶段：成熟阶段，在与新技术卓有成效的共存中可能出现“复兴”效应，但也可能慢慢消失。

资料来源：克里斯·弗里曼：《光阴似箭——从工业革命到信息革命》，中国人民大学出版社 2007 年版。

① Triplett, J. E. Economic Statistics, the New Economy, and the Productivity Slowdown. *Business Economics*, 1999, 34 (2).

② 佩雷斯：《技术革命与金融资本——泡沫与黄金时代的动力学》，中国人民大学出版社 2007 年版。

值得注意的是，每次技术革命的发生过程并不是连续的。技术创新的出现和扩散本身，有时是爆炸性的，有时则非常缓慢。在大多情况下出现的情景是，虽然从技术角度来看，新的技术创新或技术革命带来的好处显而易见，不仅用途广泛，而且其优越性和盈利能力也较已有的技术更加明显，但是它不会被轻易接受。原因在于，存在着和昔日的支配范式、调节体制相联系的强大既得利益，以及与旧范式相关联的文化规范，导致新旧范式之间必然存在广泛的利益冲突。一些新兴企业和产业成长迅速、盈利很高，与之相伴的是基于传统技术的其他企业和产业增长缓慢、下降甚或停滞。在这一过程中，附带着就业、金融、贸易等方面的冲突，以及新旧规则、制度框架、法律法规、行为习惯等一系列冲突和变革、碰撞的发生。这样，在技术革命发生和演变过程中，表现出结构性上升和结构性衰退并存的过程与特征。

此外，从不同地区或不同国家的技术革命扩散来看，由于国家不同、产业不同，解决旧制度框架与新技术集群之间“不匹配”的方式也不一样。新技术在不同地区和不同国家的扩散进程和扩散程度也是不同的，有些立即受到深刻的影响，有些则要在一段很长的时滞之后才受到影响，有的几乎不受任何影响。

第二节　技术革命演进的四大规律

21 世纪以前，人类先后经历了三次技术革命。其中，以机器生产为代表的第一次技术革命，使人类进入“蒸汽时代”；以电力应用为标志的第二次技术革命，使人类跨入“电力时代”；以电子和信息技术为标志的第三次技术革命，将人类带入“信息时代”。从三次技术革命发生和演变的过程看，技术革命发生的主导技术虽不尽相同，但也存在着一些共同的规律。

一、突破性科学发现为技术革命奠定了基础

就一般意义上的工业化过程而言，基本遵循着科学—技术—产业体系的演进过程。作为生产力的决定性因素，技术发明是经济发展的坚实基础，历史上的经济起飞都是由技术发明带动的，而科学发现的突破性进展是技术发明大量出现，进而发生技术革命的重要前提。

【专栏 2.2】 对第一次技术革命类型划分的不同认识

第一类观点认为，技术变革在这一时期的主要特征是无机材料对有机材料的取代（E. A. Wrigley，1987）。

第二类观点把工业革命界定为能源投入的增加，尤其是非动物性能源的增加，并把注意力集中到蒸汽动力之上，把它视为最重大的进步（Cipolla，1965a）。

第三类观点认为，技术革命是机器而非手工工具的使用（Paulinyi，1986）。

资料来源：乔尔·莫吉尔：《富裕的杠杆：技术革新与经济进步》，华夏出版社 2008 年版。

从第一次技术革命来看，科学的兴起为技术革命到来做了必要的准备[①]。第一次技术革命是从发明、改进和使用机器开始的，以蒸汽机作为动力装置被广泛使用为标志。牛顿力学和数学等科学的发展，为机器

① 但是也有许多文献认为，技术革命与科学发现的联系并不紧密。具体可参见詹·法格博格等：《牛津创新手册》，知识产权出版社 2012 年版。

的产生奠定了科学基础①。第一次技术革命发生前，数学、几何学、天文学、航海学等已经在英国得到发展，为后续的技术发明奠定了基础。1690年巴本（D. Papin）设计了首个活塞式蒸汽机。1698年塞维利（T. Savery）制造了无活塞式蒸汽机，真正将蒸汽变为动力。经过多次改良，由瓦特（J. Watt）改良的蒸汽机正式投入生产。在这一时期，得益于技术工人和工匠们的卓越贡献，“飞梭”、珍妮纺织机、水力纺纱机、骡机等机器发明不断涌现。

从第二次技术革命来看，电磁感应等科学理论的突破性进展，为把科学原理转化为技术并应用于生产奠定了基础。第二次技术革命中，大学在科学发现和科学理论中发挥了重要作用，特别是德国大学的发展及相关科学理论的突破成为第二次技术革命的重要原因。经济史学家卡洛·M. 奇波拉认为：“正是德国人在19世纪下半叶对科学的偏爱使德国工业化比英国和美国工业化进展更快。”例如，1888年，赫兹用实验方法发现了电磁波的存在；法拉第（M. Faraday）发现电磁感应现象之后，无线电报、无线广播、电话机、发电机、发动机等相继发明，引起了通信和交通运输领域的革命性变革。再比如，受益于化学学科的发展，可以从煤炭中提炼氨、苯、人造燃料等化学产品，塑料、绝缘物质、人造纤维也相继发明并投入了生产和使用。

从第三次技术革命来看，信息科学的迅速发展，促成了第三次技术革命的发生。二十世纪四五十年代以来，受益于香农和冯·诺依曼等人在基础理论方面的突破，电子计算机、微电子技术、互联网等领域的技

① 对技术革命史的详细论述可参见乔尔·莫吉尔：《富裕的杠杆：技术革新与经济进步》，华夏出版社2008年版。

术创新取得重大突破，引发了新的技术革命。香农提出了把电路系统的“开”和“关”与二进制符号中的“1”和“0”对应起来的设计思想，奠定了数字电路的理论基础。冯·诺依曼开创性地将二进制作为计算机的数制基础，极大地简化了计算机的逻辑线路，并提出基于存储程序和程序控制的现代计算机工作原理，开创了现代计算机理论。到20世纪60年代后，晶体管、半导体、计算机和控制器已经成为重要的技术。到1971年，微处理器的发明，推动了计算机和通信技术的发展。1968年，计算机实验网诞生，到1986年因特网等互联网技术快速发展。此外，电缆、光纤、卫星通信技术也得到发展，程控交换机、移动通信系统等通信领域技术创新加快，固定电话和移动电话开始逐渐普及。第三次技术革命与以往两次技术革命不同的是，第三次科技革命呈现出科学技术各个领域相互渗透的特征，科学进步与技术开发紧密地结合，科学转化为技术创新的时间周期越来越短。

二、市场需求扩大是技术革命的重要推动力

科学发现为技术发明提供了必要的前提，但是要上升为技术革命还需要市场需求力量的推动。区域市场的形成、全国市场的统一和全球市场的拓展成为催生历次技术革命的重要力量。

从第一次技术革命来看，商品市场需求的扩大为技术革命提供了直接动力。英国圈地运动后，随着劳动力和土地要素市场化，商品经济得到快速发展，各类商贸市场大量发展，逐渐消除了阻碍国内贸易的壁垒，加之英国便捷的航运交通网络，使得英国较欧洲其他国家率先形成了统一的国内市场，统一的国内市场和市场需求规模的扩大，推动了技术革命的发生。同时，英国通过商业战争和殖民掠夺，加之实施重商主

义政策，不断开拓海外市场。到了 18 世纪，英国的海外市场份额超过欧洲市场（见表 2.1）。为了满足海外市场不断激增的需求，英国政府不断推动技术发明，最终出现技术革命。布罗代尔（1992）认为："美洲一旦进入欧洲的生活，它就逐渐改变了欧洲的全部基本条件，甚至调整了欧洲的发展方向。"

表 2.1　17 世纪后期到 18 世纪末期英国出口商品在不同市场的份额　单位：%

年份	美洲	欧洲	世界其他地方
1663～1669	8.0	90.5	1.5
1700～1701	10.3	85.3	4.4
1750～1751	15.6	77.0	7.4
1772～1773	37.3	49.2	13.5
1797～1798	57.4	30.1	12.5

资料来源：P. K. O Brien and S. L. Engerman. Exports and the Growth of the British Economy from the Glorious Revolution to the Peace of Amiens，in B. L. Solow，ed.，Slavery and the Rise of the Atlantic System，Cambridge，1991，p. 186.

从第二次技术革命来看，资源要素市场的形成及其范围不断拓展，有力地促进了技术革命的发生。从第二次技术革命代表性国家德国和美国的发展历程来看，国内市场的统一和国际市场的进一步拓展，逐渐形成世界性的资源要素市场，实现了资源要素在更大范围内的有效配置，有力地推动了技术革命的发生。从德国来看，19 世纪 30 年代后，铁路建设全面展开，促进了分割市场之间的连接。同时，通过实施关税同盟，加快了德国统一市场的形成，促进了要素的优化配置，为技术发明和技术革命的应用创造了市场需求条件。从美国发展历程来看，巨大、丰富的市场是美国继德国之后加快技术革命、实现快速崛起的重要原因。虽然许多技术创新源于欧洲，但由于可以在美国市场中实现规模经济，其发展在美国进步最快。19 世纪下半期，美国在电气技术上出现一系列重大的创造发明，如莫尔斯的电报、贝尔的电话、爱迪生的电灯、德福莱斯特的三极管等。欧洲的新产品和新工艺，申请新专利，开辟新的技术轨道，摇身一变成为新技术革命的领导者，并反过来占领甚至垄断技术先发国的市场（贾根良，2013）。

从第三次技术革命来看，“二战”后的全球化和世界统一市场的形成，促进了技术革命的产生和扩散。“二战”期间，为满足军事需求，欧洲主要强国和美国大力发展原子能、计算机等科技，战后军用技术迅速转为民用，为技术革命的发生奠定了基础。“二战”后，美国的经济、军事实力空前膨胀，成为资本主义世界头号强国，拥有最雄厚的工业实力和最丰富的黄金储备，纽约成为世界金融中心，倡导成立关贸总协定，建立布雷顿森林体系，成为当时影响世界的主导性力量，形成以美国经济为主导的资本主义世界经济体系，推动了全球经济一体化，促进了全球统一市场的形成，进一步消除了技术扩散的制度壁垒，促进了技术革命的发生和全球扩散。

三、通用技术的突破是技术革命演进的关键环节

按照普适性和影响范围，技术可以分为通用技术和专用技术。从历次技术革命通用技术和专用技术的影响来看，通用技术或主导技术的突破是技术革命发生和演进的关键所在，决定着技术革命的方向和演进路径。历次技术革命的演进，是若干新技术群落更替迭代和共同作用的结果。其中，引发技术范式和生产方式重大变化的，往往是极少数居于主导地位的技术群落（国务院发展研究中心，2019）。

在通用技术或主导技术突破引发技术革命过程中，表现为单个或更多“关键要素”变得十分廉价且普遍可得，会诱发一系列潜在的新要

素组合，为后续的要素组合或产业发展提供更大的空间和可能，成为驱动其他部门发展的主导性力量，进而以新的技术创新投入和相关投入共同组合而形成新产品和新部门（佩雷斯，2016）。

从第一次技术革命来看，作为通用技术的蒸汽技术的突破，改变了以往依靠人力或自然力作为动力的情形，提供了更加便利的动力，大大推动了机器的普及和发展。同时，蒸汽动力的突破，也带来了蒸汽船和蒸汽火车的出现，推动了交通技术和交通方式的变革。

从第二次技术革命来看，随着以电力技术、内燃机技术及电磁通信技术为主导的通用技术的突破，电器开始代替机器，成为补充和取代以蒸汽机为动力的新能源。随后，电灯、电车、电影放映机相继问世。内燃机的发明解决了交通工具的发动机问题，带动了由内燃机驱动的汽车技术的发展，内燃汽车、远洋轮船、飞机等也得到了迅速发展，进而推动了石油开采和石油化工技术的发展。

从第三次技术革命来看，随着以计算机、微电子技术、自动控制技术等为主导通用技术的突破，电子计算技术、空间通信和光通信技术、半导体技术、移动通信技术、芯片技术先后涌现，进而出现了互联网等相关技术。

四、制度革新为技术革命提供了坚实保障

技术创新是一个系统的过程，从技术创新到技术革命的发生需要具备许多配套条件才能成为可能，其中制度因素是重要变量。包括专利制度、知识产权制度、公司制度、教育制度以及相关法律制度等，都会影响从科学发现到技术发明进而发生技术革命的可能或这一进程的快慢。

技术革命发生后，其扩散速度和扩散应用范围通常会受到当时的包括基础设施、组织和制度等在内的一系列条件的约束。佩雷斯（1983）认为，制度变化与技术变化同等重要，除非同时出现深刻的社会、组织和技术创新，否则将不会发生技术的系统性变化。新技术的采用需要进行投资，这要求产权得到适当的保护。新技术的采用可能改变既有的利益格局因而受到阻挠，好的制度应该让这种阻挠不容易成功（Comin and Mestieri，2014）。

此外，技术快速扩散和应用所需的基础设施、新产业、新服务以及新的管理系统的成熟完善程度，会决定特定技术的扩散速度。例如，美国1836年调整了《专利法》，将注册制改为审查制，并成立专利局负责专利审查（唐纳德·杰·奎格，1986），专利制度的完善有力地激发了技术发明，在此之后专利数量大幅增加。1850～1860年，美国共批准25250项专利；1890～1900年，批准的专利增加到234956项。再比如，包括美国风险投资等在内的资本市场的发展，有力地促进了信息技术创新和信息技术革命。1992年美国成立纳斯达克小型资本市场后，大大降低了新兴科技型小企业融资的门槛，为美国信息技术革命提供了重要的助推力，风险投资从1995年的19.31亿美元增加到2000年的806.57亿美元（见表2.2）。

表2.2　美国风险投资对互联网相关产业的投资情况

年　份	1995	1996	1997	1998	1999	2000
投资额（亿美元）	19.31	42.15	63.40	119.12	425.68	806.57
公司（个）	427	761	1027	1494	3068	4611

资料来源：NVCA Yearbook 2013。

第三节　技术革命对城市化的五大影响

一、技术革命加快城市化进程

技术革命会引发具有更高效率的产业兴起，促进非农产业发展和产业结构演进，在显著提高全社会生产力和物质财富的同时，也导致了不同岗位和群体间、产业间和城乡间收入差距的扩大[①]。特别是城乡收入差距的扩大，成为乡村人口向城市迁移、加速城市化的重要“拉力”。

从空间分布来看，技术革命率先发生在城市，新的高收入岗位、新的行业也率先在城市产生并且集中于城市，导致非农产业和农业从业者之间收入差距的不断扩大，进而表现为城乡间收入差距的扩大。非农产业和农业之间以及城乡间收入差距的不断拉大，吸引农村剩余人口向城市流动，成为农村剩余人口城市化的“拉力”，进而加快城市化进程。

从技术革命对城市化的影响来看，技术革命引发的工业革命带来了人口向城市的集聚，城市的规模经济优势和集聚经济优势，导致城乡在产业、就业机会和收入水平之间的差距不断扩大，进而促进人口持续不断向城市集聚，有力地推动了城市化水平提升。以美国为例，1900～1920 年，美国城市人口从 3000 万人迅速扩大到 5400 万人，年均增速为 3.1%，比同期美国人口年均增速快 1.4 个百分点，城市人口占全部人

① 技术革命会通过以下途径扩大收入差距。一是技术革命通过创造高收入岗位扩大了岗位间、产业间的收入差距。二是技术革命发生后对低技术含量工作的替代效应扩大了收入差距。三是技术革命后形成的垄断竞争市场也显著扩大了不同类型企业间的收入差异和员工收入之间的差距。

口比重从 39.6% 上升到 51.2%，完成了城市人口超过农村人口的历史性转变；1920～1960 年，美国城市人口从 5400 万人增加到 1.25 亿人，城市人口年均增长 2.17%，比同期美国人口年均增速快 0.8 个百分点，城市化水平则从 50% 上升到近 70%。

技术革命不仅促进了城市化水平，而且显著地推动城市规模扩张和数量增长。一方面，城市交通技术和交通方式的变革，扩大了城市交通通勤半径，降低了城市通勤成本。信息技术的变革，便利了人与人之间的交流，提升了城市公共服务供给能力。能源技术的变革，特别是稳定且大规模能源的供给以及有效的能源管理，为人口和经济活动的集聚提供了条件，城市的承载能力不断提高，城市的规模不断扩大。另一方面，随着城市规模不断扩大，集聚的拥挤成本会超过集聚收益，也即越过城市的最优规模导致集聚不经济。由此，人口和经济活动会在新的地点集聚，形成或建立新的城市，表现为城市数量的不断增加。以日本为例，在其城市化高速发展的 20 年间，伴随着城市规模扩大和城市数量增加，城市面积从 2 万平方公里增加到 9.54 万平方公里，增加了逾 3.7 倍，年均增长达到 8.6%。其中，大型城市加速发展成为城市化的主导。1950～1970 年，日本 30 万人以上的大城市的人口数量从 1257.7 万人增加到 3326.4 万人，占全部城市人口的比重从 40.1% 上升到 44.1%，年均增长 5.25%，比同期城市人口年均增速高 0.5 个百分点；1950 年，日本 30 万人以上的城市数量仅为 10 个，其中 100 万人以上的城市有 4 个；1970 年日本 30 万人以上的大型城市数量达到 36 个，百万人以上的城市数量达到 8 个，分别是 1950 年的 3.6 倍和 2 倍。此后，日本的大型城市继续保持快速发展，到 2000 年日本 30 万人以上的大型城市数量已有 70 多个，占全部城市的比例已近 10%，但集中了日本全部城市人口的 50%。以美国为例，1900～1960 年，随着城市化水平提高，城市总量增长不断提速，美国城市数量从 1737 个增加到 6041 个，扩大约 2.5 倍，平均每年增加 71 座城市。更为重要的是，城市数量增长的速度还在进一步加快，其中 1900～1940 年，美国城市数量从 1737 个增加到 3464 个，年均增加 43 个城市；1940～1970 年，美国城市数量从 3464 个增加到 7129 个，增加了逾 1 倍，年均增加 122 个城市，城市数量增长的速度明显加快。

随着技术革命进程，城市化空间不断拓展，大都市区化上升为城市发展的主要方式。从单中心的集聚式发展向多中心的扩展式发展转变，从城市地区的城市化向更大范围和空间的大都市区化转型。以美国为例，1910 年美国的大都市区化开始起步，当时大都市区数量不足 50 个，人口数量仅占全部人口的 28.4%，占全部城市人口的 60%；到 1960 年城市化高速发展阶段完成时，全国共有 212 个大都市区，大都市区已集中了超过 60% 的美国人口或超过 90% 的城市人口，大都市区成为人们生活、工作的主要场所。同样，在日本，1950～1970 年也出现了从城市中心区集聚转向城市周边地区的趋势，并以东京、大阪和名古屋为核心形成了三大都市圈，其间三大都市圈人口增长 2001.9 万人，占同期全国人口的比重提高了近 10 个百分点，达到了 46.1%。其中，仅东京大都市圈人口就增长 1161.8 万人，相当于同期全国人口增量的 53.1%。

二、技术革命推动城市兴衰演变

从城市兴衰演变的历程来看，影响城市兴衰的主导因素在不同的发展阶段并不相同。在工业社会前，自然资源和区位因素在城市兴起中发挥了重要的作用，依靠大江大河等区位条件、拥有丰富的自然资源成为城市兴起和发展的关键所在。进入工业社会之后，城市兴起和衰落日益摆脱自然条件的限制，技术条件的重要性日益上升，特别是重大技术革命的发生演变逐渐成为城市兴衰演变的决定性力量。

技术革命会通过以下两个途径影响城市兴衰。

一是技术革命通过改变交通区位条件和竞争优势引起城市的兴起和衰落。新的交通技术、能源技术和通信技术的发展，会产生“时空压缩效应”，降低运输成本，缩短运输时间，降低沟通协调成本，使企业和产业逐渐摆脱自然区位条件的限制，促进企业和产业选址及再选址，新的城市可以在远离自然资源富集地而兴起，原有的资源型城市则可能出现衰落。例如，英国曼彻斯特等城市在第一次工业革命时期，凭借丰富的煤炭、钢铁资源和便利的交通条件而崛起，成为第一次工业革命时期的中心城市。但是随着第二次工业革命的发生和新兴工业的兴起，曼彻斯特等老工业中心开始走向衰退和没落。另外，在新的技术革命发生前处于交通要道的城市，因交通干线的调整或改道或因新的交通方式的兴起而逐渐衰落，相应地因新的交通线路开通或新的交通方式发展而成为交通枢纽的城市逐渐兴起。

二是技术革命通过新要素、新产品、新产业、新市场而引起新兴城市的崛起和传统城市的衰落。在德国，鲁尔地区因丰富的煤炭和便利的交通条件而兴起，创造了一个时代的辉煌，但 20 世纪 70 年代后，受新技术、新能源的冲击，煤炭、钢铁等传统工业迅速衰退，鲁尔区面临生产结构单一、环境恶化等问题，竞争力减弱，在德国的经济地位也急剧下降。在美国，以芝加哥等为代表的城市，最初的兴起均得益于其邻近五大湖的区位优势和便利的贸易条件，带来了制造业的繁荣，由旧式贸易型城市向新型工业型城市转变，成为美国中西部工业中心城市。但随着工业化进入中后期，传统工业的衰落导致芝加哥在持续了一个世纪的繁荣后，走上了40年的下坡路。与此同时，20世纪90年代以来，硅谷地区等新兴城市受益于互联网技术和互联网产业的发展而崛起，成为第三次技术革命时期重要的城市。

【专栏2.3】　匹兹堡的兴衰

匹兹堡的发展过程先后经历了四个阶段。

建立初期阶段：宾夕法尼亚运河建成，成为重要的交通枢纽。17世纪后期，欧洲殖民者建立了毛皮贸易站。1758年为英国殖民者夺取，以英国首相、第一代查塔姆伯爵威廉·皮特（William Pitt）命名该市。1816年与附近一些移民点合并。1837年宾夕法尼亚运河建成，1851年铁路通达，该地成为重要的水陆交通枢纽。

急速成长阶段：美国最大的钢铁基地，繁荣背后隐藏危机。到19世纪80年代，该地区已发展成为美国最大的钢铁基地，其钢铁产值占美国当时钢铁产值的近2/3。“一战”前后，美国重工业和铁路建设发展迅速；“二战”期间，由于战争对钢铁的需求量猛增，匹兹堡进入钢铁工业发展的“黄金时期”。钢铁业的发展带动了冶金、焦炭、重型电气制造设备和玻璃等行业的发展。但是，由于该地区经济过于依赖钢铁工业，造成了环境污染严重、产业集中度高、就业过于单一等问题。

转型升级阶段：从环境整治到经济多元，促进新兴产业发展。20世纪50年代，政府开始对匹兹堡地区进行改造。初期的改造重点是城市环境整治，后来将改造重点转移到促进新兴产业上来，到80年代末取得了明显成效。匹兹堡地区保留了一部分有竞争力的大型传统产业，同时在匹兹堡大学和卡内基梅隆大学的带动下，一批从事电脑软件、人工智能、生物科技和生物医药等研究开发和生产的高技术企业发展起来，形成了以高科技产业为主，冶金、生物制药、化工、计算机、电信、金融为辅的多元化的产业结构。

成功转型阶段：转型成果卓著，向世界级城市迈进。20 世纪 90 年代以来，匹兹堡向世界级城市迈进，兴建了全美占地面积第四大的国际机场，还兴建了大批饭店、文化体育设施。通过加强城市基础设施建设，改善投资环境，引进大量国外投资。经过半个世纪的改造，匹兹堡地区社会发展也取得明显成效，现已成为美国银行、医疗卫生和高科技中心。在教育方面，匹兹堡地区有 28 所高等学府，容纳 10 多万名学生。进入 21 世纪，匹兹堡已经转型为以生物科技、电脑软件、机器人制造、医疗健康、金融、教育而闻名的繁荣的工商业城市，成为美国城市经济成功转型的典范。

资料来源：刘瑾钰："美国芝加哥、匹兹堡、底特律与'阳光地带'兴衰分析及政策对比"，专题报告，2019。

三、技术革命改变城市内部空间结构

技术革命不仅影响城市间的关系，也对城市内部空间结构产生影响。从历次技术革命的影响来看，技术革命引起的生产方式变革，特别是制造业和服务业集聚式、规模化生产，引导着城市居民的居住、消费、娱乐等行为以及生活方式的演变，也决定了城市交通出行、住房、公共基础设施和商业空间布局的演变。

从第一次技术革命发源地英国来看，技术革命引发的工业生产在城市的集中，根本上改变了城市的空间结构。在技术革命发生前，英国多数城市是作为政治、宗教及经济中心而存在，城市中分布的主要是各种非生产性建筑，比如市政厅、行会会馆、宗教建筑等。城市中的生产组织形式主要是家庭作坊制，没有单独的工业建筑和商业建筑，也没有城市工业区、商业区和居住区划分①。在第一次技术革命发生后，工厂更多地将厂址选在城市中心地区，工业建筑成为城市重要的景观。随着人口向城市集中，新建住房开始单独出现，居住地与工作地开始分离，形成空间上分离的工业区、商业区和居住区。随着人口和工业的进一步集中，城市开始拥挤混乱、环境恶化，中上阶层逐渐搬迁至郊区居住，城市建设向更广的范围扩展。城市内部空间格局呈现出“工业区、商业区和下层居民集中在拥挤混乱的城市中心区，中上阶层逐渐迁至远离市区的郊区居住”的特征。在这一空间格局形成过程中，交通技术及交通体系的完善发挥了重要作用。19 世纪之前，只有能够自己负担交通工具的极少数人才得以在市区外居住。随着交通条件尤其是公共交通的发展，交通成本下降，越来越多的中上层居民得以迁往郊区。

从美国的发展历程来看，技术革命同样影响了城市内部空间结构的演变，推动着城市从空间集中到郊区化发展再到市中心复兴的演变过程。从早期发展来看，公共交通的改善加速了城市的发展，改变了城市的中心布局。原先步行城市的范围变成了工作区，遍布各种办公点、商店和仓库。围绕着城市街道，市中心建设了高大的建筑，里面满是办公

① 彼得·拉克，保罗·斯莱克：《过渡时期的英国城市：1500—1700》，武汉大学出版社 1992 年版。

室和商店，百货商店开始出现[①]。在此过程中，有轨电车线路向城市中心的汇集，提升了城市百货商店的重要性，促进了周围的发展（罗伯特·戈登，2018）[②]。随着技术革命和工业化的推进，人口和工厂进一步向城市中心聚集，城市中心区居住质量开始下降，促使人口向郊区转移。在早期，有缆电车加速了城市向外扩张，后来随着有轨电车和城际交通的发展，加快了郊区化进程。进入 20 世纪以后，市内高架铁路、地铁、电车广泛推广，城市郊区化进一步加快。“二战”后，汽车与高速公路推动美国全国“大众郊区化”到来，制造业迁往城市中心区边缘及郊区，在铁路沿线形成了次工业中心或连续的工业带，催生了工业郊区城镇。与此同时，公共交通加速了城市周边地区的发展，城市中心商业也移往郊区。从 20 世纪 50 年代中期开始，位于公路交会处或邻里中心的郊区购物中心和大市场开始大规模建设，郊区商业区拥有大百货商店、社区银行、电影院、餐厅、运动场等娱乐设施。1954 ~ 1977 年，美国出现了 1.5 万个郊区商业区[③]。因中产阶层顾客转向别处，市区购物中心的顾客就只能是那些没有汽车靠公共交通工具的民众，市区的一些购物中心逐渐关闭。郊区化使城市中心衰落，城市传统功能削弱甚至消失。在都市区以外，卫星城、外围小城成为主要的居住和商业中心，呈现出以网络状为主要特点的后郊区时代空间结构特点[④]。

从欧洲“二战”后的历程来看，铁路、汽车等交通工具的普及，对建设卫星城、构筑多中心城市体系、形成功能集中与有机疏散并举的

①④　霍华德·丘达柯夫等：《美国城市社会的演变》，上海社会科学院出版社 2016 年版。

②　罗伯特·戈登：《美国增长的起落》，中信出版社 2018 年版。

③　徐和平：《美国城市郊区化与城市功能及空间结构的演变》，《城市开发》2001 年第 1 期。

城市格局产生了巨大的推动作用。为满足城市扩张与小汽车交通的大规模使用需求，大城市普遍形成了“放射路 + 环路”的道路格局，人口与用地向公共交通线路、站点集中发展的“公交走廊”集聚。例如，1969 年德国汉堡市的发展轴规划中，城市建设均沿着轴线加密，使开敞的自然空间接近市中心，每条轴线用高速公路或主要交通干道联系，轴线上各区中心用快速电汽火车联系，轴线之间的土地用于农业生产。以交通轴线为骨架，疏散城市中心区功能，建设卫星城、新城，城市中心区得到重塑，城市内部环境显著改善，也恢复了中心区的城市活力。

四、技术革命提升城市治理效率与水平

提高城市治理水平、实现可持续发展一直是城市化进程中的重要问题。随着人口从农村向城市流动，城市规模不断扩大，会引发交通拥堵、环境污染、住房拥挤、公共卫生等问题。从人类城市化进程来看，技术的发展特别是历次技术革命的发生演变，显著地提高了人类的城市治理能力和水平，“城市的胜利”成为可能，“城市使生活更美好”成为现实。

技术革命主要通过以下三大途径对城市治理产生影响。

一是技术革命通过赋能城市规划而提高城市治理水平。城市化进程中面临的重大挑战是，如何在有限的国土和资源但人口不断扩张的条件下延续城市的生命力。做好城市规划和建设，提高城市的活力、宜居性和可持续性成为城市管理者面临的首要问题。技术革命的发生和演变，特别是交通、信息及能源技术的变革，为城市规划、城市管理提供了更加有效的技术支撑。例如，制图技术、GIS 地理信息技术、GPS 定位以

及遥感技术的发展和广泛应用，提高了城市规划的效率和科学性，降低了城市规划的成本，实现城市科学规划。

二是技术革命通过赋能城市管理而提高城市治理能力。城市管理涉及的领域非常多，特别是在大城市，人口规模的扩大，分散信息的收集处理成为城市管理的关键和难点所在。随着技术革命的发生和演变，特别是通信技术的不断发展，使搜集信息、处理信息和管理信息的能力越来越强、成本越来越低，城市信息管理系统越来越完善，覆盖面也越来越广泛，城市网格化管理成为可能，显著地提高了城市的应急反应能力、治理能力和效率。

三是技术革命通过赋能城市基础设施而提高城市治理水平。技术革命的发生演变，引发的城市交通、能源和信息基础设施变革，改善了城市交通运输效率，提高了城市能源供给的稳定性，有效地赋能城市治理，使更多的人能够共享更好的城市公共服务和城市文明。例如，20 世纪 50 年代前，第一代电力系统以小机组、低电压、小电网为主，电网安全和供电可靠性低，城市供电故障和停电现象较为常见。20 世纪 50 年代后，随着技术变革，以大机组、超高压和大电网为主的第二代电力系统的使用，使城市电力供给的安全性和可靠性极大提高。

五、技术革命深刻影响城乡关系

从历次技术革命来看，技术革命带来的交通运输和信息通信体系的完善，在推动城市化的同时，对城乡关系也产生了深刻影响，城乡差别随着技术革命的演变而不断演变。

技术变革对城乡关系的影响主要通过以下路径实现。一方面，技术革命的发生和演进促进了农业的发展，出现了农业剩余和剩余劳动力。从第一次技术革命来看，蒸汽机的使用、大农场的建立以及农业规模化生产，提高了农业生产率，农业产量大幅增加，农业劳动力需求量下降，释放了大量剩余劳动力，促使大量人口涌入城市。另一方面，技术革命促进了工业和服务业的发展，而工业和服务业主要在城市集聚，大规模生产和高效率的生产形成了对劳动力的大量需求，成为人口乡城迁移的主要"拉力"。此外，技术革命的发生，特别是交通和通信技术的发展以及交通运输业的发展，使得运输速度提高、运输成本下降，尤其是随着交通运输网络的形成，加强了城市之间和城乡之间的联系，强化了繁华都市与村庄的联系，极大地促进了人口迁移（见图 2.1）。

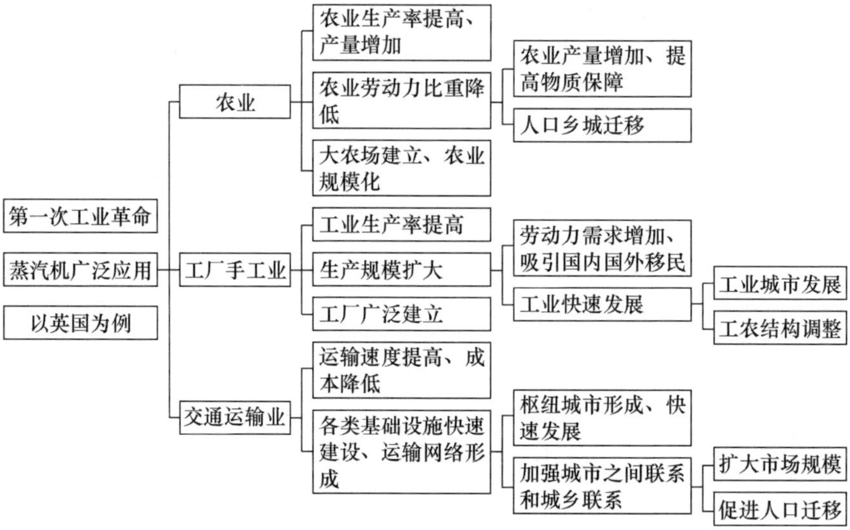

图 2.1　第一次技术革命对英国城市化和城乡关系演进的影响

资料来源：课题组整理。

从第二次技术革命来看，农业机械化程度提高，大幅提高了农业生产率，有效保障了城市发展所需的生活资料、原材料和劳动力供给，促进了城市化和城市增长。与此同时，农村电网建设的加快，实现了城乡电力设施联通，促进了农村社会的电气化。20 世纪 30 年代，美国政府设立农村电力管理局，负责建立庞大的农村电网，实现了农村电力设施全覆盖。美国农场通电率从 1919 年的 1.9% 提高到 1929 年的 9.5%，1935～1960 年由中央变电设备送电的农场比重则从 10.9% 上升到 97%。钢铁、石油等重工业发展以及汽车产业的发展带动了一批工业城市发展，在这一过程中伴随着大量乡村人口向这些工业城市的大规模迁移。此外，美国大规模的铁路建设、城市交通的快速发展和家用汽车的普及，标志着交通运输新纪元的到来，极大提高了交通运输效率，改善了城市扩张模式，增强了城乡区域间的相互联系。

以计算机和信息技术为主导的第三次工业革命，对各国的城市化和城乡融合发展起到了推波助澜的作用。一方面，信息技术向农业农村的推广和普及，即农业农村信息化，促进了农业农村现代化，实现了城乡信息基础设施一体化，促进了城乡产业和社会融合。例如，美国农业资源管理调查显示，1999 年玉米生产上使用产量显示器的面积比例达 36.5%，使用产量地图的比例占 13.7%，使用地理土壤地图的比例达 25%，使用遥感地图的比例达 12.7%，使用全球定位导航系统的比例为 6.9%。信息技术的发展促进了农村产业信息化和城乡产业一体化。此外，信息技术的发展促进了农村教育、医疗等社会事业的信息化和城乡服务一体化。例如，英国利用互联网进行远程指导教育，1998 年开始建设国家学习网络（NGFL）计划，其目的在于通过促进学校利用信息通信技术支持教学来改进学校管理效率。通过该计划，每一所农村学校都能够通过互联网获取新的教育内容，从而使农村的孩子也能接受与城市同等的教育内容（见图 2.2）。

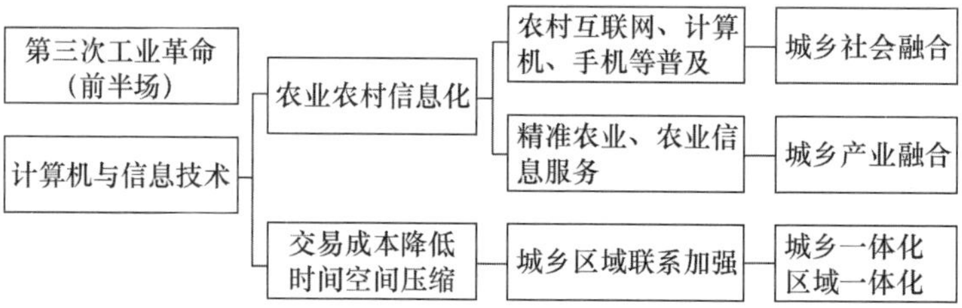

图 2.2　第三次技术革命对城乡关系的影响

资料来源：课题组整理。

本章小结

从长周期角度来看，以往历次技术革命大致会经历导入期、拓展期和爆发期三个阶段。在导入期，新的主导技术不够成熟，主要在局部领域应用，与之相关的技术、基础设施不完善，其技术和商业价值还不确定。在拓展期，主导技术不断完善，应用范围和领域不断拓展，呈现出成为通用技术的趋势性特征，其技术和商业价值为大众所接受，呈现出多种新技术“并存融合但不爆发”特征。在爆发期，主导技术成长为通用技术，通用技术的产业化应用出现了大规模爆发。从技术革命演进规律来看，突破性科学发现为技术革命奠定了基础，市场需求扩大成为技术革命的重要推动力，通用技术的突破则是技术革命演进的关键环节，制度革新为技术革命提供了坚实保障。历次技术革命均对城市化产生了广泛且深刻的影响，加快了全球城市化进程，显著地促进了城市规模扩张和数量增长，推动了城市兴衰演变和城市内部空间结构变化，也提升了城市治理效率与水平，并对城乡关系产生了深刻影响。

参考文献

[1] 布罗代尔. 15 至 18 世纪的物质文明、经济和资本主义（第 3 卷）. 上海：生活·读书·新知三联书店，1992

[2] 克里斯·弗里曼. 光阴似箭——从工业革命到信息革命. 北京：中国人民大学出版社，2007

[3] 国务院发展研究中心“国际经济格局变化和中国战略选择”课题组. 全球技术变革对国际经济格局的影响. 中国发展观察，2019（6）

[4] 乔尔·莫吉尔. 富裕的杠杆：技术革新与经济进步. 北京：华夏出版社，2008

[5] 贾根良. 美国崛起为何能抓住“机会窗口”——第二次工业革命时期美国经验借鉴. 人民论坛，2013（6）

[6] 克劳斯·施瓦布. 第四次工业革命：转型的力量. 北京：中信出版集团，2016

[7] 佩雷斯. 技术革命与金融资本——泡沫与黄金时代的动力学. 北京：中国人民大学出版社，2007

[8] 唐纳德·杰·奎格. 灵活地面对转变：美国专利制度最初的两百年. 中国专利与商标，1986（2）

[9] Wrigley，E. A. People，Cities and Wealth，Oxford，Basil Blackwell，1987.

[10] Cipolla C. M. The Economic History of World Population，Harmondsworth，Penguin Books，1965.

[11] Paulinyi，Akos. Revolution and Technology. inRevolution in History ，edited by Row Porter and MikulasTeich. Cambridge University Press，1986.

[12] Acemoglu，D. and Restrepo，P.，2017，“Robots and jobs：Evidence from US labor markets”，NBER Working Paper，No. 23285.

[13] Comin，D. and Mestieri，M.，2014，“Technology Diffusion：Measurement，Causes and Consequences”，in Handbook of Economic Growth，Volume 2B，Ed. Philippe Aghion，Steven Durlauf，Amsterdam：Elsevier，pp. 565 –622.

[14] Graetz G. and Michaels，G.，2015“Robots at Work”. DP10477. CEPR Discussion Paper. https：//papers. ssrn. com/sol3/papers. cfm? bstract_ id =2575781.

[15] United Nation，2016，“The impact of the Technological Revolution on Labour Markets and Income Distribution”，https：//www. un. org/development/desa/ dpad/theme/development-strategies-and-policies/.

第三章

制度政策在城市化和技术革命中扮演的角色

城市化和技术革命的演进过程也是制度政策、城市发展战略不断调整完善的过程。技术革命以及由此引发的产业变革会使城市经济发展和结构调整的主导动力发生重大转变，相应的制度政策和城市发展战略通常会随之进行较大的调整。总体看，有利于促进各种要素资源持续优化重组，有利于培育城市“后天”竞争优势的制度政策和有利于实行创新导向的发展战略，将为城市化的顺利推进、城市的可持续发展和转型升级提供基本保障。

第一节　制度政策体系在城市化进程中的演进

城市的产生、发展和衰落最直观地表现为人口的集聚、流动和流失。城市化的进程也是伴随人口流动对劳动力、土地、资本和技术等各类要素资源进行持续重组的过程。要素的不同组织方式决定了城市不同的产业发展模式和空间布局，要素的供给质量变化及要素流动、重组带来产业的转型与兴衰，并成为城市兴衰的重要根源。在城市化进程中，制度和政策的演进对各类要素资源的供给质量、流动、重组具有重要影响。在城市化发展的不同阶段，制度与政策会呈现不同的特征。城市化发展阶段的转变期通常也是相关制度与政策进行重大变革的时期。

一、适应和保障城市发展的制度政策在城市化初期起步

城市化初期一般指城市化率处于10%～30%的阶段。这一阶段也是城市经济的起步阶段，突出特征表现为城市化水平低，就业主要集中在第一产业，劳动生产率低，城市规模小。随着技术革命的出现和工业发展的起步，制造企业和相关行业在空间上的集聚，城市的初步发展、就业机会的增多吸引人口向城市流动。总体而言，城市化初期一般表现为轻纺工业等轻工业开始起步，城市开始由传统的商业性城市逐步向工业城市转变，适应城市发展的各项制度与政策开始起步。

1. 劳动力流动与权益保障制度开始起步

城市化初期的发展主要得益于第二产业崛起和人口自由流动。第一次工业革命直接带动了第二产业的崛起，工厂的设立创造了大量就业岗位，人口在城市的集聚需要与之配套的城市功能，这又带动了第三产业的发展，各类资源不断向城市集中。最早完成工业化的英国、美国、德国等发达国家在城市化初期均未限制农村人口向城市的自由流动，同时农村土地的自由交易导致的土地兼并释放了大量农村剩余劳动力，城市工业的发展和就业机会的增加使得大批农民进城，促进了城市人口的增加。

工业的发展虽然极大地解放了生产力，但在城市化和工业化初期，

工人的生产生活条件比较恶劣，工伤事故和职业病猛增，住房短缺且居住条件差。当工人因事故、疾病造成伤残或丧失劳动能力时，或者因衰老不能工作时，他们的收入就会丧失，他们本人以及家庭的生活失去保障等问题十分突出。为改革社会弊端，缓解劳资矛盾，各国开始建立一些保障工人权益的制度和政策。如德国于 1883 年、1884 年、1889 年先后颁布了世界上第一部《医疗保险法》《工伤事故保险法》和《老年和残疾社会保险法》。在工业化和城市化初期，在劳资关系紧张的社会背景下，最初以保障工人权益为主要内容的社会保障制度成为调和劳资矛盾、维护社会稳定的重要方式。后发国家也基本是随着本国工业化的起步，在城市化初期开始逐步建立保障工人权益的保障制度和政策。

2. 土地与规划制度的重要性日益提升

土地是人类生产生活的基本资料。随着工业化的起步，城市由传统的商业城市逐步转向工业和多元化的城市。城市产业和功能的变化，以及城市规模的扩大都需要相应（新增）的土地资源的支撑。第一次工业革命中，英国的土地制度极大地满足了大工业的土地需求，圈地运动把分散的土地集中起来进行最大限度的开发和利用，有利于在生产中采用新的生产技术和经营方式。以贵族为核心的大地主通过向佃农出租土地的形式释放了大批自耕农，弥补了工业革命发展的劳动力缺口，为工业革命提供了大量劳动力。从其他国家城市化初期土地制度和工业化、城市化发展的实践看，有利于土地转让、集中和大工厂生产形式出现的土地制度对工业化和城市化的初期发展至关重要。

在城市化初期，工业和服务业部门发展比较滞后，城市规模总体偏小，政府部门对城市发展的认知也处在起步阶段，加之城市化初期可利用的土地资源较为丰富，城市政府较少系统考虑城市未来的发展规划，也缺乏足够的能力去积极主动地规划城市的布局、产业和空间结构，对于人口增长等冲击和工厂排放废弃物带来的问题也准备不足。随着城市的发展，缺乏系统规划带来的交通、环境、公共安全、住房等问题日益突出，客观上要求政府通过土地利用规划等对城市的发展进行主动干预。最早进入工业化和城市化的英国也是最早进行城市规划立法的国家。为了解决城市化带来的“城市病”问题，英国在 1848 年推出了《公共卫生法》，对建筑物设立卫生标准；1890 年推出《住宅法》，赋予政府清除不合规建筑物的权力；1909 年推出了世界上第一部城市规划法《住宅与城市规划诸法》，允许各级政府编制城市规划法案，这标志着规划正式成为政府的管理职能之一。

3. 金融制度日益完善

金融是现代经济的核心，一个运转良好的金融系统使一个高度复杂、精细分工和富有效率的专业化经济成为可能。在城市发展过程中，金融制度与政策也随着城市经济结构的变化而不断演进。从历史上看，金融系统形成的起点是银行。但不同国家城市化初期的金融制度存在一定差别。通过第一次技术革命率先带动城市化初期发展的英国，与其有一个相对发达的股票市场密切相关；而美国能够第一个完成后工业革命，也依赖于股票市场的长足发展。但后期发展的国家在城市化初期阶段则主要是依赖银行主导型的金融系统。以银行为主的金融中介，比较适应为相对成熟的产业融资，所需的交易成本相对较低，在资金配置的规模和资金流动的方向上也更容易控制。

4. 科技创新与教育事业兴起

工业部门的崛起，意味着城市不再仅仅是交易的中心，更是生产的中心。工业革命发生以后，机械生产取代了手工生产，生产不再仅仅是体力的付出，而是体力与知识和专业技能的结合。对于教育的需求因此而产生。城市由于人口集中，为办学等文化教育活动提供了天然的有利条件；此外，工业生产和技术进步对旧的学院风气也造成了巨大的冲击。新型的大学和中学开始兴起，技术和科学被放在研究与教育的首位，新科学技术得以源源不断地产生并持续为社会进步提供动力。

二、制度政策在城市化中期基本成形

城市人口占总人口的比重为 30% ~70% 的阶段，是城市化中期阶段，也是城市化率提升速度最快的阶段。根据产业结构的变化和经济增速的差异，城市化中期又可以进一步分为工业化主导的城市化加速期和服务业主导的城市化转型期两个阶段。工业化主导的城市化加速期以工业占 GDP 的比重和工业就业总量达到峰值作为结束阶段。从工业化主导的加速期向服务业主导的时期的转变阶段，往往是城市分化的时期，一些传统的工业城市会因无法顺利转型而衰落相当长时间。总体而言，城市化中期是各项制度、政策和城市治理机制基本成形的阶段。

1. 劳动力流动与权益保护显著增强

19 世纪最后 30 年和 20 世纪初，第二次技术革命产生的电力工业、钢铁工业、化学工业、汽车工业等在美国、德国等国家开始快速发展，城市发展的主导产业由轻纺工业转为重化工业，生产的社会化和规模化程度以及专业化水平不断提高，城市规模快速扩张，许多重要工业城市的人口增加几倍、十几倍乃至几十倍，城市群开始显现。即便是后来推进城市化的国家，工业化主导的城市化加速期也主要由重化工业快速发展带动。电力、钢铁、化学等重化工业的发展不仅创造大量的就业机会，更重要的是显著改善了城市和城市间的基础设施条件，促进了国内外统一市场的形成，为其他产业的规模扩张和效率提升奠定了基础。产业快速发展创造了大量的就业机会，吸引大批移民和农村人口，城市数量明显增加，城市规模显著扩大。城市化进程的加速、人口的增加又为产业发展提供了新需求，即城市化又保障和推动了工业、交通等行业的发展。城市和产业的发展改善了劳动力的生产生活条件，社会保障制度覆盖的内容更加广泛，工人为维护自身权益成立的工会组织也在维护自身权益方面取得积极进展。

工业的迅猛发展积累了大量资本，这些资本在市场力量的作用下自然流向其他产业，带动了服务业的发展。工业城市人口的迅速集聚也对邮政、金融、商业服务、教育科技、文化娱乐等服务行业产生巨大需求。在两方面因素的共同作用下，服务业发展开始加速。而21世纪特有的全球化进程使资金在全球范围内快速流动，这迫使城市之间展开了激烈的投资竞争，也加速了制造业在全球的重新配置。对于多数城市来说，竞争的结果并不确定。工业时代繁荣的城市经历了痛苦的经济重组阶段，在这段时期内，制造业迁往其他地方，服务业成为经济增长的新动力（贾德、斯旺斯特罗姆，2017）。当服务业占GDP的比重超过工业占GDP的比重后，各类要素资源的配置开始进入新一轮的重大调整重组期，劳动力、金融、技术等各类要素资源将持续流向服务业。如果说工业化主导的城市化加速期是土地、金融、劳动力等各类要素资源重点向工业部门流动和重新配置的话，那么服务业主导的城市化时期则出现原先配置在工业领域的资源开始向服务业转移。由于工业部门的劳动生产率一般高于服务业，进入服务业主导阶段的城市化时期将出现经济增速的正常回落。

在经济结构转型期，城市原有主导产业的衰退对城市发展的冲击是巨大的，底特律、匹兹堡、曼彻斯特等城市都经历了主导产业衰退带来的痛苦，有的城市在衰退之后实现了成功转型，有的则依然在探索转型之路。在城市发展过程中，如何做好劳动力权益保护与鼓励合理流动的平衡对有效应对产业转型至关重要。以底特律为例，在汽车行业快速发展期，汽车工人的高福利是美国汽车业的荣耀和传统，开启了美国的“汽车时代”，但高福利和强大的汽车工会又成为持续发展的一个沉重包袱。当产业进入成熟期和面临外部的竞争压力增大时，厂商难以通过减员或优化人员配置的方式提升效率。很多次因工会的强硬而使其与厂方的谈判不欢而散。产业发展是城市发展和居民就业的基础，当过强的保护损害了产业的竞争力时，产业的衰退就不可避免，城市和居民也会成为受害者。

2. 土地与规划制度不断完善

在重化工业主导的城市化加速期，土地与规划制度不断完善，且主要是满足重化工业及相关基础设施的用地需求。随着经济结构的变化，土地规划用途的调整对城市的转型升级变得越来越重要。

面对城市扩展引发的土地资源利用矛盾，需要解决新的生产生活用地从哪里来的问题。以美国为例，美国的土地政策逐渐转向农业用地非农化流转管制和土地资源的公平分配。该时期，美国土地的资本化流转主要体现在土地发展权转移和土地金融创新方面。从全球比较看，模糊的土地所有权和难以合法、高效地转让土地将会对城市的发展带来不利影响。比如，在菲律宾，要合法地获得一块土地需要花费 13 ~ 15 年的时间、完成近 170 个步骤和签字。结果，该国 60% ~ 70% 的人对于自己使用的土地都没有合法所有权，这不仅阻碍了抵押市场的发展，也阻碍了富有活力的金融体系的发展，较大的企业也难以获得足够的土地

（法雷尔，2010）。

随着城市化和工业化的快速发展，规划在城市发展中的地位日益提升。1932 年，英国颁布《城乡规划法》，取代之前的全部规划法并成为城市规划的核心法。后来，英国推出《1947 城乡规划法》，该法成为英国现代城市规划的基础。该法规要求：城市规划是地方政府的法定义务，所有开发活动要政府审核许可；强调积极主动的开发规划而非消极的发展控制；土地开发权收归国有；由中央政府的规划主管部门统筹协调各地区之间的发展。

在经历了重化工业带动的城市化快速发展阶段后，受国际市场环境变化和其他国家相关行业竞争力增强的影响，一些城市的重化工业将不可避免地陷入衰退，衰退将造成产业链上下游企业大量倒闭外迁，工厂的倒闭和工业区的衰落造成大量土地被闲置，工厂、住宅被弃置，相关产业的从业人员迅速减少。在原有的产业衰退后，许多城市实施了城市更新计划，将闲置的土地重新规划使用，并期望通过新的产业发展替代原有的产业，实现城市的复兴。实践证明，实现产业重构和城市功能再调整需要土地利用规划的调整。

3. 金融支持至关重要

重化工业作为带动城市化中期发展的主导产业，也是典型的资本密集型产业，银行主导下的金融制度非常适合重化工业阶段的城市化发展。特别是在发展趋势明朗、技术比较成熟时，最适宜银行提供融资支持，且银行在对资本密集型产业的监督上存在优势。银行自身的规模优势也消除了不确定性带来的冲击。需要指出的是，对率先进入重化工业阶段的国家来说，由于当时的重化工业也属于新兴产业，技术的成熟性尚未得到广泛认同，股权融资的支持往往更加重要，资本市场对风险相对较高的创新型产业的发展具有制度上的优势。随着重化工业技术的成熟，以及银行对重化工业发展前景的认同和风险的可控，以银行为主的金融体系最适合重化工业快速发展及成熟期的融资需求。从历史上看，第二次工业革命期间德国政府支持的全能银行对相关产业的扶持非常成功，这种金融扶持产业的模式在日本、韩国的产业追赶阶段也取得了较好效果。

进入服务业主导的城市化转型阶段后，资本密集型的重化工业的主导地位开始被技术密集型产业和服务业所替代。制造业和房地产、批发、零售等传统服务业仍然是银行间接融资方式的主导客户。研发等新兴服务业虽然前景好，但具有高资本投入和风险大的特征，与银行的运营和风险控制方式并不相容，反而是美国式直接融资模式更能把握住新经济的产业机会。为促进高科技产业的发展，拓宽企业融资渠道，促进债券市场、资本市场等直接金融发展的金融政策开始得到越来越多的重视。

4. 教育与创新体系的结合日益紧密

在重化工业主导的城市化加速期，产业的快速发展、经济活力的增强和市场竞争的加剧不断激励企业加快创新步伐，政府对教育和创新体系的投资也开始加大，教育与创新体系的功能进一步完善。大学与科研机构对所在城市发展的积极影响开始显现。

随着城市经济结构的调整和主导产业的变化，制造业在经济结构中的占比逐步下降，服务业的占比持续上升。随着主导产业的变化，教育、科研机构在支持城市转型方面的作用日益突出。原有的主导产业衰退后，城市的复兴与再发展需要培育和发展新的产业，新的产业需要新的技术和掌握新技术的劳动力，这些都对教育和创新体系的发展提出新要求。在城市的经济结构从制造业向服务业转型过程中，教育科研体系与产业创新体系的结合日益紧密。

三、制度政策在城市化后期基本成熟

城市人口占总人口的比重超过70%后，城市化发展进入后期。在这一阶段，城市的各项制度、政策已基本成形，城市管理的法治化程度显著提升，各项制度和政策进行调整、改革的难度加大。城市的竞争力、主导产业的活力越来越依赖于教育、科研等“后天”发展起来的优势，传统的地理、资源等自然优势则相对弱化。

1. 劳动力流动的隐性壁垒与过度权益保护

在城市化进入稳定和成熟阶段后，服务业比重继续提升，劳动力继续向服务业转移。由于以大都市为核心的城市群能够提供更多多样化的就业岗位，人口更多流向最有活力的大都市圈。持续的经济发展和城市化过程使人口管理和社会保障方面的政策基本定型，抑制人口流动的显性壁垒已十分少见，但对城市“新移民”特别是对流向一些生活成本高的大都市的“新移民”的压力在增大，与人口相关的制度和政策改进的重点更多聚焦于市民的住房、医疗等社会保障层面。

随着保护就业的制度日益完善，也引发了对就业过度保护问题的担忧。由于不允许在经济低迷时期大量削减就业岗位，很多管理者在雇用新员工时都显得十分犹豫，这份犹豫既不利于企业的成长，也不利于增加就业。此外，一些规制能保障最低收入的员工获得不错的薪水，但它们往往限制了服务行业低技术含量工作的产生。例如，法国设立的最低薪资水平是美国的两倍。结果，美国零售商每一资本所雇用的人数要比法国同行高50%（法雷尔，2010）。

2. 土地与规划变革推动城市更新

城市化进入稳定成熟阶段，土地与规划制度已相当完备。城市规模的持续扩大使一些大中城市出现可开发土地资源不足的问题，而人口的持续流入和产业的发展又需要相应土地资源的支撑，城市更新成为优化利用存量土地资源的必然选择。城市更新和土地用途的变更不仅需要土地所有者的同意，公众（特别是所在社区或毗邻社区的公众）及其他各类群体的意见也会极大影响土地用途变更和新的建设的可行性及效率。土地和规划相关法律体系的完善更好地保护了各方利益，但也增大了变更土地用途的难度。为解决这方面的问题，一些国家也进行了探索，如 1980 年英国在保守党政府缩减公共开支、强化市场机制的背景下颁布《地方政府、规划和土地法》，允许政府设立开发区、企业区进行招商引资。为提高土地利用效率，新加坡纬壹科技城通过多功能混合用地安排，打破单一功能分区，生活配套服务设施用地占有较大比例，并提前预留“白地”，以根据未来发展需要进行灵活调整。

【专栏 3.1】　　新加坡纬壹科技城

纬壹科技城位于新加坡西南的波那维斯达（Buona Vista）地铁站附近，占地面积 200 公顷，距离 CBD 约 20 分钟车程。因新加坡位于北纬 1°，因而起名“纬壹”；又因谐音“唯一”而显得别具意义。

纬壹科技城突破了传统园区的建设框架，集成了传统工业园区特有的集中生产与城市的生活服务功能，综合考虑工作、学习、生活、消费等各方面需求，按照“一栋建筑就是一个创新社区”的理念，注重为人与人之间的交流创造机会和空间，增进互动。在纬壹科技城两平方公里的园区内，既有研发区，也有公共服务、教育、公寓、商业等其他配套设施，真正成为工作生活融为一体的综合社区。

纬壹科技城的土地利用状况

功能区名称	占地面积（公顷）	核心功能
核心功能区	17	提供社交场所、交通枢纽、商务办公、综合商务服务
生命科学园	20	生命医药产业实验室型研发企业、商务办公及孵化器
咨询传媒城	30	信息通信、传媒产业的办公设施及商业配套，同时服务于科学、技术和研究局下的公共研究机构
多功能开放空间	16	室外公共活动空间
生活区	40	低密度居住社区
项目后期开发区	77	科技城未来发展空间

资料来源：启迪之星（https://www.tusstar.com/index.php?app=web&a=detail&id=1942）。

3. 更加注重金融风险防范

在城市化进入后期阶段后，服务业比重显著高于第一产业和第二产业，城市的活力和竞争力主要取决于其高端服务业特别是知识密集型产业的发展情况。随着经济结构的变化，从20世纪90年代开始，最早进入城市化后期稳定成熟阶段的发达国家，其资本市场正在取代商业银行逐步成为现代金融运行的基础，直接融资比重提升，风险投资作用加大，推动知识资本化，金融系统从传统阶段过渡到现代阶段。城市化进入成熟阶段后，由于金融资产主要集中在资本市场和房地产部门，经济的波动更多受资本市场和房地产市场波动的影响。20世纪80~90年代，金融自由化改革极大地便利了国际资本流动，国际资本流动在优化全球资源配置的同时也对各国的经济发展造成一定冲击，各国经济、金融市场、资本市场和房地产市场的联动性显著增强，局部的金融风险可以很快传导到其他经济体，甚至演变成区域或全球的金融风险。

4. 更加重视人力资本与创新优势

教育、科研水平的持续提升是推动产业和城市发展的动力之源。人力资本在城市化的各个阶段都扮演着非常重要的角色，也是对各类资源进行重组的主导者。城市化进入后期稳定、成熟阶段后，技术知识密集型产业及服务业成为带动城市发展的主导产业，城市主导产业的变迁对人力资本的依赖显著增强，特别是电子计算机、微电子技术等第三次科技革命成果的广泛应用，不仅产生了一大批新型工业，更带动知识密集型新兴服务业的迅速发展，知识经济发达程度的高低已成为城市竞争力高低的关键所在。教育、科研机构和高素质劳动力的集聚程度决定了城市的创新能力，政府的制度、政策更加重视对教育、科研机构的支持和对高素质人才的吸引。

第二节　城市化与市场经济制度的相互促进

城市化的过程也是市场经济制度不断完善和发展的过程。在这一过程中，统一市场的形成、市场准入制度的不断完善、市场竞争机制和市场环境的持续改善、政府与市场关系的调整都发挥了重要作用。市场经济制度的持续完善又不断提升城市的效率和吸引力。

一、城市化推动了市场边界拓展

城市的规模经济优势和分工的深化使城市具有更高的劳动生产率，城市产业的发展和效率的提升带动城市主要产品产量的快速增长，城市范围内的市场空间无法支撑城市产业的发展，迫切需要拓展更广阔的市场空间。城市高效率产业的发展和有竞争力的产品价格为拓展外部空间提供了可能。在城市化进程中，基本可以观察到从最初建立区域内的统一市场到打破区域壁垒，建设统一的国内市场，再随着国际贸易的发展不断拓展全球市场的过程。

区域内和国内统一市场的形成又进一步促进了专业化分工和贸易活动，各种资源的流动、重组在不同城市间和同一城市内部持续进行，城市的规模、形态和功能也随之发生变化。随着跨国公司的发展，跨国公司主导下的全球产业链重新布局进一步促进了全球市场的形成和发展，也极大影响了城市产业格局的变化，既涌现出具有全球影响力的国际大都市，也有随全球产业分工调整而衰落的城市，全球化和城市化的相互影响在不断深化。在城市化和全球化进程中，重视统一市场的建设并积极融入全球市场，将会为城市产业的发展提供新的市场空间。建设统一开放的要素市场，促进要素市场的流动和竞争，将有助于提升产业效率和推进产业创新。随着经济发展水平的提高，要更加重视推进劳动力、土地、金融和技术等核心要素资源的合理流动。

二、市场机制完善提升城市效率

效率是城市的核心优势所在。城市化的演进过程，实际是市场经济制度不断完善、更好发挥市场机制作用的过程。通过不断完善让市场机制发挥作用的制度政策体系，城市高效率的企业、产业得以不断发展，并带动城市整体效率的持续提升。在城市化进程中，市场机制的逐步完善主要体现在三个方面。

一是建立公平的市场准入规则，并根据发展阶段的变化不断调整完善市场准入标准。市场需求和竞争压力是企业、产业持续发展的主要动力，建立公平的市场准入规则是促进竞争的第一步。市场准入越公平、越开放，越有利于形成促进产业健康发展的市场环境。从市场准入规则的演进历程看，在城市化初期，市场准入规则开始逐步建立；在中期，市场准入规则逐步完善。但在城市化后期，随着经济结构和经济增长动力的重大变化，对市场准入规则的调整日益受到重视，放松管制成为新的趋势。比如，1980 年以来，美国、英国等放宽了天然气、电信等网络型产业的管制，通过推进公共事业、铁路和其他网络行业的自由化，潜在的生产率得到明显提升。1998～2008 年，OECD 国家的服务业准入管制明显趋向弱化，其中英国、日本、挪威等国最为明显。市场准入的放宽增强了相关行业的竞争活力，最终促进了服务业的发展（见图 3.1）。

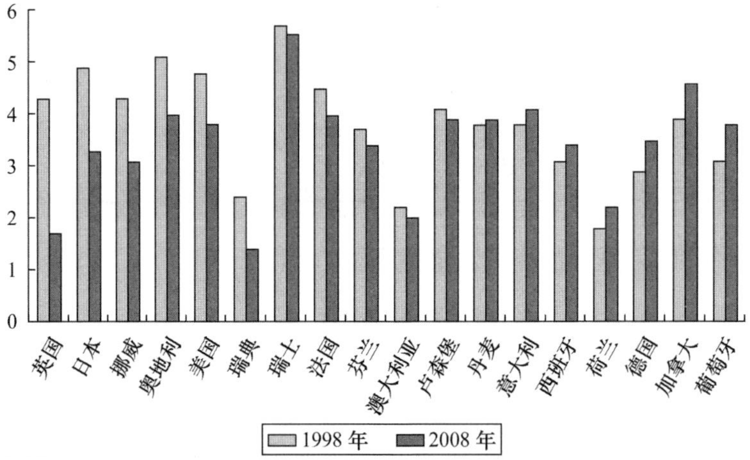

图 3.1　1998 年和 2008 年主要发达国家服务业壁垒的变化

资料来源：经合组织（OECD）数据库。

二是建立公平竞争、规范法治的市场环境。建立公平竞争、规范法治的制度体系是促进市场主体依法经营、优胜劣汰的基础和保障，这将为产业的可持续发展和城市的可持续发展奠定最坚实的制度基础。从全球比较看，市场经济制度环境的差异是导致城市主导产业发展差异和城市整体发展水平差异的主要原因之一。通过对全球 130 个国家及地区的分析可知，市场化程度（经济自由度）[①] 与服务业发展之间存在正相关关系，即市场经济完善程度越高，服务业的发展水平也相对较高；市场化程度每提高 1 个百分点，会引致服务业增加值比重上升 0.91 个百分点。其中，中国香港的市场化程度超过 90%，服务业增加值比重也高达 90%，是全球最为发达的服务经济体，可以视为市场化程度相对较高、服务业得到充分发展的典型（见图 3.2）。当一国市场化程度达到 55% 时，其服务业增加值占 GDP 的比重可达到 50%。值得注意的是，市场化程度低于 50% 的国家基本是发展中国家或是中低收入国家，服务业增加值占 GDP 的比重与市场化程度之间具有较大的离散性。因此，坚持依法治理，加强产权保护，统一执法标准，建立规范的市场秩序，创造各种所有制企业平等获得生产要素的公平竞争环境，对增强城市的吸引力和提升城市产业发展能力至关重要。

三是减少政府对市场的行政干预。城市化的过程，经济结构的调整和重构都涉及政府和市场的关系问题。随着技术进步和结构调整速度的加快，需要更好地处理政府和市场的关系。政府宜更加重视创建有利于企业和产业发展的制度环境，包括完善环境、安全、质量、网络等标准

① 从理论和实践两方面来看，市场化程度的测度可以在很大程度上用经济自由度指数进行替代。这是因为，经济自由度测度所依据的因素指标均与市场经济紧密相关，经济自由度越高，市场化程度越高，相应的市场经济的发展和完善程度就越高。美国传统基金会发布的经济自由度指数是国际最具权威的经济自由度评价指标之一。该指数通过贸易政策、政府财政开支、政府对经济的干预、货币政策、资本流动和外国投资、银行业和金融业、工资和物价、产权、规制、非正规市场活动（黑市）10 个方面共计 50 个指标，对世界 130 个国家及地区进行了综合评价。

体系，增强实施标准的力度和统一性等，减少对企业、市场和产业的直接的行政干预，逐步解决金融扭曲问题，从补贴企业、产业投资逐渐过渡到挑选出好企业、好产业，让好企业、好产业扩张，形成优胜劣汰的机制，促进产业技术进步和创新，并以此增强城市的活力和竞争力。

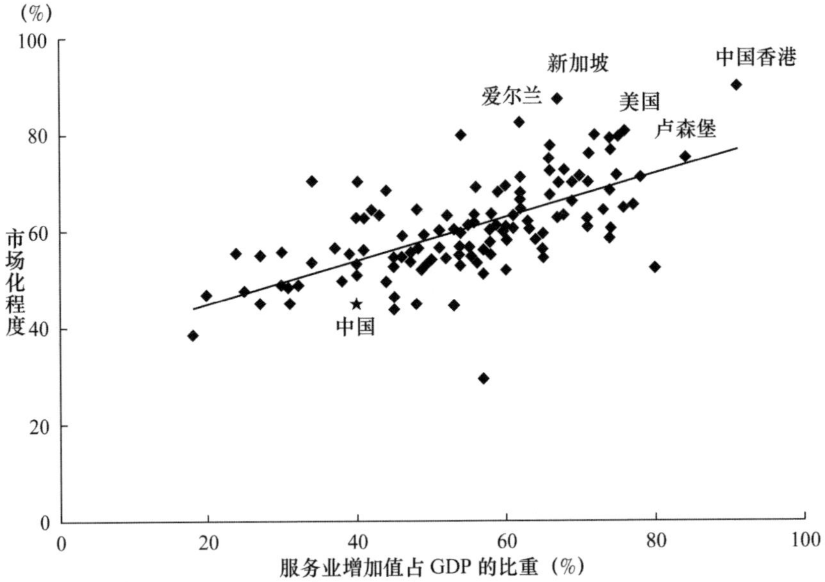

图 3.2　服务业增加值比重与市场化程度的关系

资料来源：世界银行数据库、美国传统基金会《经济自由度报告 2008》。

三、持续完善现代市场经济制度和政策体系

技术革命和城市发展的过程也是不断冲击现有制度体系以及制度变迁的过程。工业化主导的城市化阶段使城市的各项制度体系基本成形，但在城市化率超过 50% 后，由于城市经济结构的重大变化，服务业成为城市的主导产业，原有的制度政策体系会出现与新的主导产业不相适应的情况，城市的转型升级需要对原有的制度政策体系进行调整和完善。从发达市场经济国家的城市化历程和相关制度政策的演进历程看，

在服务业成为国民经济发展的第一大产业后，针对服务活动本身的高度信息不对称、事后评价等特性，以及服务业发展带来经济运行主体之间更为复杂的合作联系和更为多样的交易关系，各国普遍推进服务业市场开放和制度改革，建立和形成适应服务业发展特性和要求的、更加合理和完善的制度框架和政策规范，特别是根据服务业发展的关键领域，即技术创新、分工深化、中小企业发展和高端要素聚集等方面，形成更加严谨高效的交易制度安排、更加规范严格的商业规则和服务标准，以及更加公正有效的法治环境。因此，发达经济体正是由于建立和逐步完善有利于服务业发展的制度框架，才使经济形态从工业经济逐步转向服务经济，城市的功能和活力也因此得到提升和增强。

技术革命的每一次进步，都会带来产业的重构，也会扩大制度选择的空间，引起规模报酬递增和组织形式的变化，促使社会关系和社会结构的改变，引起制度的变迁，促进制度的完善。认识并主动适应技术进步、结构变化和城市发展对现存制度改革的要求，是政府应对各种变化和挑战最有效的方式，也会给城市的长远发展带来更大的利益。

第三节　制度政策在技术革命中的作用

每一次技术革命都会产生一批对经济、社会生活和城市发展有重大影响的新兴产业，这些新兴产业发展迅速，逐渐成为一些城市乃至整个国家的主导产业，促进城市的转型升级和持续发展。第一次技术革命以来，历次重大技术革命只出现在少数国家，总结这些国家在促进技术革命发生以及技术革命成果的使用和扩散方面的制度、政策特点，将有助于借鉴成功经济体的经验，不断完善相关制度政策体系，为形成城市的长期竞争优势奠定坚实的制度基础。

一、现代教育制度的建立与发展是技术革命发生的前提和基础

每一次重大的技术变革都源于科学的新进展。如第一次技术革命，自然科学的发展，特别是牛顿力学和数学，为机器的产生奠定了科学理论基础。法拉第的电磁感应理论成为第二次技术革命的理论基础。从近代开始，现代大学的出现和发展，广泛而坚实的高等教育为科技进步提供了大量的专业人才。无论是最初德国的教育体制改革（如洪堡教育体制）所采用的用以培养各个行业专精人才的教研合一的办学精神，还是后来美国借鉴德国，融合通识教育与职业教育的现代大学改革，都越来越强调大学开展独立和原创研究的重要性，并赋予大学、科研机构及广大科研工作者选择研究方向的高度自主权，政府机构及政府资金还对一些创新方向基础研究给予持续的资金支持。现代教育的发展和对大学的重视使大学成了重要的创新来源之一。进入 20 世纪后，不仅大部分最尖端的科技成就出现在大学，而且所有的科技大国都拥有了世界一流大学。现代教育制度不仅重视大学的发展，也高度重视职业技术教育。将职业技术教育纳入学制作为职业技术教育体系形成的标志，美国始于 19 世纪 30 年代的公立学校运动，德国始于 1859 年的《实科学校课程编制》，法国始于 1802 年的《关于公共教育的基本法》。不仅美国、英国、德国等率先实现工业化的国家高度重视现代教育，日本、韩国等在追赶过程中也高度重视并受益于现代教育的发展。如韩国在建国初期就积极发展教育培训，尽管资金匮乏，但依然大力推动教育投资，培养了一大批熟练劳动力，国民文盲率大幅下降，在国内形成了崇尚教育的社会风尚。随着产业发展对知识和技能依赖程度加大，对人才的数

量和质量的要求也越来越高。为适应城市产业发展需要，韩国政府在办学理念上主张理论与实践相结合，强调大学不能成为纯理论的教育部门，要成为推动社会进步和发展的工具，在经济开发中发挥基础作用。为此，韩国的高等院校纷纷成立了各类为经济建设服务的科研机构，这些机构往往拥有较为先进的设施和大量的科研人员，具备较强的科研实力。

二、对基础研究的持续支持有助于培育现代产业部门

基础研究是应用研究和重大创新的源头。从理论上来看，完整的创新链就是从基础研究、应用研究到技术开发和产业化应用、规模化发展的全过程。基础研究成果是公共品，具有更广泛的扩散效应和放大作用。实践证明，以科学发现为导向的基础研究，是重大的、经济效益高的技术创新不可或缺的基础。尽管基础研究不提供新产品、新工艺和解决技术问题的具体方案，但基础研究向社会提供了新知识、新原理、新方法，其效益不只限于某一领域的应用研究和产品开发。更重要的是，基础研究能以不可预知的方式催生新的产业生态系统。从美国的实践看，虽然美国没有采取任何明确的产业政策，但它对基础研究的持续支持，使之在近期获益匪浅，不断投入的政府资源帮助美国新创了一批数量惊人的主要现代产业部门，并帮助美国在这些产业中获得了全球领导地位。美国也许没有技能熟练、经验丰富的政府人员能够帮助美国创造一个产业来抵御已有的竞争者，但是它确实在很早以前就开创了支持基础研究的先例。这帮助美国走在新兴产业发展的前列（戈莫里、鲍莫尔，2018）。

三、专利制度和知识产权保护是激励创新的重要手段

技术革命需要长时期和巨额的资金投入，专利制度成为激励发明人的重要手段。现代专利源于欧洲中世纪君王公开授予臣民的特权，针对市场专营的垄断是其中之一。现代专利法一般以1623年英国颁布的《垄断法》为鼻祖。《垄断法》的颁布，激发了个体发明者的积极性，催生了英国以纺织业为代表的技术创新高潮，新的发明大量出现。其中最典型的案例就是Boulton以英国政府专利保护为条件进行的投资，支撑着瓦特最终完成蒸汽机的改良。在有了发明专利保护和资助的情况下，一批来自各个社会阶层的发明家纷纷建立工厂企业，使不同职业背景的人都进入制造业，又进一步推动工业规模经济的初步显现。随着技术革命的深入和商品经济的发展，先进的技术逐渐成为人们追逐利润的重要方式。在英国首先确立专利制度后，为保护技术知识的产权，各国纷纷确立了专利制度。这在法律上明确和保护了新技术知识的专有性质，激发了人们进行技术创造的积极性和主动性，推动了技术创新活动，促进了经济和社会的发展。从第一次工业革命早期的专利制度到第三次工业革命完善的知识产权制度，知识产权制度这一重要制度基因在各国学习和创新过程中不断深入发展，各国知识产权保护法律体系不断成熟完善，最终形成国际化统一的知识产权保护同盟。

四、现代公司制度推进了技术革命成果的产业化

技术革命对人类社会的发展产生决定性影响的关键，在于蒸汽机等重大发明成果的产业化和广泛应用，而企业正是推进技术革命成果产业化的主导者。虽然手工工场早已存在，但随技术革命发展起来的现代企

业制度则极大地推进了产业的创新步伐。道格拉斯·诺斯在《西方世界的兴起》中指出："有效率的经济组织是增长的关键因素，西方世界兴起的原因就在于发展一种有效率的经济组织。有效率的组织需要建立制度化的设施，并确立财产所有权，把个人的经济努力不断引向一种社会性的活动，使个人的收益率不断地接近社会收益率。"制度经济学家一般认为有效率的经济组织是经济增长的关键，而有效率的组织需要在制度上作出安排和确定所有权益以形成激励，将个人的努力变成私人收益率接近社会收益率的活动。除了确立专利制度以外，工厂制度也得到了确立。机器工厂逐渐代替了手工工场，解放了人们的双手，提高了生产效率，扩大了生产规模。第二次工业革命则使全球形成一个紧密联系的整体，股份公司、跨国公司不断壮大，推动了股份公司制度和企业内部研发制度的形成和发展。股份制能够大规模吸收资本，增加抵抗市场风险的能力，有实力进行重大技术创新和推广使用。为减少企业引进新技术的市场交易费用，使技术的更新速度不断满足市场的需求，在市场竞争中增强核心竞争力，一些大型企业纷纷在企业内部设立研发部门，加大对市场信息的捕捉和研发的投入，这是一种重要的企业制度创新，大大增强了企业的技术创新能力和市场竞争力。

五、建立和完善与技术革命发展阶段相适应的金融体系

在技术革命的不同阶段，所需要的制度和政策支持体系存在一定差别。技术革命的孕育阶段需要巨额的资金投入，但风险巨大。在技术迅速变革、新产业出现不确定的背景下，政府以及银行发挥的作用相对有限，专利制度激励下的风险投资制度最有利于推动高新技术向生产力转化，促进高新技术产业的发展，以高投入获得高收益来补偿高风险。在

技术革命进入产业化阶段后，由于技术标准已得到认同，银行大规模融资的优势有利于促进技术革命成果的产业化和迅速扩张。

六、包容性的市场准入和监管制度有利于技术革命成果快速发展为新的产业

技术革命需要长期的积累和探索才会成功，从重大技术变革出现到产业化也需要一个过程。从以往三次技术革命的演进历程观察，不同国家、不同城市对技术革命成果的应用速度和产业化进程存在较大差异。总体而言，包容性的市场准入和监管制度有利于技术革命成果的快速应用，发展成为新兴产业。

技术革命和技术革命成果的产业化表现为重大的、根本性的经济社会变革，这往往会对原有的产业体系和资源配置过程造成重大冲击。如果技术革命的发展冲击到原有制度和政策体系的受益者的利益，通常会面临原有制度和政策受益者的反对或抵抗。在技术革命的开端，社会和制度观念强调旧有范式并抵制新范式的情况并不鲜见。正如英国政府在 2019 年 6 月出台的《第四次工业革命的监管》政策白皮书中指出："监管对创新产生了巨大影响，可以激发新想法，又能阻止其实施；它可以左右投资风险，并引导资金是否用于有价值的研发；它可以影响消费者的信心和需求，并决定企业进入或是退出市场。""企业可能在提出新命题时面临不必要的障碍，而公民则面对过时的保护措施。这样创新对人和经济的好处可能会丧失。"总体来看，制度体系越僵化，对新产业的准入限制越严格，技术革命的产生和成果转化越会受到制约。但从长期发展趋势看，技术革命推动下的产业变革会不断提出突破原有制度和政策体系束缚的新要求，并推动建立与技术革命和新的产业发展相适应的制度与政策体系。

第四节　城市化进程中的政府治理和发展战略

城市化是一个持续演进的过程，技术革命也在不断发展。在同样的制度环境下，不同城市政府的治理能力差异，对重要基础设施布局的不同选择以及在结构转型期城市发展战略取向的差异，是造成城市发展路径和发展前景差异的重要原因。

一、稳定的政治和社会环境是城市持续发展的必要条件

稳定的政治和社会环境为城市发展提供了所需的制度规范，会显著降低各类企业和产业发展所面临的不确定性和风险，增强企业和各类机构投资的信心，也为吸引各类劳动力和要素提供了基本保障。从国际比较看，政府治理能力强、经济分配相对公平、中产阶级比重大及社会保障比较健全，是形成稳定的政治和社会环境的基础。而缺乏稳定的政治和社会环境的城市，几乎不可能实现发展。一些城市在发展过程中曾出现过治理能力差、犯罪高发、经济低迷等问题，最终解决这些问题的关键几乎都是从改善政府治理能力入手的。政府治理能力的改善将会显著提升民众的安全感和各类企业的投资信心，城市也才有可能重新走上复兴之路。

二、根据发展阶段的变化适时调整基础设施投资重点

政府投资基础设施，例如道路或高等教育体系，其目的不是为了特定的产业部门，而是提供城市发展的“底盘”，让许多产业都能受益。同城市化和技术革命是持续演进的过程一样，城市基础设施的建设和完

善也是一个持续过程，在城市化的不同阶段，对基础设施的需求重点存在较大差异。这就要求政府能够根据发展阶段的变化和要求，及时调整基础设施投资重点，为城市新兴产业的发展和城市整体效率的提升提供支撑。城市基础设施的建设和完善大体经历了三个阶段。

在城市化起步的初期阶段，人口流入速度快于基础设施的建设速度，基础设施不足的问题比较突出。在这一阶段，政府基础设施的建设重点通常是解决迫在眉睫的健康与安全问题，大规模的公共事业如交通，顺序相对靠后，规划亦如此。在整个过程中，教育和扶贫的进展显得异常缓慢。在这一阶段的大部分时期，受制于城市发展初期政府能力和资源条件所限，政府能提供的服务远远落后于需求。

随着重化工业的发展，城市化速度开始加快。重化工业发展显著提升了公路、铁路、能源等各类基础设施的建设能力，这一时期也是交通、能源等基础设施发展速度最快的时期。基础设施条件的明显改善促进了国际国内统一市场的形成。对后发经济体来说，随着全球化的展开，逐渐加入国际贸易体系不仅有助于迅速扩大本国制造业的规模，而且与国际市场接轨将有助于完善国内各项制度和政策，提升政府治理能力。重化工业带动下的城市化加速发展，使城市提供基础设施和公共服务的能力都得到提升，不仅交通、能源等基础设施条件大为改善，教育、体育、文化、娱乐等方面的投入也明显增加。总体来看，这一阶段政府的基础设施投入与经济发展的正反馈效应最为突出。

城市化进入后期稳定成熟阶段后，随着经济发展水平的提高和主导产业的变迁，对政府基础设施投入的方向提出新的要求。一方面，城市居民对政府提供基础设施的种类和质量有了更高期待，对绿色、健康、安全、快捷等方面的要求都不断提高；另一方面，新兴产业的发展需要新的基础设施的支撑，特别是教育、科研资源的支撑，这与交通、能源等传统基础设施的投入存在较大差异。

三、实行创新导向和着眼未来的城市发展战略

如何应对技术变革及城市发展外部环境变化对城市主导产业的冲击和经济转型的挑战，是城市发展过程中面临的最大挑战。20 世纪 70 年代前后，随着原有主导工业行业的衰落和转移，发达国家的许多传统工业城市都出现了衰退。面对科学技术的不断发展，重大而迅速的技术变化和产业变迁，保持城市长期竞争优势的关键是实行创新导向和着眼未来的城市发展战略。

一是主动适应经济和产业转型的趋势，促进各类要素资源从衰退产业向新兴产业转移。城市化和技术革命的进程也是主导产业不断更替的过程，随着科技的发展，原有的创新行业也会逐渐衰落，新的技术、产业不断出现，城市发展和技术革命都无法停留在过去的辉煌中，而只能适应创新的趋势，适应经济和产业转型的要求，在制度和政策层面鼓励、促进各类要素资源从衰退产业向新兴产业转移。观察经历过产业衰退的城市发展历史，当城市的主导产业衰退后，政府有两种政策选择。一种是救助型。由于原有的主导产业影响大，当主导产业开始出现衰退时，政府通常会投入大量的资源进行救助，但从曼彻斯特、底特律等城市的发展历史看，救助衰退产业的政策几乎没有成功的先例，产业之所以在特定城市衰退，通常表明该城市已不具备继续发展该产业的优势，救助政策可能会延缓衰退的进程，但无法改变衰退的结果。另一种是转向型。当意识到救助政策无法复兴城市后，政府的战略重心会转向培育新的产业，并通过将要素资源投入新的产业，形成新的竞争优势，并通

过新产业的发展带动城市的复兴。从国际比较的角度观察，所有在衰退后重新复兴的城市，都是新产业带动的结果。有的城市是在原有主导产业出现衰退后，马上转向新的产业；也有的城市是经历了救助政策的失败后再转向新的产业。随着全球化的日益深入，新兴产业的兴起和全球产业布局的调整对各国经济转型升级提出新的要求，不同国家在经济转型方面的差异开始显现。在同一个国家内部，不同城市也在经历着结构调整的过程，新兴产业兴起、集聚的城市继续保持发展势头，而原有产业优势丧失的城市则面临人口流出等问题。

二是本地教育、科研机构的发展是城市顺利转型的最主要支撑。观察美国和西欧转型成功的城市，几乎都与当地的高校和科研机构的发展密切相关。当城市原有的工业行业衰落后，城市的复兴都是依托当地高校和科研机构等创新资源，培育出新的知识密集型企业和产业。而随着知识密集型产业的成长壮大，城市的产业格局出现重大变化，城市的经济结构得以成功转型。

三是城市政府需要处理好短期专业化带来的优势与中长期多元化需求之间的平衡。产业在特定城市的集聚和专业化水平的提升，有利于保持城市在特定产业的竞争力，城市政府一般也会为保持特定产业的竞争优势而在政策上给予支持。但也要看到，产业的出现、成长、成熟和衰退是一个自然的过程，而技术革命的出现将加速优胜劣汰的过程，逐渐淘汰大量的传统产业。从城市长期发展的角度看，在保持专业化优势的同时，也要积极应对可能出现的产业变革和技术革命，增强城市发展的多样性，保证劳动力、金融、土地、创新要素等各种资源配置适应多样化、多元化的发展要求。

【专栏 3.2】　德国鲁尔地区传统产业的衰落与转型

鲁尔区的煤炭工业和钢铁工业在20世纪50年代以前为德国经济的复苏起到了重要的推动作用。随着石油和天然气的大规模开发利用，煤炭在西方国家能源消费中所占的比例逐渐降低。同时，由于第三世界国家的工业化导致国际钢铁市场竞争激烈，且铝合金、塑料等新材料的广泛使用导致对钢材需求的下降，致使钢材生产成本相对较高的鲁尔区丧失比较优势。在煤炭危机和钢铁危机的双重冲击下，鲁尔区单一的产业结构使其经济衰退明显。

20世纪50年代至60年代末期，鲁尔区开始进行产业结构调整，实施“再工业化”战略，主要包括改造传统产业，给予财政补贴以及改善基础设施结构。鲁尔区在转型初期采用的依然是防守型的“再工业化”策略，即通过大量的财政补贴帮助煤钢企业进行合并升级，而非转变单一的产业结构。“再工业化”的政策并未遏制经济持续衰退的势头。鲁尔区开始转变观念，逐渐摆脱对煤炭和钢铁工业的依赖。鲁尔区产业结构的重点也从改造传统工业变为侧重于发展新兴产业。1985～1988年鲁尔区新建企业数量增加41%，远远超过同期全国平均水平。随着新的企业在信息技术领域、生物科技领域、健康和医疗领域、新能源领域等新兴产业的发展壮大，鲁尔地区实现了产业结构的重构和城市的真正复兴。

资料来源：课题组整理。

四、建立和完善有利于城市群发展的协同治理机制

随着城市化的演进和城市产业结构的变迁，城市群日渐成为城市发展的主体形态。不同城市在经济、产业上的分工合作和协调互补是城市群发展的内在动力。但客观上，城市群内部存在因不同城市行政管理差异而形成的治理多元化或治理差异，往往会成为影响城市群分工合作和协调发展的障碍。因此，为增强城市群的竞争力，许多城市群在发展过程中通过建立区域协调机制等方式，提升城市群的协调治理能力。虽然不同国家在政治体制、经济和社会环境等方面存在一定的差异，但在解决城市群的协同治理方面，还是存在一些共性特征。一是普遍建立区域协调管理体制。如大伦敦城市群、大东京城市群等都结合当地特点建立了相应的协调管理体制。大伦敦城市群的协同发展主要依靠中央政府发挥牵头作用，组建高层的行政协调中心，自上而下实现对其他地方行政中心的指导，从而在一定程度上打破了行政区划的束缚与限制，促进了伦敦城市群的整合与协调。二是通过多元主体的广泛参与推动协同治理。城市群的发展突破了单个城市的行政边界，涉及的市场主体多，需要政府、企业、社会组织、高校、科研机构等诸多主体的共同参与，在推动城市群达成共识、深化交流合作、促进城市群协同发展方面发挥着重要作用。三是建立合理的利益激励与补偿机制。城市群内不同城市的定位和发展水平存在一定的差异，加之受财政分权、行政分权等方面的制约，在推动城市群协同治理方面会面临许多现实的困难和约束。要突破协同治理方面的障碍，需要建立适当的利益激励与补偿机制，实现城市群内不同城市之间的“利益均沾”与“成本共担”（蒋敏娟，2017）。

本章小结

在城市化进程中，制度和政策的演进对各类要素资源的供给质量、流动、重组具有重要影响。在城市化发展的不同阶段，制度与政策会呈现不同的特征。城市化发展阶段的转变期通常也是相关制度与政策进行重大变革的时期。

城市化的过程也是市场经济制度不断完善和发展的过程。在这一过程中，统一市场的形成，市场准入制度的不断完善，市场竞争机制和市场环境的持续改善，政府与市场关系的调整，都发挥了重要作用。市场经济制度的持续完善又不断提升城市的效率和吸引力。每一次技术革命都会产生一批对经济、社会生活和城市发展有重大影响的新兴产业。这些新兴产业发展迅速，逐渐成为一些城市乃至整个国家的主导产业，促进城市的转型升级和持续发展。

在同样的制度环境下，不同城市政府的治理能力差异、对重要基础设施布局的不同选择以及在结构转型期城市发展战略取向的差异，是造成城市发展路径和发展前景差异的重要原因。

参考文献

[1] 丹尼斯·R. 贾德，托德·斯旺斯特罗姆. 美国的城市政治. 上海：上海社会科学院出版社，2017
[2] 黛安娜·法雷尔. 提高生产率——全球经济增长的原动力. 北京：商务印书馆，2010
[3] 拉尔夫·戈莫里，威廉·鲍莫尔. 全球贸易和国家利益冲突. 北京：中信出版集团，2018
[4] 蒋敏娟. 城市群协同治理的国际经验比较——以体制机制为视角. 国外社会科学，2017（6）
[5] 任兴洲，王微. 服务业发展：制度、政策与实践. 北京：中国发展出版社，2011
[6] 刘翠霄. 社会保障权的起源与历史发展. 温州大学学报（社会科学版），2016（9）
[7] 石金叶，范旭. 西方发达国家基础研究在创新型国家建设中的作用及其启示. 自然辩证法研

究，2019（6）
[8] 张期陈，胡志平．所有权局限与政府作用：英美土地资本化流转经验对我国“三权分置”的启示．社会科学研究，2019（5）
[9] 柳卸林，葛爽，丁雪辰．工业革命的兴替与国家创新体系的演化——从制度基因与组织基因的角度．科学学与科学技术管理，2019（7）
[10] 刘瑾钰．美国城市化历程．国别报告，2020
[11] 牛三元．德国城市化历程．国别报告，2020
[12] 王瑞民，冯璐．拉美城市化历程．国别报告，2020
[13] 张英杰．日本城市化历程．国别报告，2020
[14] 卢昱周．英国城市化历程．国别报告，2020

第二篇

新一轮技术革命
与全球城市化

进入 21 世纪以来，全球范围开启新一轮技术革命的帷幕，出现以数字化为主导、智能化为指向、绿色化为引领和融合化为趋向的一系列新的、群体性的技术变革，催生了一系列新产业、新业态、新模式，推动着全球范围内生产方式变革和产业结构变革的持续演进，为全球经济增长和城市化向更高水平迈进注入新的动力。值得注意的是，新一轮技术革命在促进生产要素投入结构变化并持续推动全球产业链和价值链升级的同时，也将促进全球人口与产业的空间布局调整，为全球城市化注入全新动力，深刻影响全球城市化发展的格局，并引发全球城市体系和发展模式的显著变革。创新型科技城市在全球城市体系中的地位将显著上升。城市体系结构临界规模趋于提高，大都市圈和城市群结构将成为全球城市发展的主导。城市内部产业组织的空间灵活性、辐射集聚能力和环境亲善度将明显提升。内涵式、可持续的高质量发展将成为城市发展模式的主旋律。智慧城市和大数据等技术将赋能城市治理模式转变和治理能力提升。收入不平等问题也将随着技术革命的深化得到改善。

第四章

新一轮技术革命的背景、特征和演进趋势

进入21世纪以来，全球范围开启了新一轮技术革命的帷幕，出现了以数字化为主导、智能化为指向、绿色化为引领、融合化为趋向的群体性技术变革，而且在不断演变，呈现出一系列新的发展趋势。

第一节 新一轮技术革命的背景

我们从技术革命对技术体系和产业革命的双重影响角度[①]，将新一轮技术革命界定为以数字技术等为代表的信息技术、以可再生能源为代表的能源技术、以高速铁路等为代表的交通技术等共同组成和呈现出的

---

① 对技术革命的范围界定通常从双重角度来进行划分，一是从技术本身对技术体系的影响，二是技术对产业革命的影响。引发技术革命的主要是基础性、本源性的技术，是技术变革的核心所在，对经济社会发展影响最为深远也最为广泛的技术。从技术本身的影响来看，能源、信息和交通技术是技术体系中最基础和最核心的技术，这三项技术的变革会对其他技术，特别是产业发展以及经济社会发展产生重大且广泛的影响。同时，从对历次技术革命的界定来看，主要是从产业革命的角度来划分的，也即从实现大规模商业化应用角度对技术进行归纳。

以智能化特征为导向的技术重大变革[①]。新一轮技术革命出现的时间节点为2010年前后。总的来看，技术革命目前已由导入期转向拓展期，新技术市场应用将加速并实现大规模商业化，将会对经济社会产生深刻的影响。

21世纪以来，移动互联网、数字技术、人工智能、物联网、云计算、先进机器人、下一代基因技术、自动化交通工具、能源存储技术、先进材料、可再生能源等新技术不断涌现。它们的产生有着深刻的经济社会背景。

一、发展难题迫切需要通过技术创新来解决

从现实需求来看，自工业革命以来全球范围内出现的交通拥堵、环境污染等问题日益突出，迫切需要通过技术创新来解决。第一次工业革命以来，经济发展大规模使用化石能源，这在迅速提高生产力的同时，也产生了严重的环境污染和全球气候变暖等问题。在过去的130年里，人类活动引发了全球气温上升，出现了汽车尾气污染加重、臭氧层破坏、生物多样性减少、酸雨蔓延、森林锐减、飓风和海啸增多等一系列问题。在这一背景下，亟须寻找新的清洁可再生能源替代化石能源，减缓气候变暖和环境污染的负面影响。同时，城市人口的集聚以及家用汽车的普及，使交通拥堵带来的损失不断加剧。以北京市为例，根据北京交通发展研究院发布的数据，2019年日均拥堵时间（中度拥堵）共计

① 从新一轮技术变革来看，除能源技术、信息技术和交通技术外，生物医药技术、新材料等也出现了重大突破，但是相较于前者，其对经济社会发展的影响广泛性略低。

2 小时 40 分钟[①]。上述问题严重影响了经济社会的可持续发展，迫切需要通过新的技术来解决。

二、新技术应用正由导入期转向拓展期

从技术应用来看，新的信息、能源和交通等技术的商业化应用已开始大规模扩散，正在由导入期转向拓展期。21 世纪以来，互联网和移动通信技术得到广泛应用，积累了海量泛在的大数据，为机器学习和人工智能算法的突破性应用创造了条件，直接推动了互联网平台、共享经济和数字经济的兴起，带来了一系列模式、业态和产业变革。在新能源技术领域，风力发电、太阳能光伏发电技术、智能电网、能源互联网等进入大规模应用阶段，电动汽车等有望突破市场化初期瓶颈、进入规模发展阶段[②]。例如，创立于 2003 年的特斯拉汽车，经过短短 10 多年的发展，公司市值已突破 6000 亿美元，市值超过全球其他九大车企之和。谷歌、Waymo、苹果、百度等公司加大自动驾驶技术的研发投入力度，自动驾驶技术日渐成熟，已开始上路测试运行。

三、全球低速增长强化了新技术应用的动力

从全球经济来看，2008 年金融危机以来，全球经济低速增长强化了推广和应用新一轮技术创新成果的动力。许多学者把 2008 年的金融危机当成经济长周期的转折点，认为全球经济可能正处在经济增长两个

① 北京交通发展研究院：《2020 北京市交通发展年度报告》，http：//www. bjtrc. org. cn/List/index/cid/7. html。

② 国务院发展研究中心“国际经济格局变化和中国战略选择”课题组：“未来 15 年国际经济格局面临十大变化”，《中国发展观察》2019 年第 1 期。

长周期之间的衰退和调整阶段。从历次技术革命的历程看，每次技术革命末期，全球经济会进入较长的衰退期，直到新一轮技术革命的兴起和大规模的产业化应用，新兴产业快速发展为经济增长提供新的动力。国务院发展研究中心“国际经济格局变化和中国战略选择”课题组模型模拟结果显示，全球经济增长速度将呈现趋势性下降，在未来较长一段时间可能会保持较低的增速。2020～2035 年，全球经济增长平均速度为 2.6%，发达经济体的增速将可能进一步放缓，整体增长速度在 1.7% 左右，要低于过去 50 多年的平均增长速度；发展中国家增长速度也将会有所下降，年均增长速度在 4.9% 左右①。全球经济的低迷，亟待新技术快速应用和扩散，挖掘新的经济动能。尽管新一轮技术革命的演变发展仍然存在很多不确定性，但从长周期发展的历史经验来看，未来 15～20 年新一轮技术革命将可能带领全球经济进入下一个长周期的繁荣阶段。

【专栏 4.1】　对新一轮技术革命的若干不同观点

进入 21 世纪以来，新的技术不断快速涌现，比如，大数据、人工智能、云计算、物联网、3D 打印、新材料、新能源等。针对新出现的技术，部分研究者提出了新的界定，例如，施瓦布提出第四次工业革命，里夫金提出第三次工业革命，德国提出“工业 4.0”等。尽管划分不尽相同，但大体可归结为两种观点：一种观点认为，目前兴起的以数字技术等为代表的技术革命，仍然属于第三次技术革命——

① 国务院发展研究中心“国际经济格局变化和中国战略选择”课题组：“未来 15 年国际经济格局面临十大变化”，《中国发展观察》2019 年第 1 期。

信息时代的延续；另一种观点则认为，数字技术等完全不同于信息时代，并将这一阶段划分为第四次技术革命和产业（工业）革命阶段。例如，德国从工业化阶段入手，将信息时代细分为基于信息技术的自动化阶段和基于物理信息系统的智能化阶段，形成从“工业1.0”到“工业4.0”的四次工业革命分类。上述两种观点的差异主要在于视角的不同。

资料来源：课题组整理。

第二节 新一轮技术革命的特征

与历次技术革命相比，新一轮技术革命呈现出以数字化为主导、以智能化为指向、以绿色化为引领和以融合化为趋向的总体特征。

一、以数字化为主导

新一轮技术革命突出地表现在数字技术的变革，以及应用领域的创新性突破和经济社会行为的数字化转型。数字技术的突破直接促进了信息的数据化。数字技术的深度应用形成了海量数据，其在生产、生活和决策分析中的作用越来越重要，数据已经成为新的关键生产要素。数据要素及其新的组合应用引发生产方式的重大变革，尤其是数字技术将赛博（Cyber）世界和比特（BIT，Binary digit）世界有效连接融合，推动了数字经济的兴起。同时，数字技术的发展为新一代能源技术、交通技术的突破及其广泛应用提供了条件，智能能源和智能交通体系的创新发展成为可能，产生了共享出行平台和共享服务模式。交通共享平台

“优步”并没有创造出新的汽车，而是创造了全新的移动系统以及共享型经济模式。此外，数字技术的发展引发通信方式、电子商务、电子支付和智能制造等领域的变革，加快了传统产业的数字化转型和智能化发展，极大地改变了决策、生产和交易的方式与效率。数字的产业化和产业的数字化成为新的业态与生产方式，“信息经济”时代逐渐转向“数字经济”时代。

二、以智能化为指向

从生产角度来看，新一轮技术革命与以往历次技术革命的最大区别在于其生产和服务的智能化指向。从制造业到商业再到农业领域，在自动化基础上日益转向智能化，涵盖设计研发、加总组装、物流配送、金融服务等各个领域。数字化技术加速了劳动工具的智能化，3D 打印、数控机床、智能机器人等智能装备快速涌现，劳动工具从传统的能量转换工具向智能工具演进。5G、物联网、人工智能、数字孪生、云计算、边缘计算、时间敏感网络等智能技术群的“核聚变”，推动着人类社会从万物互联（Internet of Everything）迈向万物智能（Intelligence of Everything），从大连接走向大赋能新阶段，正在进入“智能 +”新时代①。

从产业革命角度来看，伴随着芯片技术的突破发展、互联网设施的发展完善、传感器价廉量大的供给和先进制造技术的日臻完善，制造业加速向数字化、网络化、智能化方向延伸拓展，产业互联网逐步形成，智能工厂日益兴起，直接推动了产业互联网和智能工厂的充分结合，实现了机器大生产由自动化向智能化的根本转变，智能制造开始成为现

① 安筱鹏：《重构：数字化转型的逻辑》，电子工业出版社 2019 年版。

实。万物互联、数据驱动、软件定义、平台支撑、组织重构、智能主导正在构建的制造新体系，成为全球新一轮产业发展的制高点①。

三、以绿色化为引领

新一轮技术革命的另一个重要特征在于技术的绿色化。针对人类面临的环境污染、生态破坏以及全球气候变暖等问题，新的技术在实现经济增长的同时，更要符合绿色发展要求，满足环境保护和生态标准，而且需要以更加低成本的方式实现绿色发展。尤其是在能源、交通和制造领域，绿色技术的突破和广泛应用成为新一轮技术革命的又一突出特征。新的能源技术突出地表现在清洁化、低碳化利用关键技术的群体突破，如新一代核能、页岩气、氢能、可燃冰等清洁能源技术，以及储能和分布式能源关键技术、智慧能源管理技术。在交通领域，锂电池和充电桩技术等的突破，使氢能、电能等新能源汽车超越了传统汽车，全球主要国家纷纷推出了传统汽车退出的时间表。在生产制造领域，生产制造技术更加注重节能、节水、资源综合利用和低碳排放，是与智能化生产并重的新特征。

四、以融合化为趋向

以数字技术为主导的新一轮技术革命具有融合性、互联性和群体突破的特征。大数据、物联网、云计算等新一轮技术创新一经出现，就迅速向各个领域渗透，与能源和交通等其他技术相互交叉，融合创新不断加快，影响也更为深远。例如，传统能源巨头埃克森美孚、雪佛龙、壳

① 安筱鹏：《重构：数字化转型的逻辑》，电子工业出版社 2019 年版。

牌与科技巨头微软展开深入的合作，道达尔则与谷歌携手协同推进技术创新。奔驰、丰田等许多传统汽车厂商与信息技术公司合作共同促进技术的研发和产品的创新。信息技术、交通技术和能源技术的全方位融合性变革，改变了以往独立创新的特征，呈现出技术创新相互融合、交互促进的特征。例如，特斯拉将新能源与智能汽车的核心技术深度融合，技术领域涉及深度学习算法、人工智能芯片、大数据、超算、电芯、新能源、新材料等多项前沿技术领域，用技术解决出行和能源领域所面临的根本性问题，其业务边界超出普通意义上的汽车公司，类似于“丰田 + 英伟达 + Waymo + 宁德时代”的商业和技术综合体①。

第三节　新一轮技术革命演进趋势

当前，新一轮技术革命仍处在持续演进过程中，随着技术的进一步突破、技术融合和应用的日益广泛，未来技术变革将呈现出一系列新趋势。

一、信息技术向高速、高效和智能化趋势发展

硬件处理高速化、微型化。数字技术和物联网的广泛应用，海量数据出现，对硬件的处理速度、储存容量的要求越来越高，计算机硬件将呈现处理高速化、大容量的特征。高性能处理器技术将加快发展，多核并行处理技术成为主流。传感器技术将向可靠性更强、传感精度更高、处理速度更快的方向发展。随着电子设备应用进一步广泛及对便携性的

① 任泽平、连一席：“特斯拉的秘密：科技综合体崛起”，泽平宏观，2020 年 12 月 20 日。

要求日益增强，电子元器件将呈现微型化特征。集成电路器件特征尺寸将不断缩小，逐步实现物理极限的突破，未来可能出现微米、纳米甚至超纳米的尺寸。据国际半导体技术发展协会估计，未来将会出现尺寸为22毫米的CMOS电路以及实际栅长为9毫米的MPU。

通信传输技术发展将转向6G、卫星互联网和空天互联网技术。第五代移动通信（5G）技术已投入使用，通信传输技术将向高速度、大容量、长距离、低时延方向发展，提高运行效率，将有效促进万物互联的实现。正在研发中的6G通信技术，其数据传输速率预计可能达到5G的50倍，时延缩短到5G的1/10，在峰值速率、时延、流量密度、连接数密度、移动性、频谱效率、定位能力等方面将更优于5G。此外，卫星互联网、空天互联网技术和智能卫星技术以及毫米波通信技术的快速发展，将使星际通信能力更为强大，不仅实现Gbps级别的带宽，而且卫星也可以直接与个人用户的智能终端进行高质量通信①。

表4.1　　新一代低轨互联网星座基本技术参数

星座名称	One Web	Starlink	Telesat
卫星数量（颗）	720	4425	117
轨道高度（km）	1200	1110~1325	1000（极地） 1248（倾斜）
工作频段	Ku（用户） Ka（测控）	Ku Ka	Ka
总容量（$Tbit \cdot s^{-1}$）	5~10	8~10	几
单颗卫星质量（kg）	125	386	N/A
数传速率（$Mbit \cdot s^{-1}$）	50（用户）	1000	1000
时延（ms）	20~30	25~30	30~50

① “12000颗卫星为地球织网，马斯克这次的星链计划又将如何改变世界”，https://www.stmcu.org.cn/article/id-329851。

续表

星座名称	One Web	Starlink	Telesat
星间链路	无	有	有
主要投资商	软银	Space X	Telesat
最新进展	在获得美国 FCC 的频率许可	FCC 已批准了频率申请	FCC 已批准频率申请

资料来源：周兵、刘红军："国外新兴商业低轨卫星通信星座发展述评"，《电讯技术》2018 年第 9 期。

【专栏 4.2】 全球主要卫星互联网企业

OneWeb 公司提出的星座计划是美国首个获批的新一代 NGSO（非地球同步轨道）卫星星座。星座计划在 2021 年完成第一阶段 720 颗卫星的部署，并且最终将实现 1980 颗卫星的全球覆盖，构建一个高速低时延的全球覆盖网络。星座的总容量高达 5.4Tb/s，可为用户提供下行 200Mbit/s 和上行 50Mbit/s 速率的互联网接入服务，时延约为 30 毫秒。

StarLink 星座是由 Space X 公司提出建设的低轨小卫星星座。StarLink 计划发射 1.2 万颗低轨道运行卫星，将建成一个巨大的太空互联网络。第一阶段，StarLink 将 4425 颗 Ku-Ka 波段卫星送入 550 千米的轨道；第二阶段，将 7518 颗 V 波段卫星送入 340 千米的轨道。建设完成后，星座总容量将达到 8～10Tb/s，每颗卫星可提供 17～23Gbit/s 的下行容量，链路时延 25～35 毫秒。StarLink 每一批发射 60 颗卫星，目前已经累计发射 4 次，共 240 颗卫星。

Telesat 是世界五大商业卫星运营商之一。Telesat 计划发射 117 颗卫星，分别部署于相对于赤道倾斜 99.5 度的极轨道和高度为 1248 千米的第二倾斜轨道。Telesat 的低轨星座网络可提供全球覆盖。

资料来源：国海证券研究所。

新兴智能化技术大量兴起。随着信息技术的快速迭代和应用推广，人工智能、虚拟化技术等加快发展，通用人工智能将成为下一代人工智能重点突破的方向。人工智能作为引领带动新一轮科技产业变革的战略性技术，通过与其他技术的交叉创新与融合，将加速催生以智能化为基础的新技术、新产业、新业态。例如，在生产制造领域，通过先进制造、信息处理、人工智能等技术的集成和融合，可以形成具有感知、分析、推理、决策、执行、自主学习及维护等自组织、自适应功能的智能生产系统以及网络化、协同化的生产设施，实现全流程、端到端的转型过程。

此外，区块链作为信息技术发展的新方向，围绕区块链技术，共识算法、加密算法等底层核心技术将不断取得突破，并与人工智能、大数据、物联网等技术深度融合，将进一步提高其技术性能和可用性、安全性，加快进入大规模商业化应用阶段，成为数字经济进一步深化发展的重要增长点[①]。

【专栏 4.3】　人工智能的发展

根据艾瑞咨询研究院发布的《中国人工智能产业研究报告（2019）》，2018 年人工智能相关公司达 2167 家，赋能实体经济所产生的市场规模达 251.1 亿元，2019 年人工智能核心产业规模将突破 570 亿元，2022 年将突破 1500 亿元，赋能实体经济效果显著。目前，人工智能在安防和金融领域的应用市场份额最大，在工业、医疗、教育等领域具有爆发潜力。

资料来源：艾瑞咨询研究院，《中国人工智能产业研究报告（2019）》。

① 白春礼："科技创新的主要发展趋势和重点突破方向"，财经网，2019。http://m.caijing.com.cn/article/172609?target=blank。

二、能源技术向低碳化、分布式和智能化持续转变

越来越多的迹象表明，世界能源技术创新进入活跃期，新一轮能源变革正蓬勃兴起。能源新技术与现代信息、材料和先进制造技术深度融合，太阳能、风能、新能源汽车等低碳能源技术不断成熟，大规模储能、氢燃料电池、分布式能源等技术有望突破。能源利用新模式、新业态、新产品日益丰富，以智能化为特征的能源生产消费新模式开始涌现，分布式供能系统在工业园区、城镇社区、公用建筑和私人住宅领域将大规模开始应用。

1. 低碳化、无碳化能源技术逐步成为主流

在应对气候变化的大背景下，低碳能源技术迅猛发展，推动世界能源结构加速向低碳化、无碳化方向演变。目前，全球一次能源结构中，非化石能源利用规模已达 30 亿吨油当量，占世界能源需求总量的近 20%。未来，随着技术进步加快和成本持续下降，可再生能源开发利用规模将大大增加。国际能源署（IEA）预计，2018～2040 年，可再生能源装机总投资规模有望达到 8 万亿美元，新增容量 41.7 亿千瓦，占全球新增装机容量的 2/3、电厂投资的 70%；到 2040 年，世界可再生能源发电量将达到 16.8 万亿千瓦时，较 2017 年增长近 2 倍。2040 年全球非化石能源发电量占发电总量的比重将上升到 45%；全球非化石能源消费总量将超过 46 亿吨油当量，与石油消费总量基本相当，高于煤炭的消费总量（见图 4.1）。届时，全球一次能源消费结构中，非化石能源比重将提高到 26%，比煤炭高出 2 个百分点。

2. 分布式能源正蓬勃发展

分布式能源将能源系统以小规模、小容量、模块化、分散式的方式

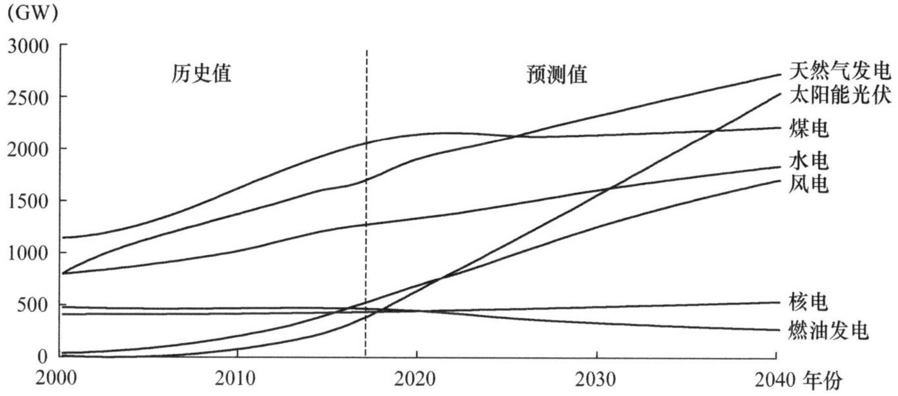

图 4.1　IEA 新政策情景下不同发电技术的装机容量展望

资料来源：IEA：《世界能源展望 2018》。

布置在用户端，实现双向传输冷热电能。它不仅具有利用高效、运输损耗小、运行灵活、系统经济性高等优点，还可通过分散式生产、大电网统筹的方式，促进可再生能源规模化发展，已成为全球能源行业的重要发展方向。

据统计，近年来世界新增发电装机容量的 25% ~30% 为分布式电源，北美、欧洲等地区的发达经济体出台了一系列关于分布式能源的支持政策。欧盟、美国和日本等发达地区，采取在光照充足、零售电价较高的地方，为家庭和企业优先安装屋顶光伏发电系统的政策，极大地促进了屋顶太阳能光伏装机的快速发展。尽管屋顶太阳能光伏的投资较高，但受日益增长的电力需求和充足太阳能光照资源的驱动，在中国、印度为首的发展中国家也得到了广泛应用。未来，分布式光伏发电将成为分布式能源的发展重点，一场屋顶太阳能光伏发电系统革命将会爆发。IEA 预计，屋顶太阳能光伏装机规模将由 2013 年的不足 0.9 亿千瓦增至 2040 年的 5 亿千瓦，增长近 5 倍。可以预见，分布式能源系统将改变原有的生产消费产业格局、构建一个全新的能源供应体系，不仅节约大量建设输配电网的资金和时间，还让能源用户成为能源生产和供应商，带来能源生产和供应方式的根本性变化，乃至人类的生产生活方式的巨大变革。

3. 智能化能源体系加快建设

21 世纪以来，一场以能源与信息技术深度融合为特征的能源技术变革正在广泛进行，推动了以智能电网为核心的智能能源体系建设步伐。美国能源部提出建立“21 世纪的能源网络”，启动智能能源建筑计划，加快构建智能能源体系。为提高供电可靠性和电能质量以及促进可再生能源和清洁能源发展，2004 年欧盟提出搭建“未来电网”的欧洲技术平台，推动欧洲智能电网建设，并于 2005 年实施“超级智能电网”计划。2013 年欧盟议会宣布实施第二个“智慧能源—欧洲”计划，主旨是建立基于信息和通信技术实现自我调控的高效能源系统。从 2010 年开始，日本在“新一代能源和社会体系示范计划”中提出构建智能电网体系方案，并推动开展“智慧城市共同体”和“智慧能源网”两大示范项目。目前，主要发达经济体已在智能计量、智能电网平台、电网监控和管理、可再生能源接入、大规模储能、智能能源建筑、充电式混合动力车或纯电动汽车等领域的技术、标准及示范项目取得长足进展，预计融合信息网络技术建立的以“全球电网”为核心的智能能源体系将加快形成。

三、交通技术向超高速化、智能化、绿色化和共享化持续变革

交通技术目前呈现出从系统、工具、基础设施和服务运行等多个环节共振变革的特征，将会促进交通系统的超高速化、交通工具的无人化与智能化、交通用能的电气化和绿色化、交通出行的共享化。

1. 交通系统超高速化

随着交通技术的突破性进展，交通系统日益向超高速化转变。Virgin Hyperloop One 开发的“超级回路系统”，通过管道以高达 1100 千米/小时的速度运载自动分离舱中的乘客或货物，空气压力降低至接近真空以最小化空气阻力。分离舱利用磁悬浮消除滚动摩擦，能够达到比飞机更快的速度，将城市之间的旅行时间从几个小时缩短到几分钟。2017 年 5 月，Virgin Hyperloop One 在内华达州进行了首次全系统测试，实现了 113 千米/小时的运行速度，8 月测试了 XP-1 客舱，运行时速提高到 309 千米。印度、中国、法国、荷兰、阿联酋和美国等国家正在进行可行性研究和超循环技术测试轨道的开发，超级高铁有可能成为下一代交通运输工具。

另一个实现超高速运输系统的将是磁悬浮技术。21 世纪初，磁浮交通先后在中国、日本和韩国投入应用。上海浦东机场线是世界唯一高速磁浮商业运行线路。磁悬浮列车是轨道交通系统的一种制式。磁浮列车通过电磁力实现列车与轨道之间的无接触悬浮和导向，再利用直线电机产生的电磁力牵引列车运行。磁浮系统不存在轮轨接触和受力，其速度在目前的 400 ~ 500 千米/小时基础上仍有很大提升空间，且同等运行速度下成本更低、更安全和更灵活，被认为是下一代超高速轨道交通系统的另一个方案。

【专栏 4.4】　　世界各国磁悬浮技术进展

德国政府从 1969 年开始磁浮系统技术的开发，至 1991 年完成常导磁浮系统全套设备开发并通过评估，2001 年对中国出口 TR08 型列车及运行系统成套设备。德国始终保留其磁浮核心技术及队伍，并积极向其他需要发展高速轨道交通的马来西亚、巴西、西班牙等国家推荐。

日本从 1962 年开始高速磁浮交通技术的研究，2009 年低温超导高速磁浮技术被确定技术已经成熟。2015 年在 42.8 千米的山梨试验线上创下 603 千米/小时世界最高纪录，并启动东京—大阪超导高速磁浮铁路建设，一期工程从东京到名古屋（计划 2027 年完成），二期从名古屋到新大阪（计划 2045 年完成）。

中国从"八五"期间开展磁浮列车技术的研究，2002 年建成上海高速磁浮示范线。"十二五"期间，设立科技支撑计划"高速磁浮交通工程化集成系统研究"，进一步提高了中国高速磁浮交通工程化和系统集成能力。2016 年 5 月 6 日，长沙中低速磁浮系统开通运营，线路设计速度 100 千米/小时。2016 年 7 月，科技部批复启动"十三五"磁浮交通项目。项目由中车公司组织实施，包括中车四方车辆股份公司牵头 600 千米时速磁浮课题和中车株机公司牵头 200 千米时速磁浮系统。

资料来源：课题组整理。

2. 交通工具无人化和智能化

自动驾驶汽车又称无人驾驶汽车，是指依靠人工智能、视觉计算、雷达、监控装置和全球定位系统协同合作，让电脑在没有任何人类主动的操作下自动安全地操作机动车辆。当前世界范围内的无人驾驶汽车研发主要有两条推进路径。

一类是以谷歌、特斯拉、百度等为代表的互联网科技企业，其研发的自动驾驶车辆，基于传感器采用"探测—决策—执行"设计模式，利用雷达、GPS定位、激光探测与测量、视频、超声波、红外等传感器检测外部环境（道路、交通、天气等）和车辆内部系统信息（车速、胎压、乘客重量分布等），利用软件算法处理传感器数据，识别障碍物、制定行驶路径，并采取控制动作（刹车、转向、车道变换等）。其显著特征是强调车的自主驾驶，以实现舒适、安全的驾驶体验和人力成本的节约。

另一类无人驾驶汽车研发路径则是致力于利用车联网通信技术来防止碰撞和交通管理，以实现未来的自动道路系统。以沃尔沃、宝马、奔驰、福特、丰田等为代表的传统汽车厂商，自20世纪70年代开始布局此类技术研究，其开发推进模式沿着无人驾驶由低级到高级的路线逐步推进，称之为高级辅助驾驶系统，目前已基本推进到主动安全级，即美国高速公路安全管理局定义的自动驾驶1级、2级阶段。

车联网利用无线通信技术（如专用短程通信技术、蜂窝通信技术等）在车辆与车辆（V2V）、车辆与设施（V2I）之间传递信息。相比单车自主传感器，车联网技术可使车辆探测到更远、更大范围的情况，车辆将有更多时间进行数据分析，以调整驾驶模式或向驾驶员提出警告。

【专栏4.5】 无人驾驶技术发展等级

美国高速公路安全管理局（NHTSA）将自动驾驶分为5个阶段，即0~4级，将1级、2级阶段称为高级辅助驾驶阶段，3级、4级称为自动驾驶阶段。当前汽车销售市场中部分小汽车的辅助驾驶水平已达到第1级别，第2级别的技术研发也基本成熟，第3级别的技术开始出现。其具体特征见表4.2。

表 4.2　无人驾驶技术发展等级（美国 NHTSA）

无人驾驶技术分级	主要特征
0 级	完全的人工驾驶
1 级	在同一时刻仅能触发单项功能的车辆，但仍然完全受驾驶人控制。例如自动巡航功能、自动刹车防撞功能和车道保持功能等
2 级	在同一时刻能触发两项主要功能的车辆，驾驶人仍主要对安全驾驶负责；在特定设计过的驾驶环境中（例如封闭的自动驾驶车道），驾驶员的手和脚可以从方向盘和踏板上离开
3 级	有限度的无人驾驶。这一阶段车辆可以实现完全的环境感知、识别和自动控制，但允许在特殊情况下或主动情况下由驾驶人接管车辆，转为人工驾驶模式
4 级	完全的无人驾驶。任何情况下都依赖于车辆的自动驾驶，驾驶人仅需要输入路径或地址，行驶过程中即使在意外条件下驾驶人也无权接管车辆

资料来源：U. S. Department of Transportation, National Highway Traffic Safety Administration, Preliminary Statement of Policy Concerning Automated Vehicles. 2013。

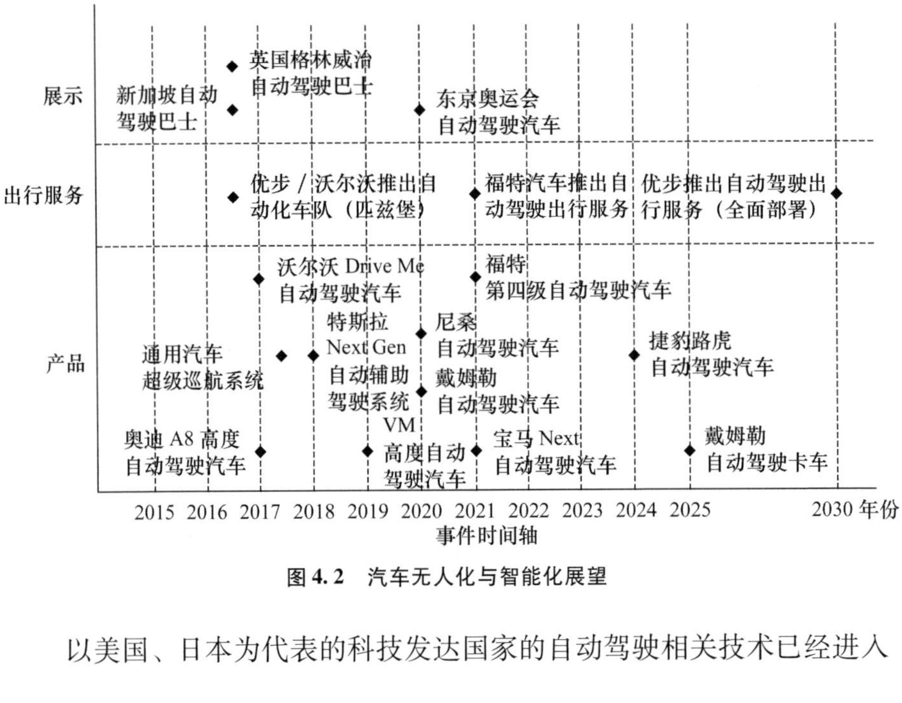

图 4.2　汽车无人化与智能化展望

以美国、日本为代表的科技发达国家的自动驾驶相关技术已经进入分阶段、体系化应用推广阶段。2014 年，美国交通运输部与 ITS（Intelligent Transportation System）联合项目办公室共同提出《ITS 战略计划 2015—2019》，美国 ITS 战略从单纯的车辆网联化升级为汽车网联化与自动控制智能化的双重发展战略。

3. 交通用能电气化和绿色化

广义的新能源汽车包括纯电动汽车（含太阳能汽车）、混合动力汽车、燃料电池汽车（氢燃料为主）、其他新能源汽车（天然气、乙醇、其他储能器）等。目前新能源汽车的主流产品是电动汽车，前沿技术方向是燃料电池汽车，这两类产品具有共同特征，即以电动机驱动车辆行驶。与传统燃油汽车相比，电动汽车和燃料电池汽车除了具有节能、高效、低污染、低噪声等特点外，在车辆性能上也有巨大优势，即车辆结构简单、机械传动部件少、转矩响应快、加速性能好，且由于采用电机驱动，更容易实现信息技术和线控技术集成，使其智能化。

公路电气化是交通电动化中的一个重要领域。电气化公路可分为两种，一种是沿（高速）公路网布设快速充电站，以使车辆能便捷地补充能源，解决续航里程和快速充电问题。另外一种是真正意义上的电气化公路，即道路布设供电系统，车辆在行驶过程中直接从电网连续取电以获得电能。无线充电技术和太阳能发电路面可能是促进电气化公路应用发展的潜在技术因素。与普通电动汽车相区别，匹配电气化公路的车辆可称为电力汽车。电力汽车与早期无轨电车最大的区别在于电力汽车必须携带部分燃料能源或储能电池，以便在非充电状态下正常行驶，电力汽车必然是一种“双能源”汽车。电力汽车的另一个主要目的是解决陆上货运交通大量使用化石燃料的问题，推动交通绿色化发展。

【专栏4.6】 国内外电动汽车进展

目前，全球技术领先的企业包括丰田（混合动力汽车技术世界领先）、特斯拉（纯电动汽车技术世界领先）、通用、宝马、比亚迪等。综合来看，电动汽车技术已经成熟，进入市场化应用阶段。其中，传统混合动力汽车已经市场化。从发展进程来看，美国、日本、欧盟均在20世纪60～70年代开始研发新能源汽车。20世纪90年代以来，美国政府支持新能源汽车的研发资金已超过200亿美元，并投入几十亿美元用于充电设施建设。截至2018年底，美国已安装充电设施5.4万台。随着特斯拉纯电动汽车在市场上热销，美国能源部、电力公司和特斯拉公司加快了无线充电技术研究和快速充电的超级充电站建设。

中国立足于汽车产业和中国制造的“弯道超车”，“电动汽车重大科技产业工程”被列入“九五”国家科技攻关计划。2001年国家启动“863”技术电动汽车重大专项，确定了以纯电动汽车、混合动力汽车、燃料电池汽车为“三纵”，以动力电池、驱动电机和电子控制技术为“三横”的电动汽车“三纵三横”研发布局。2012年，中国正式推出战略纲领性文件《节能与新能源汽车产业发展规划（2012—2020年）》。2018年，全球新能源汽车总销量为201.8万辆，中国销量为125.6万辆，占比62.5%，市场规模位居世界第一；已建成充电基础设施77.7万台，同比增速74.2%，其中公共类充电设施33.1万个。

资料来源：课题组整理。

4. 交通出行共享化

2015 年，信息技术与移动互联服务发展推动的“出行即服务”进入交通研究和实践视野。“出行即服务”是整合各类基础设施、交通工具（公共交通、共享汽车、出租车、共享单车等）、交通组织（运营计划、车辆调度、人员调度等）等一系列中间环节，向乘客提供一站式的出行服务包产品，乘客仅需要根据自身出行需求，通过移动互联服务终端订购不同类型的服务产品包和一站式付费，即可实现高品质的一站式出行服务（见图 4.3）。在某种程度上，当前出现的网约出租车、需求响应公交、拼车出行等多种交通新服务，是“出行即服务”的初级产品。随着无人驾驶和共享经济时代来临后，“出行即服务”被认为是公共交通、私人交通、共享交通等实现最大化效益集约、最大化需求响应的最佳模式（Burrows 等，2015；Sochor 等，2016）。在“出行即服务”趋势下，公共交通、私人交通和共享交通等多个运营商实现数据整合、共享，在此基础上生成各类服务供给计划，优化服务供给的协调配合，为预约化的出行需求提供高度响应化的一站式高品质出行服务。在交通工具电动化趋势下，交通需求、交通工具、服务组织等与能源网络、充电设施等进行数据共享，实现交通—能源网络的优化布局、协调利用。

四、其他技术呈现出群体突破趋势

新一轮技术革命并不是由单一技术主导，而是呈现多点突破、群体性突破的态势，正在形成多技术群相互支撑、齐头并进的链式变革。在新材料领域，正在向个性化、复合化和多功能化的方向发展，石墨烯、柔性显示材料、仿生材料、超导材料、智能材料等层出不穷。在生命科学领域，基因组学、合成生物学、脑科学、干细胞等领域的突破性进展正全面提升人类对生命的认知、调控和改造能力。生命科学研究的新技术、新方法加速走向临床应用，将推动医学向“个性化精准诊治”和“关口前移的健康医学”新阶段发展。在健康领域，细胞免疫疗法被认为是最有前景的肿瘤治疗方式之一，干细胞和再生医学有望成为继药物治疗、手术治疗后的第三种疾病治疗途径，引发新一轮医学革命。合成生物学、人造光合作用、分子模块育种等新技术、新方法不断涌现，推动生物经济蓬勃发展。其中，合成生物学被誉为继 DNA 双螺旋结构和人类基因组测序之后的“第三次生物学革命”，对药物研发、基因治疗、生物育种、生物安全、现代农业等领域带来深远影响，将有可能成为改变世界的颠覆性技术①。

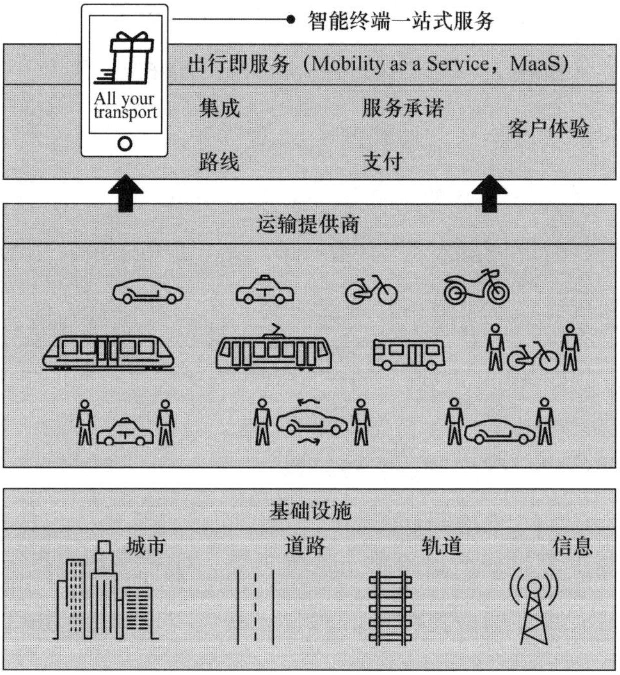

图 4.3　“出行即服务”体系概念

① 白春礼：“科技创新的主要发展趋势和重点突破方向”，财经网，2019。

本章小结

在环境污染等现实问题迫切需要通过技术创新来解决、新的技术正由导入期转向拓展期、全球经济低速增长亟须新技术提供新的动力等现实背景下，新一轮技术革命在全球范围内开启并快速扩散。与以往历次技术革命不同，新一轮技术革命呈现出以数字化为主导、以智能化为指向、以绿色化为引领、以融合化为趋向的突出特征。展望未来，新一轮技术革命将呈现出信息技术向高速、高效和智能化趋势发展，能源技术向低碳化、分布式和智能化持续转变，交通技术向超高速化、智能化、绿色化和共享化持续变革，众多领域技术呈现出群体突破等一系列新的发展趋势。未来二三十年，随着新一轮技术革命的持续演进，新的主导技术和通用技术的出现与日臻成熟，全球将迎来新一轮技术革命的爆发期，将推动世界经济和社会发展出现不同于以往的巨大变革和深刻调整，为人类带来更为美好的新生活。

参考文献

[1] 黄群慧，贺俊．未来30年中国工业化进程与产业变革的重大趋势．学习与探索，2019（7）
[2] 贾根良．第三次工业革命：来自世界经济史的长期透视．学习与探索，2014（9）
[3] 麦肯锡全球研究院．人机共存的新纪元：自动化、就业和生产力，2017年1月
[4] 佩雷斯．技术革命与金融资本——泡沫与黄金时代的动力学．北京：中国人民大学出版社，2007
[5] 拉让尼克．创新魔咒：新经济能否带来持续繁荣？．上海：上海远东出版社，2011
[6] 谢伏瞻．论新工业革命加速拓展与全球治理变革方向．经济研究，2019（7）
[7] 李艺铭．信息技术变革与中国城市化．专题报告，2019
[8] 陈小鸿，张华．交通技术变革与中国城市化．专题报告，2019
[9] 苏铭，王金照．能源技术变革与中国城市化．专题报告，2019
[10] Burrows, A., Bradburn, J and T. Cohen., 2015, "Journeys of the Future", Introducing Mobility as a Service.

[11] Freeman, C. , 1996, "The greening of technology and models of innovation", Technological Forecasting and Social Change, 53 (1), pp. 38.
[12] McKinsey and Company, 2016, An Integrated Perspective on the Future of Mobility.
[13] Perez, C. , 2010, "Technological Revolutions and Techno - econom Paradigms", Cambridge Journal of Economics, 34 (1), pp. 185 - 202.
[14] Sochor, J. , Karlsson, I. M. andStrömberg, H. , 2016, "Trying out mobility as a service: Experiences from a field trial and implications for understanding demand", Transportation Research Record, 2542 (1), pp. 57 - 64.

第五章 新一轮技术革命对经济发展的影响

新一轮技术革命已由导入期转向拓展期，新技术的广泛应用和大规模商业化，引发关键生产要素变迁，加快了新兴产业的快速成长和产业链升级，促进了全球产业链和贸易格局的变化，推动了生产方式和生活方式的深刻变革，也深入地改变了就业和收入分配格局。

第一节　加快新兴产业发展和产业链升级

新一轮技术革命的广泛应用和大规模商业化，引发关键性生产要素变迁，数据成为重要的生产要素，数字技术推动了数字经济的快速发展。

一是新一轮技术革命使数据成为关键性生产要素。互联网和数字技术的发展，使信息数据化进程加快，海量泛在多维的大数据快速积累。特别是企业、政府的数字化转型以及上云带来的数据分析、存储、计算需求，驱动与生产力相关的数据和物联网数据高速增长。据国际数据公司（IDC）统计，2019 年全球数据量达到 41.0ZB。得益于人工智能在更多场景的落地应用以及边缘计算、物联网的进一步普及，生产力数据、IoT 数据等企业级数据占比大幅攀升①。经济活动数字化转型的加快，使数据成为生产决策等活动的关键要素。

二是新一轮技术革命促进新兴产业快速发展。数字技术与其他领域的加速融合创新，创造了电子商务、工业互联网、能源互联网、生物芯片、新能源汽车等新兴产业。2018 年全球电子商务销售额达到 25.6 万亿美元，相当于当年全球国内生产总值的 30%。2018 年，全球 B2B 电子商务销售额为 21 万亿美元，占所有电子商务的 83%，包括在线市场平台的销售和电子数据交换交易。2018 年全球十大 B2C 企业创造了近 2 万亿美元的商品交易总额②。2019 年，全球数字经济规模达到 31.8 万亿美元，全球 47 个国家和地区的数字经济占 GDP 的比重达到 41.5%③。

三是新一轮技术革命推动产业链升级。新一轮技术革命带来的产业互联网，将连接扩展到不同产业内部的不同企业以及企业内部，企业之间、终端之间通过信息网络、数据流联结实现了无缝合作、资源整合，研发设计、生产制造、运输物流、销售服务等环节融合，形成产业链上下游和跨行业融合的数字化生态体系，在更高层面整合物资流、人才流、技术流、资金流等传统生产要素，产业链的融合、分解与消失进一步加快，形成更高水平的数字化产业链和供应链（见表 5.1）。

---

① 国际数据公司（IDC）：《数据时代 2025：世界的数字化由边缘到核心》，https://www.seagate.com/files/www-content/our-story/trends/files/idc-seagate-dataage-chine-whitepaper.pdf。

② 《联合国贸发会议 2018 年全球电子商务评估报告》。

③ 中国信息通信研究院：《全球数字经济新图景（2020）》，http://www.caict.ac.cn/kxyj/qwfb/bps/202010/P020201014373499777701.pdf。

表 5.1　　　　数字时代代表性企业的产业链

公司	芯片	技术平台/框架	消费级产品	行业应用解决方案
Facebook	神经网络训练硬件系统 Big Sur	深度学习模块 Torchenet、FB-Learner Flow	聊天机器人 Bot、人工智能管家 Jarvis、智能照片管理应用 Moment	人脸识别技术 Deep-Face、eepMask、Sharp-Mask、MultiPathNet
Apple	Apple Neural Engine		可视化地图 Mapsense GPS	Siri、IOS 照片管理、自然语音处理 VocalIQ
Amazon	Annapurna ASIC	AWS 分布式机器学习平台	智能音箱 Echo、Alexa 语音助手、智能超市 Amazon go、PrimrAir 无人机	Amazon Lex、Amazon Polly、Amazon Rekognition
Google	定制化 TPU、Cloud TPU、量子计算机	Tensor Flow 系统、Cloud Machine Learning Engine	谷歌无人车、Google Home	Voice Intelligence API、Google Cloud、Deepmind
Mircrosoft	FPGA 芯片	分布式机器学习工具包 DMTK、Bot Framework	Skype 即时翻译、小冰聊天机器人、Cortana 虚拟助理、Tay、智能摄像头 A-eye、Hololens 全息眼镜	微软认知服务
IBM	人脑模拟芯片 SyNAPSE	SystemML		Watson、Bluemis、ROSS
腾讯		腾讯云平台、Angel、NCNN	WechatAI、Dreamwrit、腾讯觅影	智能搜索引擎“云搜”和中文语义平台“文智”、优图 AI 开放平台
百度	DuerOS 芯片	Paddle-Paddle	百度识图、百度无人车、度秘	Apollo、DuerOS
阿里巴巴	平头哥	PAI2.0	智能音箱天猫精灵 X1、智能客服“阿里小蜜”	ET 城市大脑

资料来源：恒大研究院。

第二节　促进全球产业链和贸易格局向本地化区域化转变

基于信息通信技术的创新发展催生了数字技术主导的新技术群落，数据作为新生产要素的相对重要性在快速提升，甚至正逐渐成为最重要的生产要素。生产要素相对重要性的变化，以及生产方式的变革，导致经济体之间要素禀赋优劣势发生变化。

随着交通和信息技术的发展，运输成本和交流成本显著下降，这会显著地提高贸易的便利性，改变区域间原有比较优势，推动研发、制造、产业组织和分工、投资、贸易等均将围绕新的技术体系和生产要素进行重构，引发制造业和服务业在更大的区域范围内甚至全球范围内进行迁移，全球价值链、供应链和产业链在空间上重新分解与组合。货物生产价值链正变得越来越区域化，尤其是在汽车、计算机和电子产品等领域，在亚洲和欧洲，企业越来越多地在市场附近建立生产设施。

同时，数字技术变革推动国际贸易数字化、服务化、区块化发展，数字产品贸易、服务贸易、产业内贸易占比将明显提高，跨境电子商务将快速发展，贸易方式和全球贸易格局发生改变。世界银行发布的《2019 年全球价值链发展报告》指出，基于技术和产品差异的行业内贸易模式日渐成为价值链贸易的主导模式，基于劳动力成本比较优势的贸易份额持续下降，例如劳动力密集型制造业占全球贸易的份额从 2005 年的 55% 下降到 2017 年的 43%。在全球范围内，与不同区域间的贸易相比，区域内货物与服务贸易所占的比重正在上升，亚洲地区的这种趋势最为明显。2017 年，60% 的货物贸易（2007 年为 56%）与 60% 的服务贸易（2007 年为 46%）均发生在亚洲区域内[①]。

【专栏 5.1】　全球数据要素生产—消费结构

作为新一轮技术革命下的新兴生产要素，数据的生产—消费结构和全球流动客观反映了全球城市产业升级的趋势。2005～2014 年，全球跨境带宽从 4.7Tbps 增长至 211.3Tbps，增长了约 44 倍，年增长率达 52%（见图 5.1）。

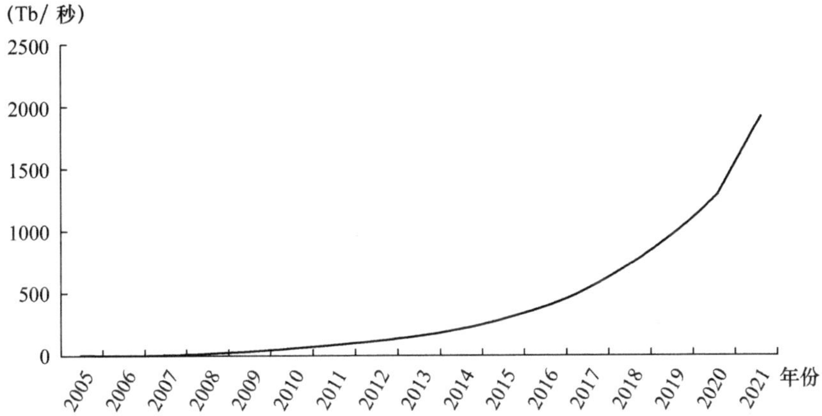

图 5.1　全球跨境带宽变化

发展中经济体起步较晚，但在增速上超过了发达经济体。2005～2014 年，75 个发展中经济体使用的带宽从 1G 每秒增长至 164G 每秒。受益于带宽的增长，电子商务市场在全球贸易中占据了显著位置，预计 2020 年有 30% 的电子商务是跨境的。同时，据 Cisco（2015）预计，2019 年全球机器设备间连接将占全球总连接数的 40%。相比于个人间连接，机器设备间连接的数据量和 IP 地址使用

① 麦肯锡全球研究院：《亚洲的未来——亚洲的流动与网络正在定义全球化的下一阶段》，2019 年 9 月，https：//www.mckinsey.com.cn。

均较少，但有着更高的经济价值。此外，据 Barnett 和 Park 的研究，全球互联网结构更多地掌握在以相同语言、文化和历史连接的少数核心国家手中，例如美国、英国、中国和德国等。然而，全球信息生产和消费的不平衡依然显著。例如，美国在全球信息生产中扮演着重要的角色，生产了全球除欧洲以外地区超过 50% 的在线内容。

资料来源：麦肯锡研究院：《数字全球化：全球流动的新时代》，2016。

第三节　推动生产方式智能化、平台化和网络化

新一轮技术革命显著地改变了生产方式，使其由自动化向智能化转变，并推动纵向一体化的生产组织方式向平台化、网络化转变。

一是技术革命推动了生产方式的智能化。物联网、云计算、人工智能、虚拟现实、增材制造、机器人等突破性技术的发展，特别是信息物理系统的发展，充分整合、优化虚拟和现实世界中的资源、人才及信息，形成高灵活度、高资源利用率的“智能工厂”。智能工厂的机器设备具有强大的数据处理功能，它们提供的信息、统计数据和动态分析，通过互联共享使生产变得更智能、更精益、更节能，将无处不在的传感器、各种嵌入式终端系统、智能控制系统、通信设备和交通工具，通过信息物理系统编织成一个智能网络，使设备与设备之间、设备与产品之间、人与设备之间、人与产品之间、人与人之间通过该智能网络实现虚拟世界和现实世界、数字世界和物理世界持续的互联互通、信息交流、行为交互[①]。智能工厂在企业内部实现信息流、资金流和物流的产品全

① 智能制造的生产方式可以用 6 个 C 来定义：Connection、Cloud、Cyber、Content、Community、Customization。

生命周期纵向集成，在企业之间通过价值链及信息网络实现研、产、供、销无缝衔接的横向集成，在企业与客户之间通过各种先进的互联和社交工具实现共享价值链的端到端集成，最终达到从产品开发、采购、制造、分销、零售到终端客户连接互动的智能化和集成化[①]。

表 5.2　德国工业 4.0 和美国工业互联网比较

	德国工业 4.0	美国工业互联网
提出者	Acatech（国家科学工程院）& 博世公司	通用电气
推行者	德国政府、Acatec • 工业 4.0 是联邦高科技战略行动计划的一部分，与工业、非营利研发机构和大学合作共同推行	工业互联网联盟 • 由 GE、思科、AT&T、英特尔和 IBM 于 2014 年 3 月组建
偏重点	• 工业政策：要在工业数字化转型中取得引领地位的德国战略计划	• 互用性：在各种工业环境下建立互联性
关键点	• 工程驱动—聚焦于网络—实体生产体系催生的智能生产； • 沿着技术路线的完全纵向整合	• 更多 IT 驱动：打破技术壁垒，更好地改善物理与数字世界的整合，访问大数据，释放商业价值
产业链环节	偏重于生产制造“硬”环节，也偏重于“自下而上”的策略，推动生产由集中式控制向分散增强控制转变，实现高灵活度的个性化和数字化的生产服务	偏重于生产服务的“软”环节，倾向于“自上而下”的策略，实现通信和计算的结合。在产业体系中偏重于设计、服务环节，注重互联网、物联网对服务与生产设备管理性能的改善
典型公司	西门子、博世、SAP 等专注于工业自动化、制造设备研发的工业公司	GE、IBM、Cisco 等专注于供应集成设备服务和系统性服务解决方案的工业公司

资料来源：国海证券研究所：“工业 4.0 风暴已至，中国蓄势待发”，2016 年。

二是技术革命推动生产方式的平台化。生产方式的平台化催生了极

① 麦肯锡研究院：《中国工业 4.0 之路》，https：//www. mckinsey. com. cn/。

具影响力的平台型企业。根据中国信息通信研究院监测的数据显示，截至 2019 年底，全球市场价值超过 100 亿美元的数字平台企业达 74 家，价值总额达 8.98 万亿美元，同比增长 41.8%。2019 年市场价值在 100 亿美元以下、10 亿美元以上的平台数量比 2015 年增加了 108 家，数量增长了近 2 倍，市场价值增长了 151.9%[①]。例如，阿里大淘宝平台有 8000 员工，而平台服务商达到 10 万级，在线商家达到上千万，相关物流从业人员达到 300 万，连接的消费者将近 5 亿人。

三是技术革命推动生产组织的网络化。新一轮技术革命使资源配置趋于网络化、协同化、分散化，生产供应模式由大规模生产转向大规模定制，生产组织日益由集中化向分散化、扁平化和虚拟化转变。平台组织基于数字技术，由数据驱动、平台支撑，并由高度协同的经济活动单元构成。平台经济体的平台、消费者、服务商共同构成了网状协作。比如苹果，2008 年推出应用商店以来，吸引了近 40 万名 App 开发者加入其生态系统，开发了上百万个 App，完成了千亿次的用户下载。在工业设备领域，以 GE 为代表的跨国公司在加速部署机器互联战略，通过终端的信息收集设备和统一的数据平台，沉淀海量的机器运行数据，将形成一个全新的机器设备运行维护的网络化的系统[②]。不仅如此，数字技术发展形成的泛在网络，推动研发设计和生产制造等各个环节向开放合作、国际化和专业化方向发展，企业可以通过网络向产品全生命周期各环节上全球各地的上下游企业下达统一指令和标准，从而建立起统一的

① 中国信息通信研究院政策与经济研究所：《平台经济与竞争政策观察（2020 年）》，http：//www. caict. ac. cn/kxyj/qwfb/ztbg/202005/P020200530560741723821. pdf。

② 阿里研究院：《数字经济 2. 0》，2017。

数字化设计、虚拟组装和测试协作平台，传统封闭、独立、线性化的研发生产制造模式已经向开放、合作、网络化的模式转变[①]。

第四节　加快生活方式向数字化、共享化和绿色化转变

数字化浪潮席卷全球，掀起了继工业革命之后又一场对人类产生深远影响的新技术革命。数字化生存成为现代社会中以信息技术为基础的新的生存方式。在数字化生存环境中，人们的生产方式、生活方式、交往方式、行为方式都呈现出全新的面貌。以大数据、人工智能、云计算为代表的数字技术正在对城市生活方式进行全面重塑。

一是数字技术的广泛应用，给城市居民生活带来更多选择与便利。电子商务和平台经济的兴起，改变了传统的消费方式——从线下转到线上，在线化成为常态，购物、服务、旅游、文化演出等消费方式均出现了极大改变。即时通信技术的发展，使联系沟通无时无处不在，远程医疗、远程教育、远程赛事转播等在线消费娱乐活动越来越常见。数字技术为贫困及弱势人口提供了以往无法触及的机会。例如，肯尼亚推出数字支付系统 M-Pesa 后，汇款费用降低了 90%。全球有 10 亿残障人士，其中 80% 生活在发展中国家，借助文本、声音和视频通信，他们可以生活得更富成效。全球 24 亿人没有正规身份文件，如出生证，而数字身份证系统可以帮助他们获得更多公共、私营服务[②]。此外，信息技术的发展推动了平台经济和共享经济的发展，共享住房和共享出行成为普

① 国务院发展研究中心“国际经济格局变化和中国战略选择”课题组：“全球技术变革对国际经济格局的影响”，《中国发展观察》2019 年第 6 期。

② 世界银行：《2016 年世界发展报告：数字红利》，清华大学出版社 2017 年版。

遍的消费行为。沟通交流、社会交往也越来越线上化，特别是在线会议系统的快速发展，使更多的交流采取线上的方式进行，大大提高了沟通交流的效率和及时性，生活越来越依赖网络。

二是交通技术的发展，特别是与数字技术的融合，改变了城市出行的方式。借助大数据、人工智能技术，共享出行平台实现了供需预测、路线规划、车辆调度和派单等全链路运营的智能化，促进了城市交通体系智能化、高效化、便捷化。网约车和共享单车的出现，减少了车辆，降低了能源消耗，创造了更多的灵活就业，也从根本上解决了大城市出行“最后一公里”问题，使大中城市的出行成本降低、出行效率提高、出行时间缩短。以中国为例，2018 年各类共享出行人数已超过 284 亿人次，共享出行的交易额达到了 2478 亿元，同比增长 23.3%。截至 2019 年 8 月底，我国互联网租赁自行车共 1950 万辆，注册用户数超过 3 亿人次，日均订单数达 4700 万单①。此外，高速铁路的快速发展，改变了城市间交通出行方式，出行更加便捷、省时，扩大了人们的活动范围，提高了出行频次。2008 ~ 2019 年，高铁客运量占铁路客运量的比重由 1% 提高到 64%（见图 5.2）。

三是新能源技术的发展推动城市用电、用能由传统能源向新能源转变。光伏、氢能技术的革命性突破及成本的快速下降，使全球可再生能源装机量快速增加。2009 ~ 2019 年，全球可再生能源装机量由 1135599 兆瓦增加到 2536853 兆瓦；其中，中国可再生能源装机量由 205232 兆瓦提高到 758626 兆瓦（见图 5.3）。2004 ~ 2018 年，全球光伏装机量由

① 中华环境保护基金会绿色出行专项基金会等：《中国共享出行发展报告（2019）》，社会科学文献出版社 2019 年版。

1085 兆瓦提高到 103000 兆瓦，中国光伏装机量由 9 兆瓦增加到 44260 兆瓦。可再生能源的使用，使城市出行中使用的新能源汽车不断替代传统燃油汽车；光伏太阳能、风能的使用，一定程度上降低了城市环境污染程度，提高了城市的生活质量。

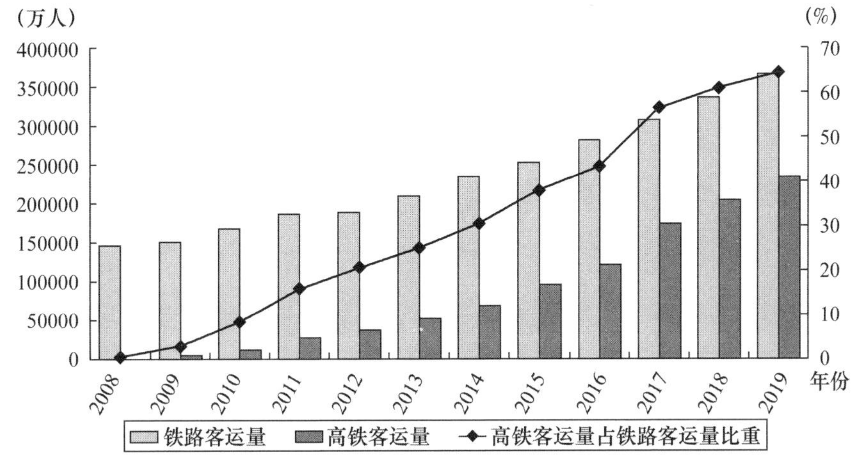

图 5.2 2008～2019 年中国高铁客运量占铁路客运量比重

资料来源：Wind 数据库。

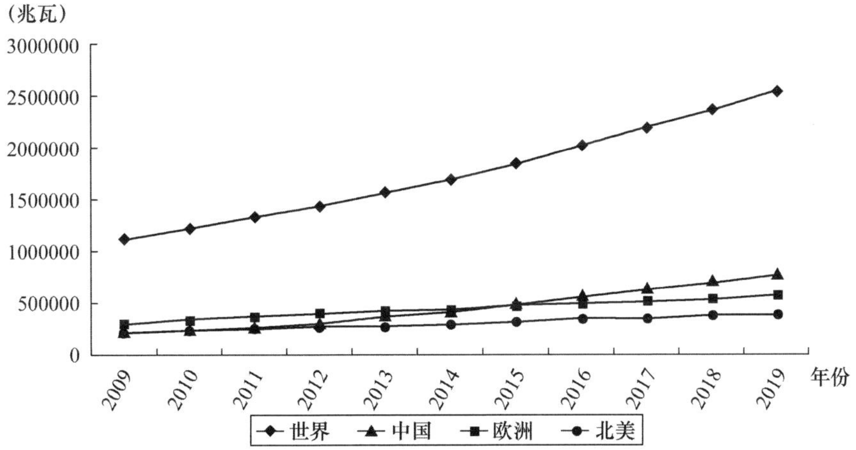

图 5.3 2009～2019 年全球可再生能源装机量

资料来源：Wind 数据库。

第五节 改变就业和收入分配格局

技术变革带来的就业替代和“技术性失业”对就业造成冲击。数字技术在提高生产力、促进经济增长的同时，对就业和劳动力市场造成了明显的冲击，特别是劳动节约型和技能偏向型新技术的发展，对就业产生了负面的冲击，“技术性失业”反映了这种短期的破坏性影响。技术革命带来工作组织安排变化，新兴大公司平台化程度增高，更多任务由个体化承包商执行，使个体工作灵活度提升的同时，就业和收入风险也相应上升[①]。Frey and Osborne（2017）对美国的测算结果表明，在未来10年、20年内美国有47%的工作将面临高度自动化风险。世界银行（2016）发现，在欧洲，尤其是发展中国家，在接下来的10年里会有更高比例的工作将面临自动化的高风险。麦肯锡全球研究院（2017）预测，中国目前从事可自动化工作的劳动力人口超过了其他国家，中国51%的工作内容有自动化潜力[②]。

【专栏5.2】 人工智能对就业影响的不同观点

总体来看，目前就人工智能对就业的影响，有两种截然不同的观点。

第一种观点认为，从长期来看，人工智能等新技术能够创造充足

① 联合国：《技术革命对劳动力市场和收入分配的影响报告》，2017。https：//www. un. org/development/desa/dpad/wp－content/uploads/sites/45/publication/2017_ Sept_ Frontier_ IssuesKeyMessages. pdf。

② 麦肯锡全球研究院：《人机共存的新纪元：自动化、就业和生产力》，2017年1月。

的就业岗位并最终有利于就业。这种观点着眼于技术进步的总体收益。人工智能的广泛推广和应用，提高了员工的生产力和效率，创造出新的产品和市场，也创造出新的就业机会。例如，Mokyr 等（2015）研究总结 18 世纪工业革命以来的历史经验教训后认为，技术进步促使计算机和机器人的广泛使用，并有助于创造新产品和服务。产品创新将提高生产力和加快 GDP 增长，从而大规模创造新的职业。

第二种观点认为，在短期内，人工智能将导致就业困难和失业率上升。人工智能等技术的使用，使自动化生产在更大范围和程度上实现。它必然会代替工人，导致失业率上升。或者更准确地说，新技术应用所创造的就业岗位可能比其替代的岗位要少，从而导致就业困难和失业率上升。在极端情况下，先进技术带来的广泛自动化可能导致广泛的失业和社会动荡。

资料来源：联合国：《技术革命对劳动力市场和收入分配的影响报告》。

技术变革带来的数字鸿沟，扩大了不同群体间的就业机会和收入差距。技术创新有望带来生产率的提高和开拓新的机会，但是仍然有很多人没有分享到数字技术红利，特别是在贫困国家，甚至出现了明显的数字鸿沟。全球近 60 亿人口没有与高速互联网连接，无法充分参与数字经济。全球范围内底层 40% 的家庭中，21% 没有手机，71% 没有与互联网连接。与男性相比，女性使用、拥有数字设备的概率更低。年轻人与 45 岁以上人群使用数字设备的差距很大，前者为 20%，后者为 8%①。由于数字鸿沟的存在，不同国家之间、国家内部不同区域之间

① 世界银行：《2016 年世界发展报告：数字红利》，清华大学出版社 2017 年版。

和城乡之间、不同群体之间分享数字红利的差异较大，扩大了不同群体之间的收入差距。国际货币基金组织（IMF）的研究发现，互联网用户在人口中的比例每增加一个百分点，撒哈拉以南非洲地区的人均收入增长率就会提高 0.1 ~ 0.4 个百分点。技术变革对常规工作任务的替代，就业从中等工资岗位向高收入和低工资岗位转移，使劳动力收入在国民收入份额中的占比出现了下降（IMF，2017a），不同技能劳动者之间的收入差距出现明显的扩大。例如，麦肯锡全球研究院的研究显示，到 2030 年，全球范围内与人工智能相关岗位的工资在工资总额中的占比大约增加 13%，受人工智能影响岗位的工资占比将下降 13%。

本章小结

新技术的广泛应用和大规模商业化，引发“关键生产要素”变迁，数据成为越来越重要的生产要素，直接促进了数字经济的发展，加快了电子商务、工业互联网等新兴产业的快速发展，加快了产业链的融合、分解与消失进程，形成更高水平的数字化产业链和供应链。从全球范围来看，新一轮技术革命改变了区域间的比较优势和竞争优势，推动了数字贸易、服务贸易的快速发展，促进了全球产业链和贸易格局向本地化、区域化转变。与此同时，新一轮技术革命推动了生产方式向智能化、平台化和网络化转变，推动了生产和消费需求的深刻变革。技术革命在改变生产方式的同时，也推动消费方式、就业和收入分配格局的变革，城市生活方式加快向数字化、共享化和绿色化变迁，就业替代和就业创造并存。数字鸿沟则扩大了不同群体间的就业机会和收入差距。

参考文献

[1] 黄群慧，贺俊．未来30年中国工业化进程与产业变革的重大趋势．学习与探索，2019（7）

[2] 麦肯锡全球研究院．人机共存的新纪元：自动化、就业和生产力，2017年1月

[3] 谢伏瞻．论新工业革命加速拓展与全球治理变革方向．经济研究，2019（7）

[4] Burrows, A., Bradburn, J and T. Cohen., 2015, "Journeys of the Future", Introducing Mobility as a Service.

[5] McKinsey and Company, 2016, An Integrated Perspective on the Future of Mobility.

[6] Sochor, J., Karlsson, I. M. andStrömberg, H., 2016, "Trying out mobility as a service: Experiences from a field trial and implications for understanding demand", Transportation Research Record, 2542 (1), pp. 57 – 64.

[7] Frey, Benedikt, and Michael Osborne, 2017, "The Future of Employment: How Susceptible Are Jobs to Computerisation?", Technological Forecasting and Social Change, 114 (1) 254 – 280.

[8] Mokyr, Joel, Chris Vickers, and Nicolas L Ziebarth. 2015. "The History of Technological Anxiety and the Fu? ture of Economic Growth: Is This Time Different?" The Journal of Economic Perspectives 29 (3): 31 – 50.

第六章

新一轮技术革命下的全球城市化新趋势

新一轮技术革命的扩散、新兴产业的兴起和传统产业的数字化转型，引起城市化动力、方向和质量的变化，全球城市化进程、城市体系、城市空间结构以及城市治理等将会出现一系列新趋势。

第一节　全球城市化出现新动力

技术革命引发的产业变革，是推动城市化启动和加速的主要动力机制。因发展阶段、城市化水平和制度条件不尽相同，技术革命在不同地区的扩散和应用程度存在较大差异。相应地，新一轮技术革命对全球不同地区的城市化进程将会产生差异化影响。

从全球城市化未来趋势来看，新一轮技术革命会推动工业化深化和服务业加快发展，全球城市化水平将持续提高。新一轮技术革命成果主要将在城市地区快速应用。工业化和服务业化的持续推进，会进一步扩大全球城乡间效率、就业收入、公共服务和生活水平的差距，加速城市化进程。根据联合国的预测，到2035 年全球的城市化率将达到61.7%，到2050年全球的城市化率将达到66.4%。

发达经济体由于城市化率已超过80%，技术革命对其城市化进程影响有限，城市化仍将维持在低速增长水平。北美洲、拉丁美洲和加勒比地区、欧洲以及大洋洲的大多数人口已经居住在城市，城市化程度已经处于较高水平。例如，日本和阿根廷的城市化率已经超过91%，除德国和意大利外，其余国家都已超过80%（见图6.1）。同时，从近年来城市化率变动情况来看，发达经济体城市化已经处于极低增长的状态。以2018年为例，主要发达经济体城市化增长率均不超过0.33%（见表6.1）。可以推断，这类经济体未来城市化增长空间已经非常有限，作为影响城市化众多因素之一的技术因素，其对发达经济体未来城市化水平的影响也将非常有限。

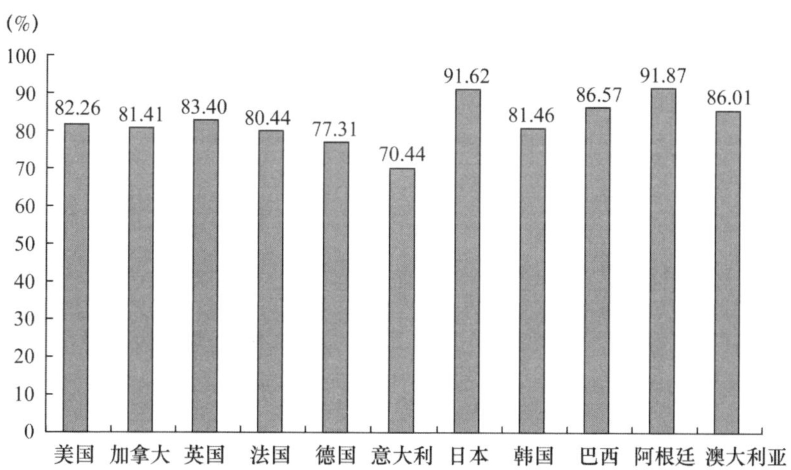

图6.1　2018年世界主要经济体城市化率

资料来源：《联合国城市化展望（2018）》。

表6.1　2010～2018年世界主要经济体城市化增长率　　单位：%

年份	美国	加拿大	英国	法国	日本	韩国	巴西	阿根廷	澳大利亚
2010	0.21	0.22	0.33	0.32	1.19	0.12	0.35	0.17	0.14
2011	0.21	0.20	0.33	0.32	0.28	-0.02	0.35	0.16	0.14

续表

年份	美国	加拿大	英国	法国	日本	韩国	巴西	阿根廷	澳大利亚
2012	0.22	0.05	0.33	0.33	0.09	-0.09	0.35	0.14	0.12
2013	0.22	0.05	0.32	0.33	0.09	-0.09	0.34	0.14	0.12
2014	0.23	0.05	0.32	0.33	0.09	-0.09	0.33	0.14	0.12
2015	0.23	0.05	0.32	0.33	0.08	-0.09	0.33	0.14	0.12
2016	0.23	0.05	0.31	0.33	0.08	-0.09	0.32	0.14	0.12
2017	0.24	0.06	0.31	0.33	0.09	-0.07	0.31	0.13	0.12
2018	0.24	0.08	0.31	0.33	0.09	-0.05	0.30	0.13	0.13

资料来源：《联合国城市化展望（2018）》。

发展中经济体城市化水平仍然较低，新一轮技术革命将会加速发展中经济体的城市化进程，使其成为全球城市化的主要增长空间。与发达经济体相比，亚洲和非洲绝大多数国家的城市化水平仍然较低，但近年来城市化增速保持较快的速度。2018 年，亚洲城市化率为 49.9%，南亚和东南亚城市化率分别为 35.8% 和 48.9%，非洲城市化率为 42.5%（见图 6.2），其中撒哈拉以南非洲地区城市化率为 40%，且近年来城市化增速均在 1.2% 以上。展望未来，亚洲和非洲将是全球城市化的主要增长空间，特别是东亚、南亚、东南亚地区。根据联合国城市化展望的预测，到 2050 年，世界城市人口将会再增加 25 亿人，其中近 90% 的增长都集中在亚洲和非洲，主要是中国、印度、尼日利亚、巴基斯坦和刚果（金）等几个国家，增加占比将达到 50% 左右。

技术革命激发新动力，亚洲引领全球城市化进程。从全球范围来看，亚洲整体经济增长较为强劲，出口密集型制造业正在从中国向亚洲其他经济体转移，贸易转型加快，区域内贸易比重不断提高，全球经济重心日益向亚洲转移。特别是亚洲正在塑造全球数字创新的未来，为工业化和城市化提供了新的动力，亚洲未来的城市化速度将明显高于其他地区。到2050年，亚洲的城市化率将达到66.2%，城市化率趋近于全球城市化平均水平。不仅如此，亚洲作为人口规模最大的区域，未来新增城市人口数量也最多，成为促进全球城市化贡献最大的地区。从中国来看，新一轮技术革命为城市化提供了新动力，确保在进入60%后仍将保持相对较快的城市化增长速度。从印度来看，近年来印度保持了较快的经济增速，数字技术采用速度居全球前列，互联网用户数量达到5.6亿，大量的资本与投资正在流入这个地区，城市纷纷崛起为工业化中心[①]。此外，作为人口大国的印度尼西亚和巴基斯坦，城市化率预计分别由2019年的56%、36.9%提高到2050年的72.8%、52.2%（见图6.3）。

新一轮技术革命会增强非洲城市化动力，非洲将保持较快的城市化增长速度。撒哈拉以南的许多国家呈现出消费型城市化或“过早”城市化的特征，城市化率高于同等工业化国家的水平。自然资源出口的收入盈余导致对城市中心生产的非贸易品的更大的需求，或为了获得更好的电力、安全水源和疫苗接种公共服务，即使在没有制造业支撑的前提下，农村人口也涌向了城市，成为城市化推进的主要因素[②]。预计未来新一轮技术革命带来的收入盈余对非贸易品的需求和公共服务改善主要集中在城市，城乡之间差距的扩大将加速人口在乡城之间的迁移，加速城市化进程（见图6.4）。

① 麦肯锡全球研究院：《亚洲的未来——亚洲的流动与网络正在定义全球化的下一阶段》，2019年9月，https：//www.mckinsey.com.cn。

② Henderson，J. Vernon and Kriticos，Sebastian，The Development of the African System of Cities. *Annual Review of Economics*，2018，Vol. 10，pp. 287－314.

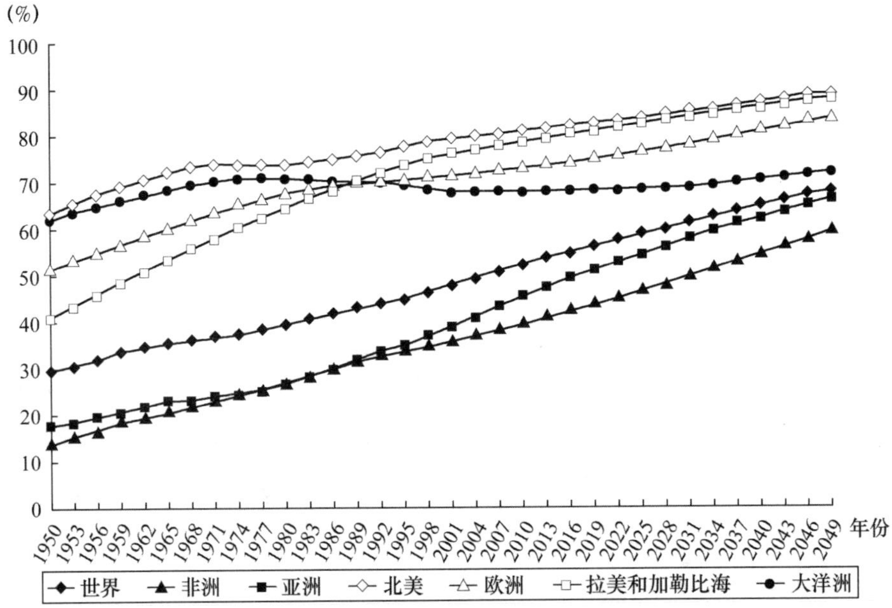

图 6.2　世界各大洲城市化率

资料来源：联合国城市化展望（2018）。

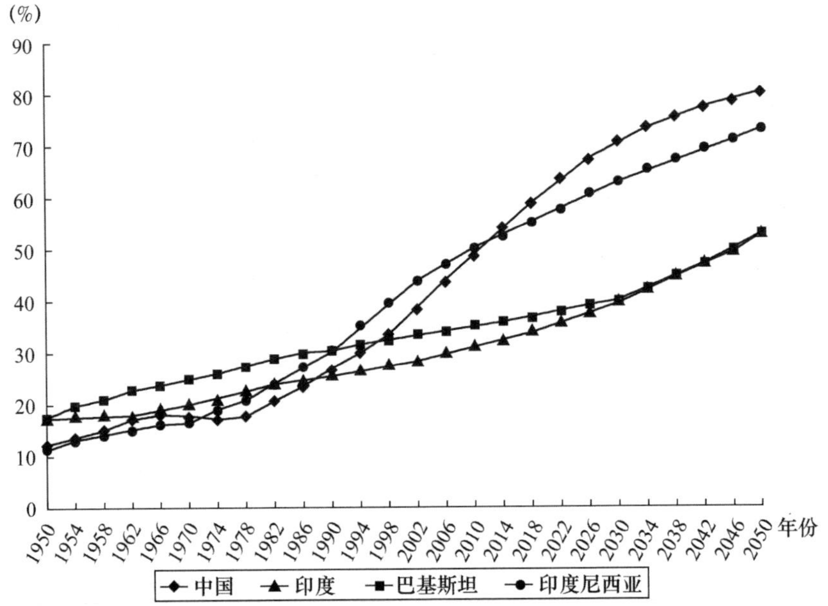

图 6.3　亚洲主要国家城市化率

资料来源：《联合国城市化展望（2018）》。

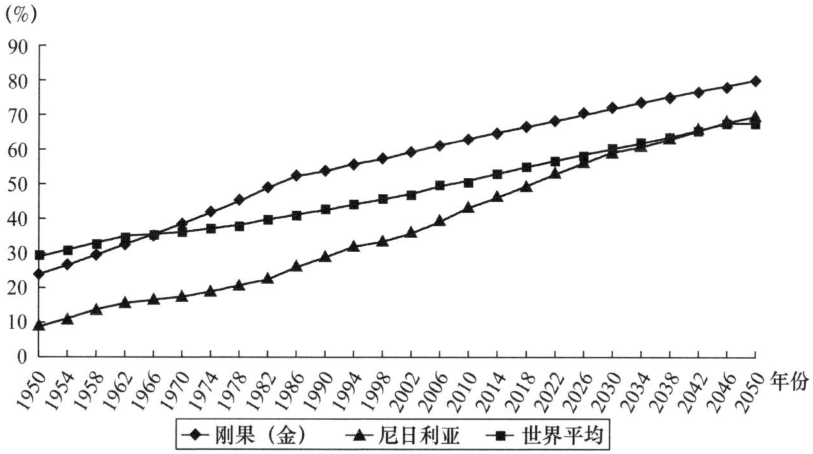

图 6.4　非洲主要国家城市化趋势

资料来源：《联合国城市化展望（2018）》。

第二节　大都市区人口产业承载力增强

技术革命会影响城市的人口和产业集聚规模以及城市形态。特别是城市化率在达到 50% 后，城市化将转向以都市区和城市群为主导的发展阶段。新一轮技术革命将会极大地增强大都市区的承载力。

近年来，高城市化水平发达国家的大都市区人口呈现出不断增长的态势。根据美国布鲁金斯学会对全球主要大都市区的监测数据，2014 ~ 2016 年，全球大约 36.1% 的就业增长和 66.9% 的 GDP 增长来自最大的 300 个大都市区，人口规模同期增长了 21.9%（见图 6.5）。2016 年，300 个大都市区的名义 GDP、就业和人口分别占全球的 49.1%、23.3% 和 24.1%（见图 6.6）。目前全球居住在大都市区的人口已超过半数，美国、英国、德国、日本等国家大都市区人口占城市人口总量的比重均超过了 80%。2000 年以来，在多数国家的大都市区，外围地区的人口增长要明显快于核心区，规模越大的大都市区外围地区人口增长就越快。以 OECD 国家为例，2000～2015 年通勤区的人口增长比核心区高 60%，韩国、美国、智利等国家的大都市区通勤区人口增幅超过城市核心区的 2 倍[①]。

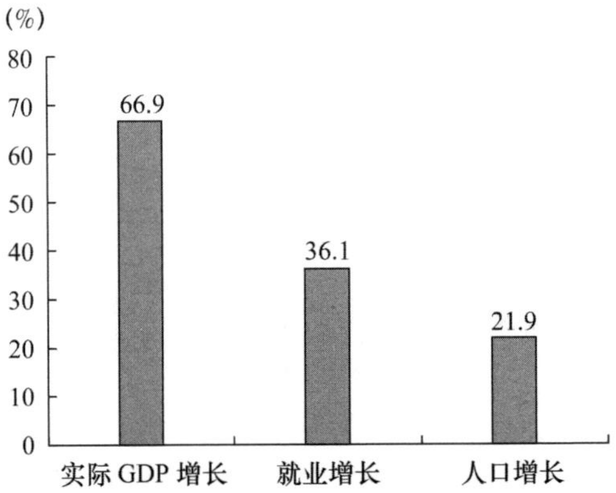

图 6.5　2014～2016 年 300 个大都市区在全球增长中的占比

资料来源：Brookings analysis of Oxford Economics data。

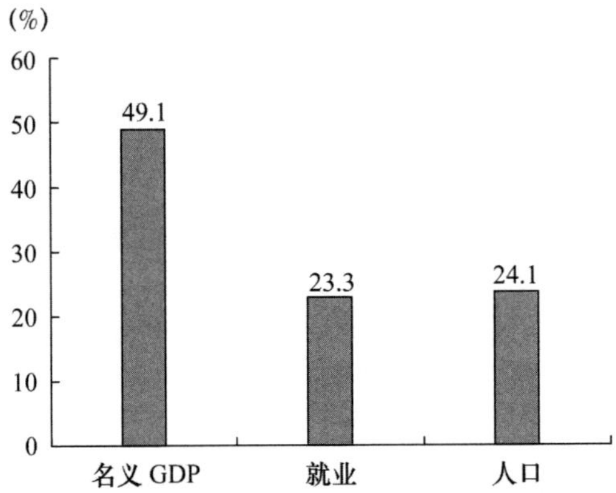

图 6.6　2016 年 300 个大都市区名义 GDP、就业和人口在全球的占比

资料来源：Brookings analysis of Oxford Economics data。

① 孙志燕：《从技术革命的视角看我国未来城镇化战略与政策的选择》，国务院发展研究中心调研报告，2019 年第 29 号。

新一轮技术革命提高了城市基础设施、公共服务和城市治理能力，缩短了通勤时间，提高了通勤效率，扩大了城市通勤距离和范围。作为一体化劳动力市场意义上的大都市区范围将进一步扩大，城市人口承载能力将提高，城市集聚收益和拥挤成本的平衡点与临界规模将不断提高，大都市区的人口规模和密度将进一步提高，人口集聚程度相较于中小城市会更加显著。同时，大都市区作为就业、创新和经济增长的主要空间，特别是创新要素和创新活动在大都市区的高度集聚，某种程度上重新定义了城市，创新驱动下以服务业集聚为主的大都市区数量和人口规模将进一步提高。总之，在全球城市化进入加速发展阶段，叠加新一轮技术变革的深刻影响，会显著提高大都市区的承载力，人口和产业集聚度会进一步提高。大都市区作为城市化主体空间的地位将更加突出。

第三节　城市体系价值链功能分工加快演进

按照城市经济学的认识，在城市体系内，大、中、小城市间规模分布通常呈现出金字塔形分布特征，大体遵循齐夫法则[①]。技术革命对城市体系的影响，主要取决于技术对大、中、小城市影响的差异大小以及由此引起的人口和产业在不同规模城市之间的流动与迁移。

2000 年以来，全球城市规模分布总体上呈现出两极分化的趋势，大城市呈现出人口规模和城市数量不断扩大的特征，而小城市的规模则

① 城市体系的齐夫法则（Zipf' s Law）是指，一国最大城市的人口，是第二大城市人口的 2 倍，是第三大城市人口的 3 倍，依此类推，最大城市的人口是第 n 大城市人口的 n 倍。

不断收缩。2000～2018 年，巨型城市增加的人口规模约占全球城市人口总增加量的 1/5。2018 年，人口规模达到 100 万～500 万的城市数量为 467 座，所占人口比重接近全球城市人口的 1/4。人口规模在 500 万～1000 万和 50 万～100 万的城市人口比重则相对保持稳定，城市数量保持小幅增长。但是，人口规模小于 50 万，尤其是小于 30 万的城市，所占人口比重都出现了明显的下降（见图 6.7）。2018 年，全球超过 1000 万人的巨型城市数量达到 33 座，比 2000 年翻了一番，其中 27 座都位于发展中国家。

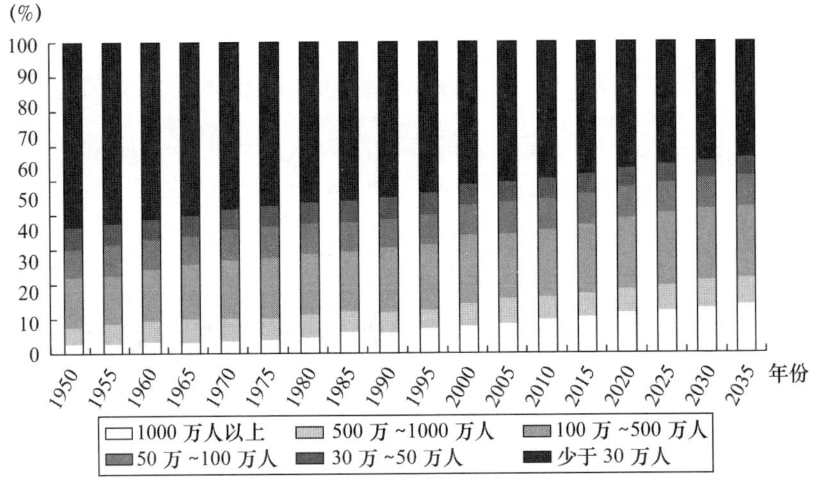

图 6.7　按城市规模分类的人口所占比例

资料来源：联合国经济和社会事务部，2018。

在城市规模分化的同时，技术革命将加快推动城市体系价值链功能分工深化。随着高速铁路等交通体系的发展，城市间运输体系便利性增强，运输成本降低和运输时间缩短，加之数字技术发展使交流沟通更加便捷且成本大幅下降，电子商务促进区域贸易范围扩大和贸易成本下降，区域之间距离缩短、分割减少，区域联系更加紧密、一体化程度提高，会促使不同类型的人口和价值链的不同环节在中心—外围城市之间的区位再选择。在城市体系中，不同规模的城市协同集聚，呈现出研发设计、管理营销等环节在中心城市集聚，生产制造环节在外围中小城市集聚的特征，呈现出生产性服务业在中心城市集聚、制造业在外围中小城市集聚的价值链功能分工趋势。

随着价值链集聚区位的演变，知识中心型城市将加快兴起。知识中心型城市的突出特征就是集聚了大量的高技能劳动者和高水平研究型大学，成为具有高层次知识创新能力的城市，具有极强的知识要素应用转化能力①。根据布鲁金斯学会的研究，全球 19 座知识中心型城市，其 15 岁以上人口当中，41% 拥有本科以上学历；全球 100 所最具实力的大学中，有 20 所位于这 19 座城市中；其平均经济产值达到 2830 亿美元，人均 GDP 和雇员人均 GDP 在 7 种类型城市中高居第一，分别为 69000 美元和 136000 美元。2008 ~ 2012 年，这些城市以占全球 1% 的人口，贡献了全球 16% 的专利。

价值链分工演进加快将形成的另一趋势是国际消费中心城市的广泛崛起②。国际消费中心将成为国际化大都市的重要核心功能，其具有丰富的消费内容、高端的消费品牌、多样的消费方式和优越的消费环境，特别是具有能够吸引全球消费者的高度繁荣的消费市场，成为全球消费资源的配置中心以及引领全球消费发展的创新高地。未来，国际化大都市的城市功能将越来越转向消费中心的城市功能。据统计，全球 140 个

---

① 根据 2016 年布鲁金斯学会《重新定义全球城市：全球大都市经济的七种类型》研究报告，全球 123 个全球性大都市区可以分为 7 类，分别为：全球巨型枢纽、亚洲支柱城市、新兴门户城市、中国制造中心、知识中心、美国中等都市、国际中等都市。

② 美国学者爱德华·格莱泽（Edward Glaeser）等人在深入研究纽约、芝加哥等大都市消费市场的基础上，率先提出了“消费城市”（Consumer City）的概念。参见：Edward L. Glaeser，Jed Kolko，Albert Saiz，2000. “Consumer City”，NBER Working Paper 7790。

主要消费城市仅拥有全世界 13% 的人口，但消费支出额、GDP 分别占到了全世界的 33% 和 36%[①]。

第四节 城市生活方式加速向智能、包容和绿色转型

城市化在推动人口向城市迁移、就业结构转变的同时，也极大地改变了人类的生活方式，实现了从农村生活方式向城市生活方式的转变。新一轮技术革命对城市生活方式的影响，更多地体现为传统生活方式向现代生活方式的转变，向更加智能、包容和绿色可持续的生活方式的转变。

新一轮技术革命发生以来，城市生活方式已经发生了巨大的改变。互联网、大数据、智能交通、可再生能源和分布式能源、智能交通出行技术在城市基础设施运营、公共服务、交通管理、智能建筑等方面得到广泛应用。许多国家纷纷加快推进“智慧城市”建设、低碳绿色城市建设。目前，全球在建的“智慧城市”超过 1000 个，智能应用技术涉及安全、出行、健康、能源、水、垃圾、经济发展和住宅、社区管理等诸多领域。数字技术、能源技术和交通技术与城市场景相融合，显著提升了城市居民的生活质量。例如，数字支付技术的推广和拓展，使城市生活的各个方面越来越便捷。智能停车 App 直接将司机导向空车位，避免其浪费时间在街区之间兜转。拼货配送模式和智能包裹自提柜可减少货车堵塞街道的情况。实时导航可发出交通延误警报，帮助司机选择

① 王微、刘涛：《国际消费中心形成和发展的经验启示》，国务院发展研究中心《调查研究报告》，2017 年第 28 号。

最快的路线。麦肯锡全球研究院评估了近60个智慧城市技术在三大样本城市应用的情况，发现这些工具可帮助社会各方面取得进步。例如，可将死亡率降低8%～10%，应急响应时间缩短20%～35%，平均通勤时间缩短15%～20%，疾病负担降低8%～15%，温室气体排放减少10%～15%等[①]。智慧城市技术在提高居民生活质量方面尚有巨大潜力。研究发现，智能技术一旦引入，便能将安全、时间、健康、环境、社会联系、就业、生活成本等许多维度上的关键指标提高10%～30%。除了以上这些指标的改善，还有很多无法量化估算的效益，例如居民感觉出行更自由，心情也更轻松。

未来，随着新一轮技术革命的进一步扩散，使城市感知、联系、应对内外变化的模式发生改变，将会使城市生活发生根本转变，使城市生活方式更加智能、包容、绿色和安全。一方面，5G的大规模应用，智能化驾驶技术的全面推广，使城市出行更加智能便捷，颠覆传统出行方式。交通模式将出现系统转变，包括更大的流动性、新的工作方法和工作时间、可持续的移动解决方案（如自动驾驶电动汽车）、车辆使用能力的提高（如通过共享汽车）以及物流系统的精心设计[②]。太空卫星链的发展，使连接网络更加便捷、公平。随着数据越全面、越实时，人们越有能力观测事件发生的详情、分析需求模式的变化，从而采用响应更及时、成本更低的解决方案。某些智能应用不仅能够响应用户需求，还能通过与公众互动改善运行，例如，鼓励人们错峰乘坐公共交通出行、调整行驶路线、节约水电、重视预防保健以减轻医疗体系的压力。联网

①② 麦肯锡全球研究院：《智慧城市：数字技术打造宜居家园》，2018年6月。

应用能将实时透明的信息传递到用户指尖，帮助其作出更明智的抉择。这些智能工具可以挽救生命、预防犯罪、减少疾病负担，也可以节省时间、减少浪费，甚至加强居民的社会关系，有助于城市高效运行。人工智能城市产业链包括基础层、核心技术层和垂直应用。垂直领域细分为产品和应用智能系统。实时感知、高速传输、自主学习、自主决策、自主协同、自动优化、自主控制，这七大特征是互相关联、缺一不可的，未来超级智能城市需要完全具备这些特征①。

随着新一轮技术革命的持续演进和广泛应用，特别是电子政务、数字政务的广泛应用，将大幅提升公共资源供给效率，显著增强公共服务效用，进一步推动教育、医疗、社保、慈善等公共事业的便捷化、普惠化和均等化。例如，互联网远程诊疗将成为高频次、低门槛、易得可选的常规医疗方式，并引入人工智能助手有效提升诊疗精准度，缓解全球性的医疗资源紧张难题。在线教育的发展，可以进一步促使各类层次教育的公平获得，将会不断提高社会公共服务的均等化。特别是随着城市中产阶层规模的不断扩大，在技术变革的条件下，高水平医疗、教育等社会服务资源的广泛覆盖与均衡配置成为可能。

新一轮技术革命将推动城市绿色低碳化转型进一步加快。今天的城市基于一个线性“制造—丢弃”模式，技术可以使城市从线性系统转变为循环系统，数字技术将有可能从根本上实现虚拟化、非物质化，提升产品使用和物流的透明度②。随着可再生能源技术、微型发电技术、基于互联网技术的能源共享网络、储存间歇式能源技术等新型能源关

① 德勤：《超级智能城市——人工智能引领新风尚》，https：//www2. deloitte. com/cn/zh/pages/public - sector/articles/super - smart - city - 2 - 0. html。

② 麦肯锡全球研究院：“在动荡中繁荣：想象未来的城市”，2018 年 10 月。

键核心技术和智慧能源管理技术的快速发展，以及无人驾驶、智慧交通的发展，城市化石能源消耗将大大降低，减轻城市污染，进一步显著降低碳排放，城市生活方式将越来越绿色可持续。研究发现，如果能够在最佳合理范围内部署一系列新的技术应用，则城市的排放量将平均降低 10% ~15%，用水量降低 20% ~30%，固体垃圾人均弃置量降低 10% ~20%①。

总之，通过虚拟与现实空间高度融合，将必要的产品或服务在必要的时候提供给必要的人，跨越年龄、性别、区域、语言的差异，完全满足未来社会人类生活上的各种需求，同时解决经济发展与社会课题，人们可以享有舒适且充满活力的高品质生活，追求以人为中心的新经济社会。

第五节　城市空间结构在融合中重塑

城市的发展不仅仅意味着建筑物的增加以及居民的聚集，而是会在城市内部形成各具功能的区域，如工业区、商业区和居住区等，这些功能区的地理位置及其分布特征构成城市的空间结构②。新一轮技术革命对城市生产生活和消费方式的影响，正在改变着城市内部的生产空间、生活空间和生态空间，并将随着技术革命的进一步发展对城市内部空间结构产生更加深刻的影响。

新一轮技术革命发生以来，城市空间结构已经发生了一系列新的变

① 麦肯锡全球研究院：《智慧城市：数字技术打造宜居家园》，2018 年 6 月。

② Arthur Gallion，The Urban Pattern：City Planning and Design，New York：Van Nostrand Rainhold Company，1983，pp. 14 –16.

化。例如，基于通信领域 4G 基础上的移动支付发展，产生了共享单车、共享汽车等新应用，改变了城市的出行方式和出行场景，自行车重新回归城市，在出行中的占比不断提高，小汽车的出行占比减少，减轻了传统公共交通系统的运载负担，一定程度上缓解了交通拥挤状况和“最后一公里”出行难题。特别是共享单车和公交、地铁的搭配使用，节约了城市空间，提高了城市空间利用效率，扩大了交通枢纽和站点的覆盖面。除共享单车外，BRT 的设计也与移动通信网络技术的突破息息相关，其对交通工具的精准感知促进了对交通态势的预估，使出行场景更加可预测。

未来，随着新一轮技术革命持续深化，城市内部空间结构调整速度将加快，城市空间结构将有极大的可能被重构。一方面，随着 5G 和 6G 通信体系的发展，网联汽车、自动驾驶汽车、智能网联汽车及其配套设施所组成的车联网，将会对现有的交通体系、城市功能及城市形态产生深远影响。自动驾驶汽车卸客后可以前往郊区或地下停放，而不必要在卸客地附近的地面停车，这样将会极大地降低对地面停车空间的需求，改变城市停车体系。大多数货运物流及快速车道将可能移到地下，城市将会有更多的步行空间和骑行空间。不仅如此，城市空间和用地将出现调整，更多的新空间将用于绿地、公园和公共服务设施。

另一方面，随着通信终端应用功能的增强，餐饮、零售以及其他生活服务需求供给匹配效率越来越高，作为购物、社会交往、日常服务的街道，其具有的实体商业和服务空间将有所减少，使街道空间更多地成为活动体验和社会交往场所。智能技术发展与空间的相互影响，推动技术—空间—社会三者之间互动关系的变化。

随着技术的发展，决定居民居住区位选择的教育和医疗分布在居住决策中的作用将逐步弱化。虚拟现实的教学将使教育资源的分配逐渐跨越地域空间的限制，教育空间规划将会重新调整，部分集中化的教学空间将不再需要。同时，数字技术的迭代应用，使医生能够通过医疗视觉技术进行诊断甚至开展治疗，将会推动医疗空间分布的去中心化。在交通体系重构、教育医疗空间分布分散化、街道空间商业衰落等因素的共同作用下，传统的职住分离空间格局将会发生改变，生产空间、商业空间、居住空间、公共设施空间和绿色空间将会出现融合化趋势，从以物为导向的城市空间日益转向为以人为导向的城市空间格局。

第六节　城市公共治理能力显著提高

城市治理会影响城市化进程。技术变革会改善城市治理能力，推动城市治理体系变革，进而影响城市化水平和质量。新一轮技术革命将推动城市治理体系的变革，极大地提升城市治理能力。

近年来，数字、交通和能源技术的应用推广，加强了公共部门的治理能力。例如，基于数字化的城市规划支持系统，实现了高效的工作流程、数据交换和三方的数据共用，提高了环境规划的透明度和问责制，促进了公民的参与度，城市设计更加合理化。再比如，近年来全球许多城市加快数字政务体系的建设，在线申报个人所得税、在线进行工商注册、提供自主海关服务等，特别是数字政务的快速推广，几乎涵盖了绝大多数的政府公共事务，极大地促进了政务公开，提高了对政务公共的监督，政府的服务绩效将能够被实时检测，也改善了政府和居民之间的互动交流与反馈，极大地提高了城市治理的居民参与程度。

未来，随着大数据、云计算和人工智能等技术的升级，城市治理方式的数字化和智能化将更加显著，城市治理水平将持续提升。

一是政府间的联系和治理协同度将进一步提高。随着数字政务体系的进一步完善，制度的调整和相配套改革的推进，不同部门间的协同性将进一步提高，政务服务流程和体系将会进一步优化。数字技术的发展，将会进一步简化流程，减少政府自由裁量权和寻租行为，使公共资源以更有效率的方式配置。实现跨层级、跨区域、跨行业的协同管理和服务，城市治理的精准化和高效化水平将进一步提高。

二是城市治理能力将进一步提高。数字技术的发展，在经济领域，将能够更有效地发挥大数据监测作用，提高对经济运行的监测，提升政府决策和监管水平。在公共领域，智能技术的进一步成熟，将显著提高城市政府解决交通拥堵、环境污染、碳排放、住房、教育、医疗、卫生等领域存在的问题，更好地在有限资源约束情况下满足居民的需求。智能技术的发展，能够实时监测舆情和城市动态，可以更加有效地监测和管理社会问题与自然灾害，比如洪水、地震和传染性疾病等，提高公共决策效率，提高城市的韧性和安全度。

三是城市治理的公民参与度将提高。数字政务技术和设备的广泛应用，将会进一步涵盖绝大多数的政府公共事务，推动政务信息的公开和透明，强化居民对政务活动的监督，实时评估政府服务绩效，进一步改善政府和居民之间的互动交流与反馈频率，极大地提高城市治理的居民参与程度。数字技术的发展，使政府可以更加便利地从居民和用户那里获得反馈，从而实时动态地获得满意度，持续改进服务质量。

四是城市设计规划管理将更加智能。随着信息基础设施的规模扩张、功能升级和网络构建，以及新一代信息技术在城市运行管理过程中广泛深入地推广应用，大量完整、连续、系统，具备一致性、关联性、价值性的城市数据采集、汇总和共享成为可能，将能够构建与现实物理城市精准映射、智能交互、虚实融合的数字孪生城市，城市设计规划智能、科学、高效，有效地实现数字城市与现实城市的同步规划、同步建设和同步管理。

本章小结

新一轮技术革命在对经济发展产生深刻影响的同时，对全球城市化进程也产生深远影响。新一轮技术革命在促进经济发展的同时，客观上拉大了一些国家城乡之间差距，特别是亚洲和非洲一些人口大国，将会驱动人口由农村向城市迁移，为全球城市化进程带来新动力，发展中经济体将成为全球城市化的主要增长空间。与此同时，新一轮技术革命提高了大都市区城市基础设施、公共服务和城市治理能力，大都市区的人口产业承载力增强，将成为人口集聚的主要空间。从技术革命对城市体系的影响来看，新一轮技术革命推动不同类型的劳动力和价值链不同环节在不同规模城市之间流动和迁移，城市体系价值链功能分工加快演进。数字技术、交通技术和低碳绿色技术的发展，使城市生活方式越来越智能化、包容化和绿色化，深刻改变城市的内部空间结构，加快治理方式创新，显著提高城市的治理能力。

参考文献

[1] 国务院发展研究中心发展战略和区域经济研究部“中国城镇化过程中若干典型问题研究”课题组．刘培林．世界城市化和城市发展的若干新趋势和新理念，2012
[2] 麦肯锡全球研究院．人机共存的新纪元：自动化、就业和生产力，2017
[3] 麦肯锡全球研究院．人工智能的未来之路，2017
[4] 麦肯锡全球研究院．智慧城市：数字技术打造宜居家园，2018

[5] 麦肯锡全球研究院．变革中的全球化：贸易与价值链的未来图景，2019

[6] 商务部，国家统计局，国家外汇管理局．2018 年度中国对外直接投资统计公报，2019

[7] 孙祥栋．逐步实现去中心化的能源供应方式．国网能源研究院，2018

[8] 孙文秀，武前波．新科技革命下知识型城市空间组织的转型与重构．城市发展研究，2019（8）

[9] Albert, G. Z., Hu and Png, I. P. L., 2010, "Patent Rights and Economic Growth: Evidence from Cross-Country Panels of Manufacturing Industries".

[10] Arntz, M., Gregory, T. and Zierahn, U., 2016, "The risk of automation of jobs in OECD countries: A comparative analysis", Working paper.

[11] De Backer, K. and Flaig, D., 2017 "The future of global value chains", Science, Technology and Industry, Working Paper. No. 41. Paris: Organisation of Economic Co-operation and Development (OECD).

[12] Berriman, R. and Hawksworth, J., 2017, "Will robots steal our jobs? The potential impact of automation on the UK and other major economies", *PwC UK Economic Outlook*.

[13] Brookings, 2018, Global Metro Monitor.

[14] Chang, J. H. and Huynh, P., 2016, "The future of jobs at risk of automation", *International Labour Organization*.

[15] Cisco, 2015, Cisco Visual Networking Index: Forecast and methodology: 2014 – 2019.

[16] European Union Intellectual Property Office (EUIPO), 2016, IPR-Intensive Industries and Economic Performance in the European Union.

[17] Frey, C. B. and Osborne, M. A., 2013, "The future of employment: How susceptible are jobs to computerization", Working paper, Oxford.

[18] Gollin, G., Jedwab, R. and Vollrath, D. 2014, "Urbanization with and without Industralization", WB-GWU Conference on Urbanization and Poverty Reduction.

[19] International Labour Organization, 2019, World Employment Social Outlook: Trends 2019, International Labour Office-Geneva: ILO, Vollrath, J., 2015, "Urbanization without growth in historical perspective". Explorations in Economic History.

[20] McKinsey & Company, 2016, Digital Globalization: the New Era of Global Flows.

[21] National Science and Technology Council (NSTC), 2018, "Strategy for American Leadership in Advanced Manufacturing", Subcommittee on Advanced Manufacturing Committee on Technology, USA.

[22] Rérat, P., 2012, "The New Demographic Growth of Cities: The Case of ReurbanizationinSwitzerland", *Urban Studies*, Accepted manuscript.

[23] Rodrik, D., 2016, "Premature deindustrialization", *Journal of Economic Growth*, 21 (1), 1 – 33.

[24] Santi, P., Resta, G., Szell, M., Sobolevsky, S., Strogatz, S. H. andRatti, C., 2013, "Taxi pooling in New York City: a network-based approach to social sharing problems", Arxiv: Geography, Computer Science.

[25] Saxenian, A., 2007, "Brain Circulation and Regional Innovation: The Silicon Valley-Hsinchu-Shanghai Triangle", R. P. K., The Economic Geography of Innovation. Cambridge University Press, Cambridge.

[26] World Intellectual Property Organization (WIPO), 2019, World Intellectual Property Indicators

2019 – Patents.

[27] World Inequality Database（WID），2018，WorldInequality Report 2018.

[28] World Bank，2018，Moving for Prosperity：Global Migration and Labor Markets.

[29] United Nations，2019，World Urbanization Prospects：The 2018 Revision.

[30] United Nations，2019，World Population Prospects 2019.

[31] United Nations，2017，International Migration Report.

[32] United Nations，2017，The impact of the technological revolution on labour markets and income distribution.

[33] United Nations，2019，Word Investment Report 2018.

[34] Zhang，X. Q.，2016，"The trends，promises and challenges of urbanisation in the world"，*Habitat International*，54（3），241 – 252.

第三篇

新一轮技术革命与中国城市化

中华人民共和国成立 70 多年来，特别是改革开放 40 多年来，中国经历了世界历史上规模最大、速度最快的城市化进程，2019 年中国城镇化率已达到 60.6%。中国城市化发展模式和道路有其自身特点，不仅与中国经济发展道路和产业结构变迁模式高度关联，也得益于改革开放和融入全球经济体系，在快速工业化的进程中实现了城市化持续快速发展。面向未来，伴随经济社会从高速增长阶段转入高质量发展阶段，城市化发展将进入新阶段，既有新技术革命带来的巨大创新发展动力，也将面临百年未有之大变局带来的不确定性、世界级城市群的竞争以及发展中国家主要城市追赶等方面的挑战；对内面临新一轮经济结构调整、新旧动能转换、治理体系提升等新的发展要求。迫切需要牢牢把握新一轮全球技术革命和中国经济社会结构转型升级的双重机遇，加快构建中国城市化高质量发展的动力系统，围绕“制度、要素、产业、技术”等核心动力机制协同推进，深化改革和推动高水平对外开放，促进中国城市化实现高质量发展。

第七章

中国城市化的历程、成就和问题

中华人民共和国成立 70 多年来，特别是改革开放 40 多年来，中国经济社会发展在城市化进程中取得了巨大成就。2019 年底，中国城镇化率已达到 60.6%。以城市群为主体的城市格局和形态初步形成，大型城市综合竞争力显著提升，城市面貌和居民生活持续改善，城市公共服务和治理体系不断提升。同时，城市群协同发展不明显、要素自由流动不通畅、创新能力不强、投融资模式难以持续、治理体系不健全等问题突出，制约了高质量发展阶段中国城市化可持续推进。

第一节　中国城市化发展历程

中国城市化发展内生于中国发展战略选择和产业结构变迁模式。计划经济时期，中国实行重工业优先发展战略，经历了快速工业化过程，产生了一大批工业城市，但受计划经济模式约束，城市化发展总体不快，也没能充分享受“二战”后全球技术革命对城市发展的外溢红利。

改革开放以来，中国特色社会主义市场经济体制逐步建立和完善，城市化速度开始加快，特别是加入 WTO 后，中国经济全面融入国际经济体系，充分利用国外先进技术的扩散和外溢效应，城市产业结构经历了转换、调整和升级等阶段，城市化实现了持续快速发展，城镇化率得到显著提高。

一、城市化发展初期（1949～1995 年，城镇化率低于 30%）

1949 年新中国成立以来，中国的城市化发展历经曲折，总体进展缓慢，大体可分为计划经济时期的缓慢曲折阶段和改革开放的起飞阶段。

1. 计划经济时期缓慢曲折的城市化阶段

1949～1957 年中国实行重工业优先发展战略，围绕 694 个重点建设项目，新建了 6 个城市，大规模扩建了 20 个城市，一般扩建了 74 个城市。城镇人口从 1949 年的 5765 万人（城镇化率 10.64%），增长到 1957 年的 9949 万人（城镇化率为 15.4%）。1958～1961 年中国城市发展进一步加快，城镇人口平均每年增加 833 万人，4 年间城镇化率提高了 9.3 个百分点。总的来看，1949～1961 年中国城市化速度较快，推进比较顺利。

然而 1962～1978 年，中国经历了城镇人口比重下降的“逆城市化”阶段。其中，1962～1965 年，中国城市化率出现了明显倒退；1965 年城市化率下降到 17.9%，比 1961 年下降了 6.8 个百分点；其间中国还调整了建制镇常住人口标准（从 2000 人提高到 3000 人），城市数量从 208 个压缩到 171 个。1966～1976 年，中国经济社会发展遭到严重破坏，城市化进程几近停滞。1977 年中国城镇化率已降至 17.6%，比

1965 年还低了 0.3 个百分点（见图 7.1）。

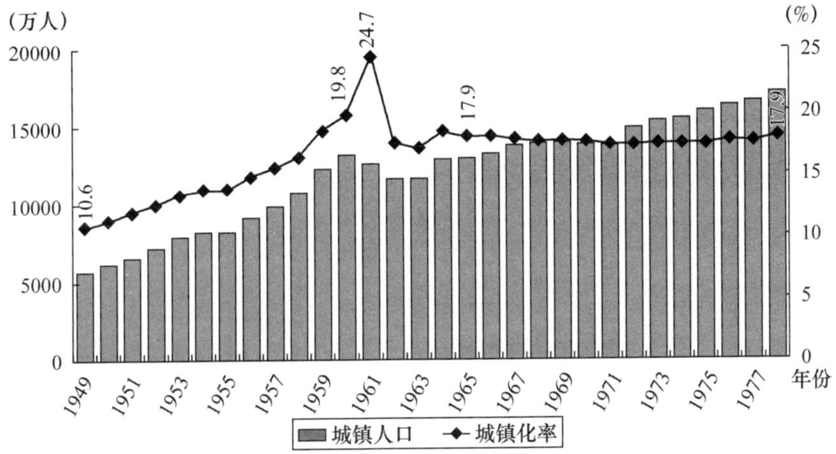

图 7.1　中国城镇化率变动情况：1949 ~ 1978 年

资料来源：国家统计局。

在计划经济时期，僵化的计划经济管理导致国民经济缺乏活力，基础设施十分落后，基础产业难以满足国民经济发展需求，大量外汇被用于购买国外的先进设备与技术。这一时期产业政策的重点是加强基础设施建设、发展基础产业与培育发展出口创汇产业。1952 ~ 1978 年是我国工业化进程占主导的时期，第一产业占 GDP 的比重从 50.5% 逐步下降到 27.7%，第二产业占比从 20.8% 提高到 47.7%，第三产业占比从 28.7% 略降至 24.6%（见图 7.2）。在工业化迅速发展的时期，第三产业占比不升反降，与当时中国优先发展重化工业的战略密切相关，城市化进程更多是通过工业城市的设立来推进，第三产业发展严重滞缓。

计划经济时期中国城市的设立和布局，主要围绕国家重化工业布局特别是国防重点项目的布局展开，城市的人口规模和产业结构受到计划体制强力管控的影响，城市主要是作为行政中心，对经济增长和社会治理等方面的重要性没有充分显现。这就出现了中国工业化与城市化进程严重不匹配的现象，在工业化快速发展的阶段，城市化推进相对缓慢。1952~1978 年，第二产业占比提高了约 27 个百分点，但城镇化率仅提高了 5.4 个百分点，城市化进程明显滞后于工业化。

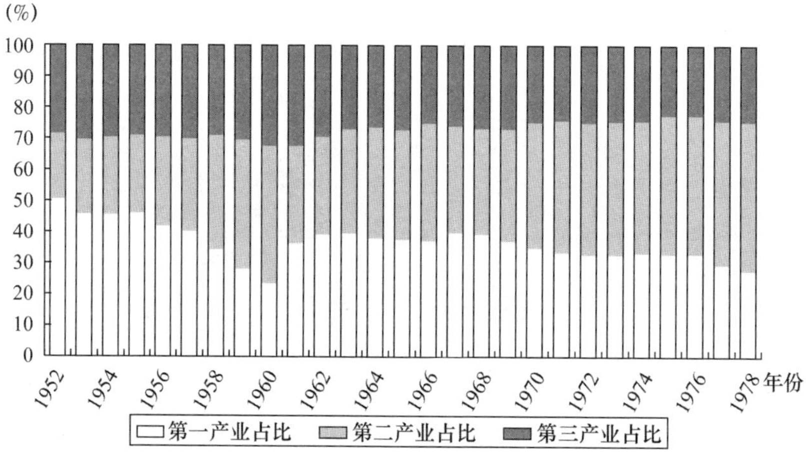

图 7.2　中国产业结构变动情况：1952~1978 年

资料来源：国家统计局。

2. 改革开放后城市化的起飞阶段

改革开放初期，中国首先推动了农村地区的改革，鼓励小城市成长、发展农村集镇。东部地区利用乡镇企业的异军突起，形成了“离土又离乡、进厂又进城”的小城镇发展模式，城镇化率从 1977 年的 17.6%上升到 1983 年的 21.6%，年均提高 0.66 个百分点。1984 年中国正式开启城市经济体制改革，各地出现大规模的“撤乡建镇”①，大量农村人口加快向小城镇流动，加上 1983 年调整了市镇人口的统计标准，更多的农村人口变成城镇人口，城镇化率较快提高。1992 年中国建制市达到 517 个，比 1984 年增加了 217 个；建制镇达到 14539 个，比 1980 年增加了 7353 个。1992 年城镇人口增加到 24017 万人，城市化率

① 1984 年 11 月国务院批转的《关于调整建制镇的报告》。

上升到 27.46%。

1992 年邓小平“南方谈话”和 1994 年开启社会主义市场经济体制改革之后，中国开始实施中心城市带动区域发展以及“沿海城市优先”发展战略，城市特别是东部沿海地区的城市得到迅速发展。1990～1995 年，中国城市数量从 467 个上升到 640 个，城镇人口从 3.02 亿人增加到 3.52 亿人，城市化率从 26.46% 提高到 29.04%，年均提高 0.5 个百分点（见图 7.3）。

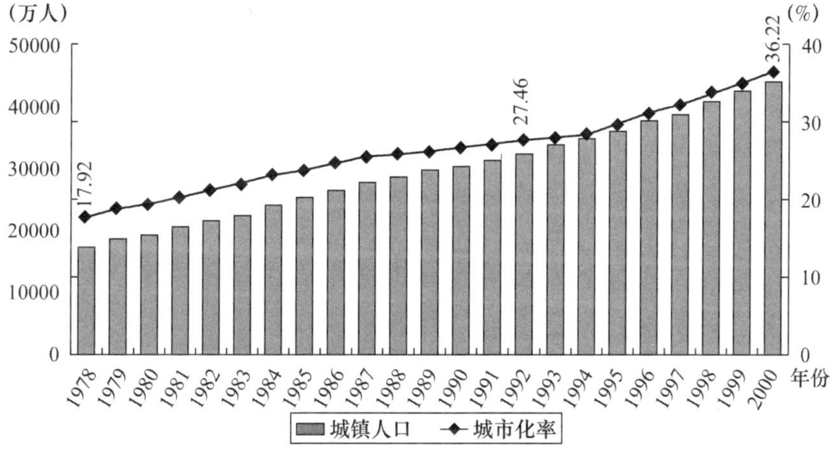

图 7.3　城市化率变动情况：1978～2000 年

资料来源：国家统计局。

1993 年，美国提出“建设信息高速公路”，全球发达经济体相继进入信息化时代，中国抓住了这一轮信息技术带来的巨大产业发展潜力，率先在沿海地区利用劳动力、土地等成本优势发展相关产业，电子信息产业迅速成为许多沿海开放城市的重要行业。这一阶段，中国基础设施与基础产业仍较薄弱，产业结构升级的迫切性增强，产业政策重点是加快基础设施和基础工业的发展，支持资本密集型产业的发展并逐步培育成支柱产业。同时，加大对外开放力度，积极发展对外贸易特别是加工贸易，加入国际分工体系成为中国工业化、城市化的重要推动力。

从产业结构看，1978～1995 年第一产业占 GDP 的比重继续回落，从 27.7% 下降到 19.6%；第二产业占比保持相对稳定，从 47.7% 略降至 46.8%；第三产业发展较快，占 GDP 的比重从 24.6% 提高到 33.7%（见图 7.4）。第一产业占比下降，主要受农村土地承包制度改革和农业劳动生产率提升的影响。第三产业占比较快提高，反映了中国经济发展战略从重化工业为主导转向发展劳动密集型的比较优势产业，与制造业和城市居民生活相关的第三产业较快发展（如交通运输、批发零售、餐饮住宿等）。从产业结构的升级和优化来看，这个阶段的城市化进程比较顺利，符合全球城市化发展的一般规律。

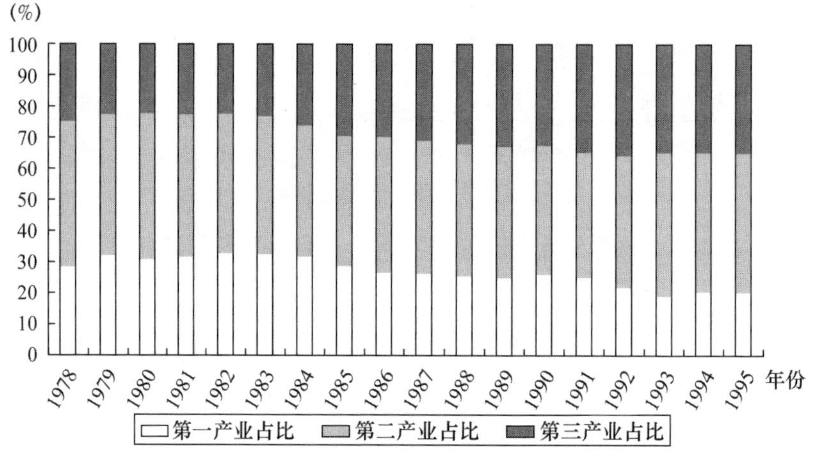

图 7.4　中国产业结构变动情况：1978～1995 年

资料来源：国家统计局。

二、工业化主导的城市化快速发展阶段（1996～2010 年，城镇化率为 30%～50%）

1996 年中国城镇化率超过 30%，进入工业化主导的城市化快速发展阶段。在这一阶段，中国城市化的主要特征是城市规模不断扩大、功能不断增强、产业组织不断升级、辐射范围不断扩大。在城市化模式上，城市群的发展开始起步并受到重视。2000 年以来中国开始摆脱简单的“小城市优先”还是“大城市优先”的争议，更多地采取“城市群”的发展模式。2001 年“十五”计划提出“城镇密集区”的概念，2006 年“十一五”规划提出“把城市群作为推进城镇化的主体形态”，2011 年“十二五”规划进一步提出“以大城市为依托，以中小城市为重点，逐步形成辐射作用大的城市群”。城市群开始成为中国城市化发展的新趋势和区域经济发展的新形态。

21 世纪初，中国已经迅速发展成为全球重要的制造业基地，开始成为“世界工厂”。全球化在推动中国工业化的同时，也加速了中国城市化进程，这在 2001 年中国加入世界贸易组织后更为明显。2000 ~ 2010 年，中国城镇化率从 36.22% 上升到 49.95%，年均提高 1.4 个百分点，是改革开放以来中国城市化推进速度最快的一个阶段（见图 7.5）。其间，东部地区许多城市实现了爆发性增长，城市规模迅速扩大。国家统计局的数据显示，2000 ~ 2010 年，中国城市建成区面积从 2.24 万平方公里扩张到 4.01 万平方公里，10 年间增长了 78.5%，扩张速度明显快于 2000 年前（1990 ~ 2000 年城市建成区面积增长了 74.5%）。

这个阶段中国城市化率的快速提升，主要得益于经济快速发展与产业结构的持续升级，以及中国产业发展深度融入国际分工和参与国际市场竞争。为此，产业政策重点开始转向全面支持资本密集型行业的技术提升、产品升级，培育和发展技术密集型产业，推动服务业发展以及全面扩大对外开放。从产业结构看，2000 ~ 2010 年，第一产业占 GDP 的比重从 14.7% 降到 9.3%，首次低于 10%，这是国际上普遍采用的进入现代产业结构的重要指标；第二产业占比变动不大，从 2000 年的 45.5% 提高到 2010 年的 46.5%；第三产业的占比从 39.8% 继续稳步提升到 44.2%（见图 7.6）。较好地实现了城市化进程与产业结构升级同步协调推进，城市化发展质量得以逐步提高。

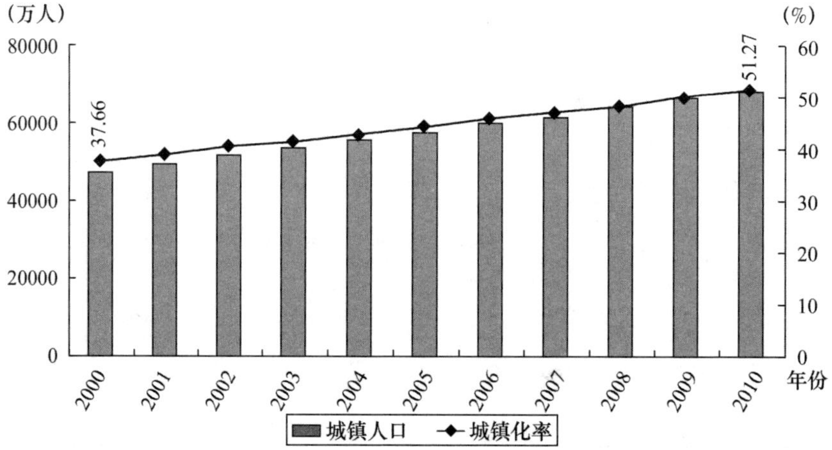

图 7.5　城镇化率变动情况：2000 ~ 2010 年

资料来源：国家统计局。

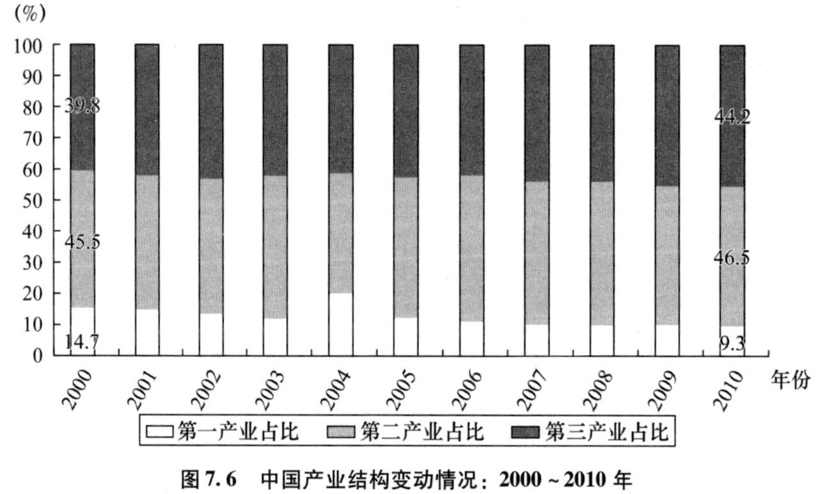

图 7.6　中国产业结构变动情况：2000 ~ 2010 年

资料来源：国家统计局。

三、转型升级的城市化发展新阶段（2011年以来，城镇化率超过50%）

2011年中国城镇化率首次超过50%，进入从高速增长向高质量发展转型升级的城市化发展新阶段。2013年12月12日召开的中央城镇化工作会议，提出积极稳妥推进新型城镇化，着力提高城镇化发展质量，把生态文明理念全面融入城镇化全过程，坚定不移地走集约、智能、绿色、低碳的新型城镇化道路。2014年3月16日《国家新型城镇化规划（2014—2020年）》进一步指出，要走中国特色新型城镇化道路，全面提高城镇化质量。

在全面深化改革的背景下，中国加快构建开放型经济新体制，推动形成全面开放的新格局，自2013年以来先后批准了上海、广东、福建、天津、浙江等地的自贸试验区，内陆沿边开放取得重要突破，一批内陆区域中心城市（如重庆、成都、武汉、郑州等）进入快速增长期。2013年中国提出"一带一路"倡议，让中国的经济轴带、发展走廊进一步延伸，促进了区域发展格局的网络化和开放化，"一带一路"成为地方经济增长和城市发展的新动力。

2012年以来，打造具有竞争力的城市群开始成为中国城市化的发展目标和主要模式，把城市群作为主体形态，从区域层面强调城镇化进程中的空间优化。2016年"十三五"规划提出"以城市群为主体形态"和"加快城市群建设发展"，在全国主体功能区规划中进一步明确了城市群的名称范围，提出了城市群内各主要城市的功能定位和发展目标，引导推动各城市群和城市群内各类城市的健康发展。这个阶段，中国城市化率提升速度总体延续每年提高1个百分点的态势，从2011年的51.27%稳步提升至2020年的63.9%（见图7.7）。

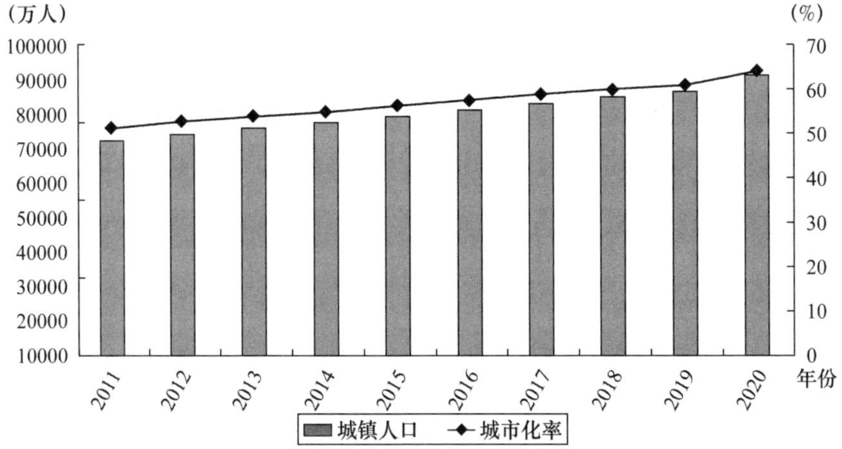

图 7.7　城市化率变动情况：2011～2020 年

资料来源：国家统计局。

与此同时，全球新一轮技术革命加快演进，直接推动了中国的创新和大范围应用，产业创新能力得到提升，涌现出一系列新技术、新产业、新业态和新模式。从产业结构看，2012 年中国第三产业增加值占 GDP 的比重开始超过第二产业。2012～2020 年，第一产业占 GDP 的比重从 9.1% 继续回落至 7.7%，第二产业占比也从 45.4% 下降到 37.8%，第三产业占比则继续稳步提升，从 45.5% 上升至 54.5%。2015 年中国第三产业占比达到 50.5%（见图 7.8），表明中国经济已进入以服务业为主导的产业发展新格局，也反映出这个阶段的城市化更加重视创新驱动和服务业的发展。

第二节　中国城市化取得的成就

改革开放以来，中国经历了世界历史上规模最大、速度最快的城市化进程，成为中国乃至世界城市化历史上的奇迹。特别是党的十八大以

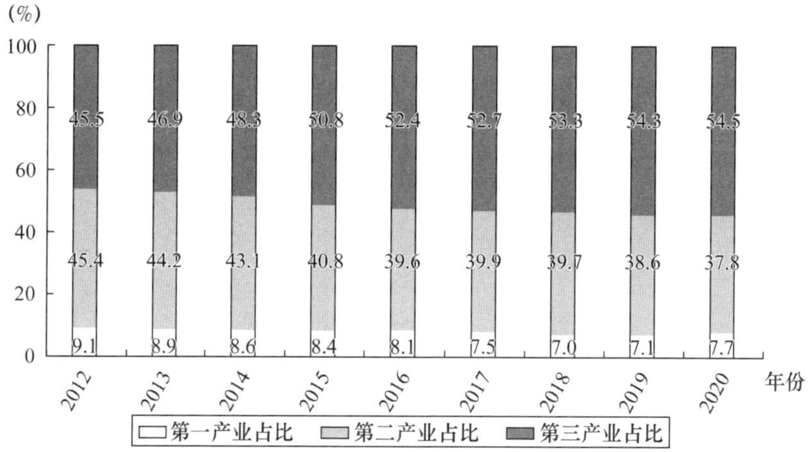

图 7.8 中国产业结构变动情况：2012～2020 年

资料来源：国家统计局。

来，党中央、国务院高度重视城镇化发展，实施推进以人的城镇化为核心、提升质量为导向的新型城镇化战略。经过多年发展，中国城市化建设和城市发展取得很大成就，城市格局和形态持续优化，城市面貌和居民生活水平迅速改善，城市公共服务和治理体系不断健全，城市已经成为承载人口和高质量发展的主要载体。

一、城市化水平稳步提高，高质量发展开始起步

改革开放前，由于人口就业压力巨大、大城市基础设施建设严重不足以及城乡二元结构等方面的现实国情，城市化进程较缓慢。1949～1978 年，我国城镇人口占总人口的比重从 10.64% 增加到 17.92%，平均每年提高不到 0.3 个百分点，城镇人口从 5765 万人增加到 1.72 亿人。1978～2020 年，全国总人口增长 1.5 倍，而城镇人口增长 5.2 倍；城镇人口占总人口的比重由 17.92% 增加到 63.89%，平均每年提高 1 个百分点，城镇人口总量达到 9 亿人。特别是 2012 年党的十

八大提出“走中国特色新型城镇化道路”以来，中国在城市化进程中更加注重以人为本，重视农民工市民化。2020 年末，常住人口城镇化率比 2011 年提高了 12.62 个百分点，年均提高 1.3 个百分点（见图 7.9）。

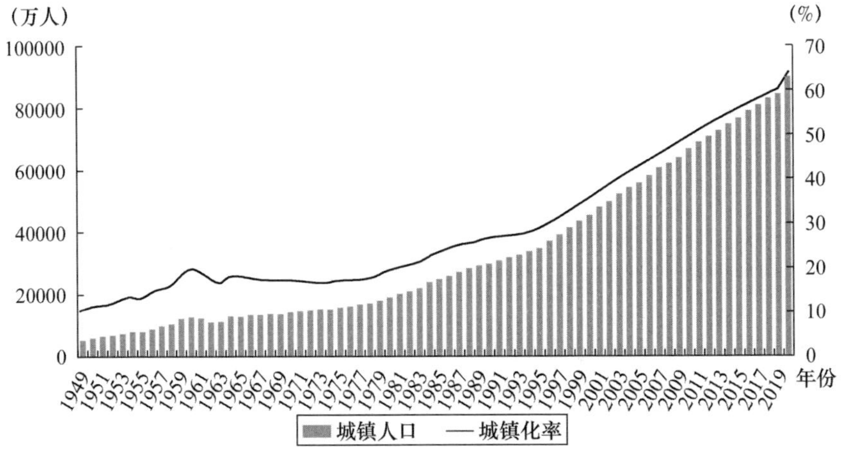

图 7.9　中国的城镇常住人口与城镇化率：1949～2020 年

资料来源：国家统计局。

与此同时，中国城市的城区面积和建成区面积快速提升。城区面积从 2008 年的 17.81 万平方公里增加到 2020 年的 18.66 万平方公里，增长 4.8%。更能反映城市空间扩展的建成区面积从 2004 年的 3.04 万平方公里增加到 2020 年的 6.07 万平方公里，增长 99.7%（见图 7.10）。

通过持续推进城市化发展，中国城市的经济规模持续扩大、产业结构更加优化、综合竞争力显著增强。中国社会科学院与联合国人居署共同发布的《全球城市竞争力报告 2019—2020》对全球 50 万人口以上的 1006 个城市做了排名，中国 291 个城市中有 103 个城市的竞争力水平排名上升。其中，深圳、上海、香港、北京和广州进入全球城市 20 强。

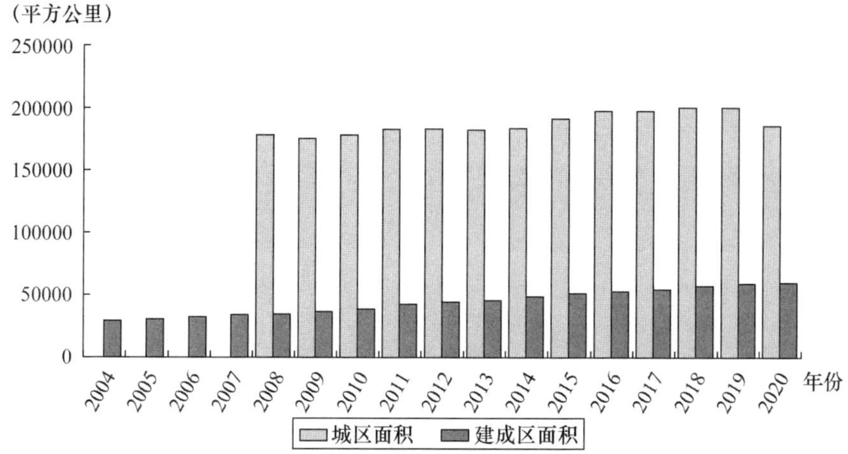

图 7.10　中国城市的城区面积和建成区面积：2004～2020 年

资料来源：国家统计局。

在经历工业化主导的快速城市化阶段后，2011 年以来中国制造业增速放缓，城市经济由工业主导向第三产业主导加快转变，第三产业和消费开始成为中国高质量发展阶段拉动经济增长的主力军。与此同时，城市功能不断拓展，许多城市正在从传统的制造中心、贸易中心和交通枢纽向全球创新中心、国际消费中心和要素配置中心加快转变。上海市 2015 年提出要加快建设具有全球影响力的科技创新中心，北京、深圳、广州、武汉、成都也都提出要建设创新中心城市。同时，北京、上海、深圳、广州、成都、武汉等都在加快打造具有全球影响力的国际消费中心城市，推动城市消费梯度升级，形成强大国内市场。

二、城市格局和形态持续优化

中国城市数量快速增加和规模快速扩大。1949 年末，中国城市共有 132 个，其中地级以上城市 65 个、县级市 67 个。2018 年末，中国城市数量达到 672 个，其中地级以上城市 297 个、县级市 375 个。1949 年末，非农业人口超过 100 万人的城市仅有 5 个。2017 年末，户籍人口超过 500 万人的城市有 14 个，300 万～500 万人口的城市有 16 个，50 万～300 万人口的城市达到 219 个（见图 7.11）。

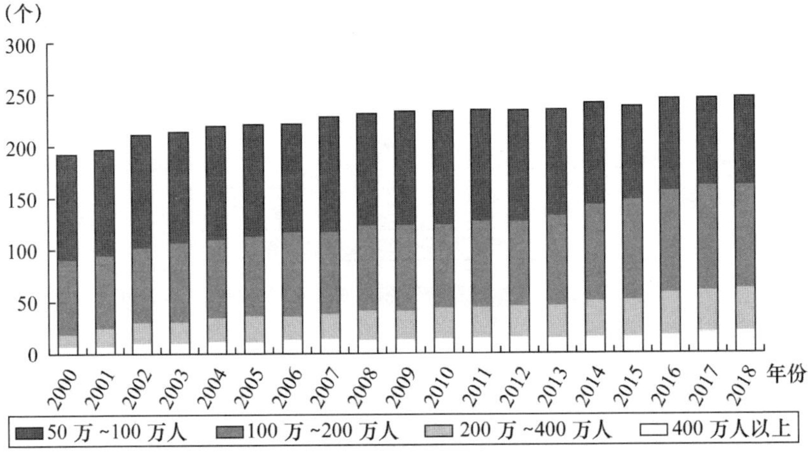

图 7.11　中国不同人口规模的地级市数量（2000～2018 年）

资料来源：国家统计局。

百万人口城市在加速集聚，而百万人口以下城市数量不断减少。一方面，百万人口城市数量继续增加。2000～2017 年，中国总人口超过 100 万的城市数量从 90 个上升为 161 个。其中，400 万人口以上的城市数量从 8 个增加到 19 个，基本覆盖了 4 个直辖市和副省级城市；200 万～400 万人口的城市数量从 12 个增加到 42 个，逐渐从二线城市扩展到三线城市；100 万～200 万人口城市数量从 70 个上升至 100 个，表明有经济活力的三、四线城市也在扩大城市规模。另一方面，100 万人口以下的城市数量明显减少，从 2000 年的 169 个下降至 2017 年的 128 个。其中，50 万～100 万人口的城市数量从 103 个减少到 86 个，20 万～50 万人口的城市数量从 66 个下降到 42 个，表明许多城市在人口集聚方面的吸引力持续变弱。

以城市群为主体、中心城市与周边城市协调发展的新型城市化格局加快推进。目前以城市群为主体的城市化格局初具形态，京津冀、长三角和珠三角三大城市群建设加快推进，中心城市和城市群的带动作用持续发挥，“19+2”① 的城市群格局基本形成并稳步发展，作为城市群核心的都市圈不断优化提升。据统计，2016 年京津冀、长三角、珠三角这三个具有较大影响力的城市群，以 2.8% 的国土面积集聚了 18% 的人口，创造了 36% 的国内生产总值。在城市群内部，中心城市的辐射带动作用不断增强，核心城市与周边城市分工合作的关系日益密切。

城市化进程中的区域发展协调性显著增强。党的十八大以来，中国加快推进以人为核心的新型城镇化，通过实施区域协调发展战略，制定实施京津冀协同发展、长江经济带发展、粤港澳大湾区建设、长三角一体化发展、黄河流域生态保护和高质量发展等区域重大战略，推动经济布局持续优化、区域发展协调性不断增强。这些区域重大战略的实施，对构建中国高质量发展动力源，打造世界级城市群增长极，提供了有力支撑。

【专栏 7.1】　中国 19 个城市群发展情况和基本分类

2016 年 3 月，国务院总理李克强在十二届全国人大四次会议中明确提出：在“十三五”时期要规划建设 19 个城市群，外加拉萨和喀什 2 个城市圈。这 19 个城市群共包括 241 座城市（直辖市、计划单列市和地级市），占我国地级市总数的 82%。

① 即京津冀、长三角、珠三角、山东半岛、海峡西岸、哈长、辽中南、中原地区、长江中游、成渝地区、关中平原、北部湾、晋中、呼包鄂榆、黔中、滇中、兰州—西宁、宁夏沿黄和天山北坡 19 个城市群，以及以拉萨、喀什为中心的 2 个城市圈。

按经济密度和增速，可以将 19 个城市群分为四类：一是经济密度较高且快速增长的，如长三角、珠三角城市群；二是经济密度较高但增速较缓的，如京津冀、山东半岛城市群；三是经济密度较低但快速增长的，如长江中游、成渝、中原、呼包鄂榆、山西中部、关中平原、宁夏沿黄、兰州—西宁、天山北坡、黔中城市群；四是经济密度较低且增长较缓的，如哈长、辽中南、海峡西岸、北部湾、滇中城市群。

资料来源：课题组整理。

三、城市面貌和居民生活大幅改善

伴随着城市化的推进，城市供水、供电、供气及排水、排污和垃圾处理等公共服务与基础设施匮乏的状况不断缓解，居民在出行、居住等方面的条件大幅改善。1949 年末，全国城市道路面积 8432 万平方米，拥有公共交通设施的城市仅 27 个。2017 年，全国城市道路面积达 78.9 亿平方米，到 2018 年底 35 个城市开通了轨道交通，运营线路 185 条，运营线路总长度 5761.4 公里，其中地铁运营里程 4354.3 公里。1949 年末，全国只有 72 个城镇建有自来水厂，污水处理厂仅 4 座。2017 年末，城市供水普及率达 98.3%，燃气普及率达 96.3%，污水处理率达 95.5%，生活垃圾处理率达 99.0%，无害化处理率达 97.7%。

城镇居民住房条件的改善，是中国城市化持续推进的重要表现。改革开放前，全国 190 个城市人均住房面积仅为 3.6 平方米，缺房户达 869 万户，占城市总户数的 47.5%。2019 年，中国城镇人均住房面积达到 39.8 平方米，比 1949 年的 8.3 平方米增加了 3.8 倍，比 1978 年增加了 32.4 平方米（见图 7.12）。

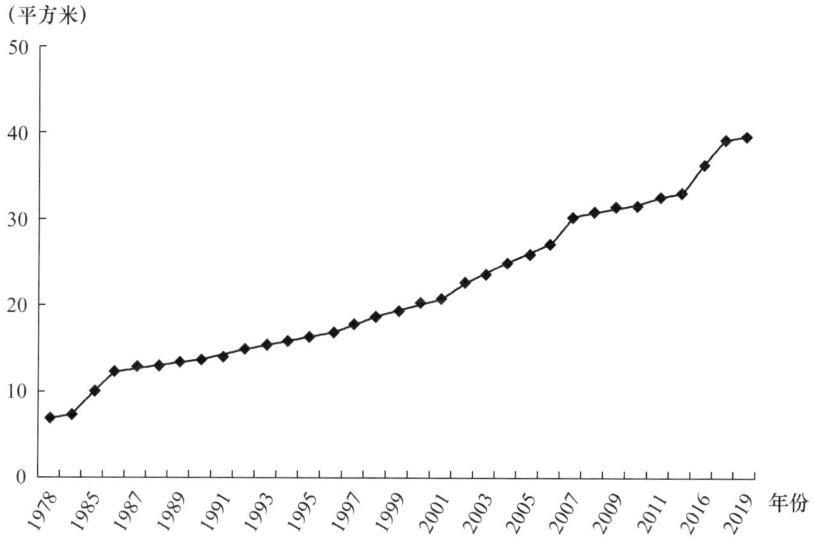

图 7.12　中国城镇人均住房面积变动情况：1978～2019 年

资料来源：国家统计局。

四、城市公共服务和治理能力不断提升

以基本公共服务均等化、基础设施通达程度比较均衡、人民生活水平大体相当为目标，优化公共资源配置，促进各类要素合理流动和高效集聚。“十三五”时期，全国有超过 1 亿非户籍人口在城市落户，基本公共服务总体覆盖城镇常住人口。目前中国已基本建立广覆盖、保基本和可持续的社会保险体系，医疗卫生事业等城市公共服务体系持续完善，基本公共服务均等化进程稳步推进，在学有所教、劳有所得、病有所医、住有所居上取得新进展。城镇参加养老保险的人数从 1989 年的 5710.3 万人增加到 2020 年的 4.56 亿人，增长 7 倍；参加基本医疗保险的人数从 2007 年的 4291.1 万人增加到 2020 年的 10.17 亿人，增长 22.7 倍，其中城镇职工基本医疗保险参保人数达到 3.4 亿人。2020 年，共有 805 万城市居民获得最低生活保障（见图 7.13）。

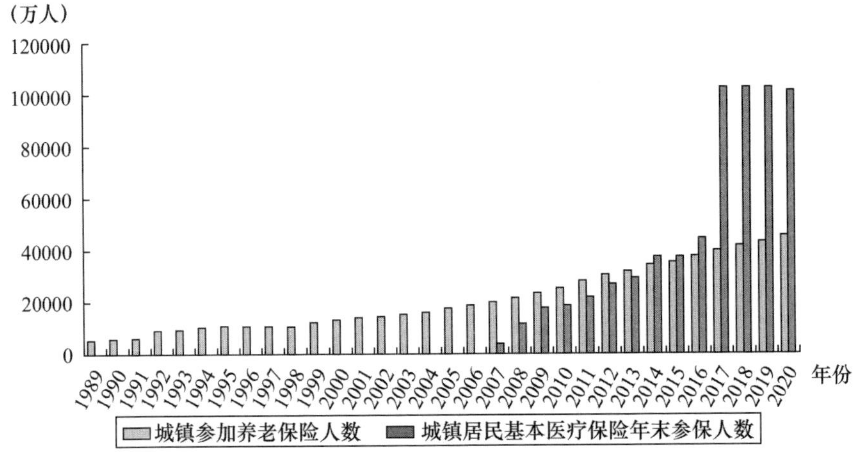

图 7.13　中国城镇居民参加养老保险与基本医疗保险人数：1989～2020 年

资料来源：国家统计局。

随着城市化率的稳步提升，城市治理体系不断健全。“三规合一”全面推进，标志着城市群规划与城镇体系规划、土地利用规划、生态环境规划等各类规划可以在“一张图”上实现，随后划定的“三条控制线”（即生态保护红线、永久基本农田和城镇开发边界）对城市发展空间作出总体规划，防止城市规模无序蔓延。此外，物联网、云计算、大数据等新一代信息技术为实现城市经济社会体系深度融合提供了条件，中国许多城市都在建立跨部门、跨行业、跨地区的政务信息共享和业务协同，推广智慧化信息应用，促进城市治理精细化、智能化和现代化。

第三节　新阶段中国城市化面临的突出问题和挑战

根据全球城市化发展的普遍规律，中国已处于城市化率 30%～70% 中期阶段的后半程。城市化发展已进入关键转折期，面临着城市发展不平衡加大、要素自由流动存在体制机制障碍、城市新旧动能转换不顺畅、城市治理体系短板较多等突出问题。

上述问题，一些是先发经济体进入城市化类似阶段时所面临的共性问题。比如经济和产业结构亟须升级转型、社会治理能力的短板制约日益突出等；另一些是与中国过去的城市化发展模式相关的，且难以适应、匹配当前和未来中国城市化高质量发展、产业结构转型升级要求的深层次体制机制问题。比如，过度依赖土地出让收入和地方融资平台推进城市建设。此外，还有一些体制机制不完善、不健全的问题。比如，要素市场改革发展滞后、公平竞争的体制机制不完善、生态资源保护制度不健全，不仅制约着要素自由流动和高效配置及科技创新能力提升和创新动力形成，还影响着城市发展的包容性和可持续性。因此，高度重视和加快城市化发展面临的突出问题，就成为中国实现高质量城市化发展的关键所在。

一、城市发展不平衡问题仍然突出

促进大、中、小城市和小城镇协调发展，始终是中国城市化发展的方向。当前，中国城市发展不平衡问题仍然突出。相关研究表明，2007～2016 年，中国 660 个样本城市中，总计 80 个城市出现不同程度的收缩[①]（地级市 24 个、县级市 56 个），占比高达 12.1%。一方面，中国各区域的城市化率差距较大，经济社会发展差距较明显；另一方面，超大特大城市虽然自身发展较快，但辐射带动作用仍有待增强，在生态、安全、健康等方面的功能还不完善，县域和县级市整体发展水平不高、吸引力不强，城市综合承载能力和功能品质有待进一步提升。

---

① 城市收缩指的是 2016 年人口数据少于 2007 年且连续三个自然年人口增长为负。

1. 各区域和省份的城市化率差距较大

首先，中国东、中、西部的经济发展阶段和水平不同，城市化率水平差距较大。东部地区城市化率最高，2018 年已达到 67.8%，中部地区次之，西部最低，中、西部地区城市化率分别达到 56.11% 和 52.92%（见图 7.14）。从城市化率提升速度看，东、中、西部地区基本保持一致。2000～2018 年，东部地区提升了 25 个百分点，中部、西部地区分别提高了 23 个和 24 个百分点。

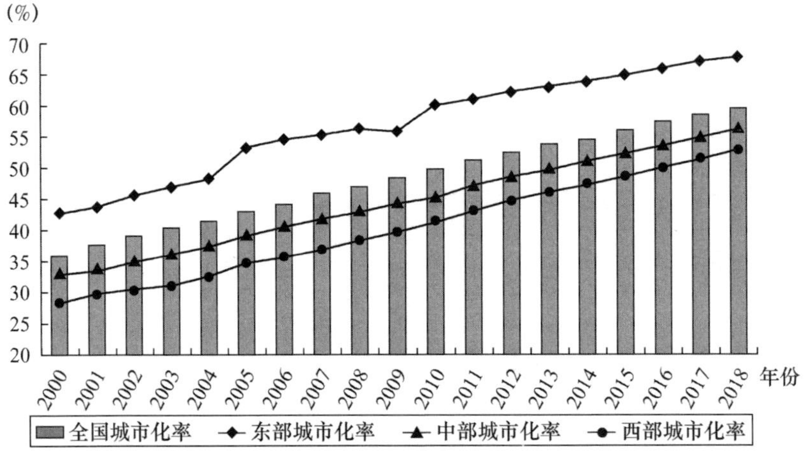

图 7.14　2000～2018 年中国东、中、西部省份平均城市化率

资料来源：Wind 数据库。

其次，南北分化态势日趋明显，部分区域发展面临较大困难。2019 年《中国城市竞争力报告》指出，在产业竞争力较高的城市里，中东部地区城市占据了大多数，整体上呈区域良性发展。但同时，大多数城市的产业竞争力仍聚集在低区间，北方地区城市相对较弱，南北分化趋势逐渐显现。长三角、珠三角等地区已初步走上高质量发展轨道，但一些北方省份增长放缓，全国经济重心进一步南移。2018 年，北方地区经济总量占全国的比重为 38.5%，比 2012 年下降 4.3 个百分点。

2012～2018年，东北地区经济总量占全国的比重从8.7%下降到6.2%，常住人口减少137万人，人口流出的多数是年轻人和科技人才。一些城市特别是资源枯竭型城市、传统工矿区城市发展活力不足。

再次，各板块内部也出现明显分化，发展动力极化现象日益突出。经济和人口向大城市及城市群集聚的趋势比较明显。北京、上海、广州、深圳等特大城市发展优势不断增强，杭州、南京、武汉、郑州、成都、西安等大城市发展势头较好，形成推动高质量发展的区域增长极。

最后，中国31个省份的城市化率与经济社会发展水平密切相关。有12个省份高于全国平均城市化水平，其中，上海、北京、天津三地城市化水平达到80%以上，甚至领先于部分发达国家的城市化水平。2019年，上海、北京、天津的城镇化率在80%～90%；广东、江苏、浙江等3省的城市化率在70%～80%；福建、重庆、内蒙古、黑龙江、山东、湖北、辽宁等7个省份的城镇化率在60%～70%；吉林、宁夏、海南、山西、陕西、河北、湖南、四川、新疆、广西、河南、江西、安徽、青海等14个省份的城镇化率在50%～60%；云南、甘肃、贵州、西藏等4个省份的城镇化率低于50%。

2. 大城市能级量级不足、辐射力不强

目前中国大城市跟国际主要大城市相比，发展能级还明显不足。日本东京大都市圈有3700万人，经济总量超过1万亿美元，占到全国比重的30%以上。韩国首尔大都市圈有2500多万人，占全国人口的一半。中国大型城市的集聚水平与国际大都市相比还有很大提升空间。北京每平方公里的产出只相当于东京大都市圈的1/8、纽约大都市圈的1/5。选择国内外代表性的6个大城市（北京、上海、深圳、成都、东京和纽约）进行对比分析，可以发现，深圳市平均人口密度较大，但北京、上海和成都的平均人口密度远低于东京和纽约。

从离城市中心0～10千米范围看，北京、上海、深圳和成都的人口密度分别达到2.22万人、3.71万人、2.83万人、1.94万人/千米，显著超过东京（1.72万人/千米）和纽约（1.35万人/千米）。到了10～20千米范围，这一特征依然显著。再往外圈层来看，20～30千米范围，除深圳外，北京、上海、成都的人口密度迅速下降到0.49万人、0.75万人、0.53万人/千米，明显低于东京；到30～40千米、40～50千米范围，这一趋势保持不变（见表7.1）。

表7.1　2019年国内外大城市分圈层人口密度分布　单位：万人/千米

城市	10千米以内	10～20千米	20～30千米	30～40千米	40～50千米
东京	1.72	1.39	0.83	0.55	0.34
纽约	1.35	0.76	0.29	0.18	0.16
北京	2.22	1.17	0.49	0.27	0.20
上海	3.71	1.39	0.75	0.50	0.32
深圳	2.83	1.92	1.53	1.26	0.81
成都	1.94	0.80	0.53	0.43	0.26

注：北京、上海、深圳、成都、东京和纽约都市圈，分别以天安门、上海市政府、深圳市政府、成都市政府、银座、帝国大厦为中心进行圈层划分，包括30、50、80和100千米。

资料来源：World pop。

从密度分布曲线来看，中国大城市内外圈层人口落差大的特征更直观。以10千米为分界线，上海和成都的人口曲线最为陡峭，其0～10千米的人口密度是10～20千米的2.66倍和2.41倍，中心外围人口密度下降剧烈。其次是北京和深圳，人口密度曲线相对放缓，0～10千米的人口密度分别是10～20千米范围的1.91倍和1.47倍。以30千米为分界线时，北京内外圈层落差最大，其20～30千米的人口密度是30～40千米人口密度的1.78倍，不但远高于国际大都市，更是高于国内城市（见图 7.15）。相比较而言，国外大城市人口内外圈层分布差距相对较小，人口密度分布曲线整体相对平缓。

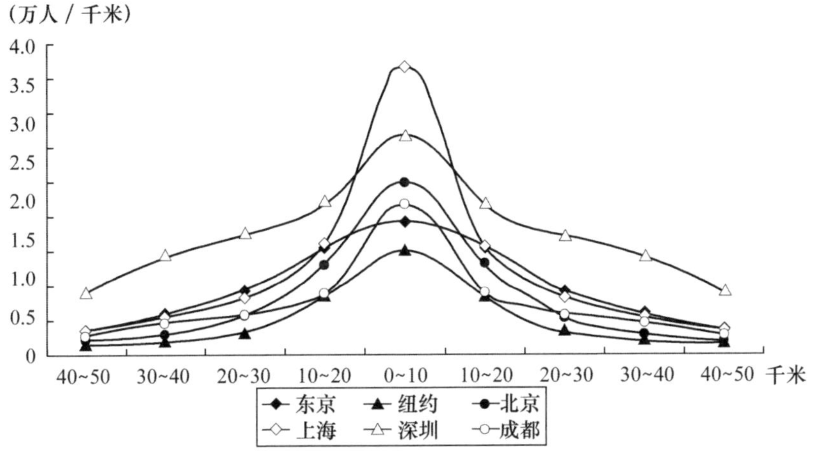

图 7.15　国内外都市圈人口密度空间分布特征

资料来源：World pop。

3. 县域和县级市发展总体薄弱，整体发展水平不高

根据民政部公布的“2019 年 5 月中华人民共和国县以上行政区划代码”，全国（不包括港澳台）除市辖区和林区、特区以外的 1879 个县级行政区划，包括 375 个县级市、1335 个县、117 个自治县、49 个旗、3 个自治旗。在 1879 个县级行政区划中，百强县的发展势头良好，以不到全国 2% 的土地、7% 的人口规模，创造了 25% 的县域 GDP、10% 的全国 GDP。但除百强县外的大多数县域和县级市发展总体薄弱，是中国区域协调发展的最大短板和弱项。《中国县域经济发展报告（2018）》显示，中国约有 15% 的县（市）债务水平都超过了警戒线。分东、中、西三大地区看，西部地区县（市）债务负担最大，中部地区县（市）最低。分省份看，主要受近年来大规模投资的推动，贵州省的县（市）债务呈现“双高”特征，即高债务率和高负债率，债务

负担最重；得益于广东对全省债务规模的严格管理，广东省的县（市）债务水平最低。

二、城市发展新旧动能转换难度大

典型国家城市化的演进历程表明，在城市化率达到 50% 这一关键节点和进入城市化加速阶段后期，产业转型成功、发展动能转换是城市化持续健康发展的关键环节，“产业兴、城市兴”“产业衰、城市衰”。在中国产业结构调整加快的阶段，部分城市原有主导产业出现衰退，但新的主导产业尚待培育，产业升级缓慢。城市发展投融资机制可持续性不强，债务水平高企。这些都会导致新旧动能难以有效接续转换。

1. 产业升级缓慢，数字经济等现代服务业发展不快

过去多年，许多城市都存在“扩张偏好症”，按照规划的产业、人口等目标数据进行城市空间布局，但这种“摊大饼”式扩张很容易受到城市产业结构调整的冲击，一旦出现产业衰退，许多新城新区、开发区和工业园区占地过大，建成区人口密度偏低等情况就会出现，城市运营成本增大，将进一步加大城市转型升级压力。由于转型升级偏慢，一些老工业基地城市和资源型城市正面临转型升级的压力和传统产业动能转弱的挑战，城市发展的产业支撑变弱，就业机会流失，导致城市人口外流，一些城市因此面临衰退凋敝的风险。

我国目前总体上已进入以服务业为主的发展阶段，2019 年第三产业增加值占 GDP 的比重达到 53.9%。经济理论和国际经验都表明，服务业比重超过 50% 后，经济增速会逐步回落，但发展质量和可持续性会提高。同时，以数字经济为代表的新一轮技术革命正在中国迅速兴起，在超大规模的国内市场空间下，数字经济与服务业的深度结合，可以提高服务业劳动生产率，形成新的产品、服务和商业模式，成为城市新旧动能转换的重要力量。但从目前现状看，许多中国城市生产性服务业发育不足，服务业创新能力和竞争力不强，与数字经济的结合度不高，质量和效益偏低，服务业对新旧动能转换的带动效应不明显。2019年，中国70个大中城市中，北京、广州、上海、杭州、南京、深圳等11个城市的服务业增加值占GDP比重已超过60%，天津、武汉、郑州、成都等28个城市的服务业增加值占比超过50%，其他城市都不到50%。按照区域划分，数字经济发展势头良好的东部地区服务业增加值占比达58.7%，中部和西部分别是52.1%和48.7%。

2. 城市投资重点仍以基础设施和公共服务设施为主，新一代信息技术产业、智能交通和能源基础设施等“新基建”投资总体不足

在城市化起步和快速发展阶段，基础设施和公共服务设施相对落后是城市发展的“短板”。在这一阶段，城市投资以铁路、公路、机场等基础设施以及城市基本公共服务设施为主，可以很好地发挥基础设施投资的外溢效应，为制造业等产业发展创造良好的条件。但在城市化率超过60%时，城市产业结构正经历新一轮转型升级的新阶段，制约城市可持续发展的“短板”不再是基础设施和公共服务设施的绝对短缺和不足，而更多的是如何实现产业的转型升级和高端生产要素的集聚、新技术的研发和扩散等。

从现状看，传统基础设施和公共服务设施投资占基础设施投资的比例仍然在80%以上，“新基建”投资不到20%。包括基础设施和公共服务设施在内的固定资产投资重点，还没有转向支撑产业转型升级、科技创新和人力资本有效积累的领域，比如高质量的教育、医疗、文化体系和高端金融服务等。从财政部PPP项目库情况看，2020年一季度末的存量 PPP 项目总投资规模约为 17.6 万亿元。其中，传统基础设施项目（铁路、公路、港口、码头、机场等）约 7.1 万亿元，占比超过 40%；与房地产开发、土地储备相关的项目（公寓、棚户区改造、危房改造、土地储备等）约 3.4 万亿元，占比 20% 左右；“新基建项目”占比仅有 0.5%，规模不足 1000 亿元；跟“新基建”相关的项目（轨道交通、园区开发、垃圾发电等）约 2.6 万亿元，占比 14.7% 左右，两者相加后的占比不到 16%。

3. 城市化融资模式从以政府主导向市场主导的转换尚未完成，债务风险和金融风险较大

传统的城市化融资模式靠地方政府主导，依赖土地出让收入，通过地方融资平台发行城投债，造成了大量或有负债，地方财政承担了很大部分负有担保和救助责任的债务，债务规模持续扩大（见图 7.16），其债务风险和金融风险值得关注。

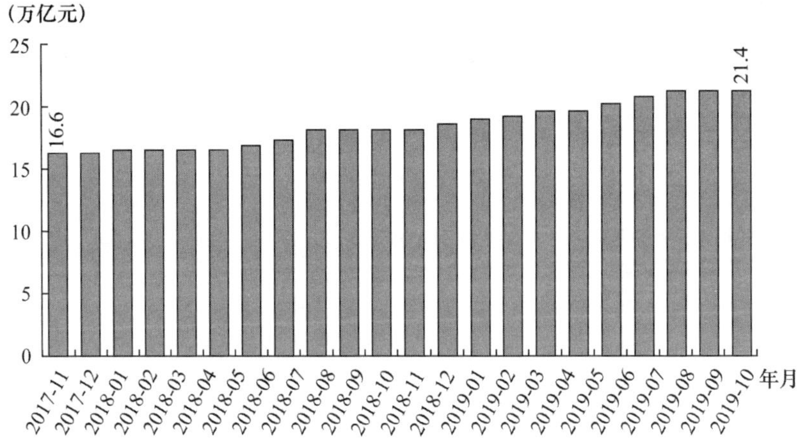

图 7.16　中国地方政府债务余额：2017 年 11 月至 2019 年 10 月

资料来源：财政部。

在下一阶段的城市化进程中，以政府主导的城市投融资模式难以持续。首先，用于城市建设的土地出让收益正在逐步下降，且稳定性差。近10年来，征地拆迁和城市建设支出在土地出让总收入中的占比持续上升，目前已接近80%，土地出让收益仅占出让收入的20%左右，在土地出让收益的分配中还有30%用于中央规定的用途[①]，真正用于城市建设的出让收益越来越少。另外，地方政府债务中接近一半是承诺用土地出让收入偿还，但是，土地出让收入受经济形势以及房地产市场的影响很大，不同年份的波动性大，不适宜作为城市化的稳定资金来源。其次，通过地方融资平台发行城投债的做法已被严格控制和规范。2017年以来，防范地方政府债务过快积累成为防范系统性风险的重要措施，地方政府不能利用融资平台发行城投债的方式进行筹钱，只能由中央财政代发地方政府债券，且发放规模由中央政府规定。在高质量发展阶段，要根据城市发展动能和短板转变，加快投资重点调整，创新城市化融资机制，更好地匹配政府资产和负债，更好地盘活政府资产和收益，更好地匹配债务融资的成本、期限与项目现金流和收益期之间的关系，增加长期融资工具的供给，为城市建设提供成本合理、期限匹配的融资服务保障。

三、城市发展面临更加激烈的国际竞争挑战

近年来，中国一些劳动力密集型产业向发展中国家和新兴经济体转移的速度加快，这符合新的发展阶段下中国产业发展比较优势变化的经济规律，既有利于中国产业结构转型升级，也有利于其他国家经济和产业发展。但短期内如果制造业转移过快，则会对中国城市经济发展造成

① 10%用于保障性安居工程建设，10%用于水利工程建设，还有10%用于教育支出。

冲击，人口和产业过快转移会加大部分城市“产业空心化”风险。此外，许多发展中国家的大城市都在加大政策优惠力度，吸引更多跨国企业入驻、更多跨国资本投资，正在从原先的制造业代工中心、呼叫转移中心等向区域技术发展中心、先进服务业外包基地等转型升级，很多产业领域与中国大型城市高度重合，这在一定程度上会挤压中国城市的发展空间。

未来一段时期，中国城市化发展的外部环境将发生深刻变化，既面临百年未有之大变局的冲击，也面临新一轮技术革命的创新竞争、世界级城市群竞争等更加激烈的挑战。随着技术革命带来的全球化程度提升和产业结构调整，加上自身的创新驱动，未来中国城市群将步入高质量发展、创新驱动、服务业主导的新阶段，与世界级城市群的差距会进一步缩小。但要清醒地看到，世界上公认的5大世界级城市群（分别是美国大西洋沿岸城市群、美国五大湖城市群、日本太平洋沿岸城市群、英国伦敦城市群和欧洲西北部城市群）均以先进制造业、高端现代服务业为主导产业，产业结构处在全球价值链的高端，重大技术突破所必需的教育、金融、尖端人才等资源丰富。由于具备技术领先、基础设施、融资和营商环境等优势条件，5大世界级城市群更容易产生技术突破，形成发达的平台经济。如果中国的主要城市群不能在新一轮科技革命孕育的新产业、新业态中占据有利位置，以后会出现更多核心技术“卡脖子”的问题，与全球主要城市群的技术差距可能会进一步拉大，进而弱化长远的城市竞争力。再加上一些发达国家加大对中国芯片、集成电路、高端软件等“卡脖子”技术的封锁力度，将对中国沿海大城市的产业结构升级和产业链安全形成较大压力，影响中国许多城市建设创新中心的进度，进而影响新阶段中国城市化的高质量发展。

四、要素市场充分发展面临体制机制障碍

经过多年改革，中国土地、劳动力、资本、技术等传统要素市场的市场化程度和水平持续提高，新一轮科技革命背景下的数据等新型要素市场发展较快，要素配置效率显著增强。但总体来说，中国要素市场发展仍滞后于商品市场，各类要素市场化配置范围不够广泛，要素价格改革进展相对滞缓，要素资源在城市内部、城市之间和城乡之间的充分流动和自由配置仍面临较多体制机制障碍。

1. 农业转移人口落户大城市面临的限制较多，未落户人口享有城镇基本公共服务水平总体还不高

国家统计局《2018 年农民工监测调查报告》显示，2018 年中国农民工数量 28836 万人，在乡内就地就近就业的本地农民工 11570 万人，到乡外就业的外出农民工 17266 万人。在外出农民工中，进城农民工 13506 万人。近年来，我国户籍制度改革力度持续加大，在城区常住人口 100 万以下的中小城市和小城镇已陆续取消落户限制的基础上，《2019 年新型城镇化建设重点任务》明确提出“城区常住人口 100 万至 300 万的大城市要全面取消落户限制；城区常住人口 300 万至 500 万的大城市要全面放开放宽落户条件，并全面取消重点群体落户限制”。

受户籍制度影响，目前新市民落户意愿与城市户籍管理之间存在较大落差。农民落户意愿比较高的大城市，至今还没有放开落户限制。据调查，2017 年北京市流动人口落户的意愿是 78. 2%，上海是 74. 3%，其他直辖市平均落户意愿也达到 64. 4%。另外，已经放开落户限制的城镇农民落户意愿较低，比如县城落户意愿只有 25. 6%，直辖市、省会、副省级城市以外的其他地级市落户意愿只有 28. 9%。在落户意愿

强烈的大城市，进城农民工及其随迁家属未能在教育、就业、医疗、养老、住房保障等方面享受与城镇居民同等的基本公共服务待遇，农业转移人口的市民化质量不高，特定人群的公共服务供给和民生保障不足，许多农民工家庭最终还要离开工作过的大城市。

2. 市场机制对城乡土地配置的作用发挥不充分，土地制度的城乡二元体制仍然存在，土地利用效率总体不高

在新型城镇化持续推进、全面实施乡村振兴战略的新形势下，赋予集体建设用地与国有建设用地同等权能，将集体经营性建设用地纳入国有建设用地市场进行公开交易，实现城乡土地平等入市、公平竞争。为加快建立“租购并举”住房制度，2017 年启动集体土地建设租赁住房试点，盘活空闲农村宅基地和乡镇企业用地，在租赁住房用地上探索直接出让、配套建设等新方式，支持土地租赁和作价出资入股。

从目前试点情况看，农村集体经营性用地入市还面临准入门槛、用途范围等限制条件，还不能完全实现与国有建设用地同样的权利。农村集体经营性建设用地入市总体进展不快，利用集体建设用地按照规划建设租赁住房面临银行抵押难、抵押品价值低等问题，且出让方式目前仅限于协议方式，还不能完全享受与国有建设用地同等的出让条件。

新增建设用地指标在全国范围内的分配机制有待优化，土地指标管理的灵活性不强。经济发展优势大的地区，新增建设用地指标不足的问题比较突出。尽管近年来国家开展了“在符合土地用途管制前提下，允许都市圈内城乡建设用地增减挂钩节余指标跨地区调剂”“2020 年 3 月 1 日起，将国务院可以授权的永久基本农田以外的农用地转为建设用地审批事项授权各省级人民政府批准，试点将永久基本农田转为建设用地和国务院批准土地征收审批事项委托部分省级人民政府批准”等试点工作，但从试点效果看，新增建设用地指标的跨省交易体系还没有建立起来，新增建设用地资源向中心城市和重点城市群等经济优势地区倾斜的力度还不够大。

3. 数据要素市场体系不够完善和成熟，抑制了数据价值和数字经济的潜力释放

中国信息通信研究院发布的《中国数字经济发展与就业白皮书(2019 年)》显示，2018 年我国数字经济规模达到 31.3 万亿元，占 GDP 的比重超过 1/3，达到 34.8%，对 GDP 增长的贡献率达到 67.9%。预计我国 2025 年数字经济规模将达到 60 万亿元，成为带动国民经济发展的关键力量。但与土地、资本、技术等传统生产要素不同的是，数据是在技术革命背景下出现的新型生产要素，现在中国处于发展探索期，数据的市场配置、产权界定、保护模式等方面都存在诸多有待完善的地方。

首先是数据产权界定难，数据要素的合理报酬机制没有建立。在万物互联的物联网时代，每个行为主体都在产生各类数据，借助互联网技术收集的巨大数据要素确权会变得更加困难。目前中国数据要素的产权规则不清晰，法律对数据要素所有权及相应的使用权和收益权均没有明确界定，相关法律规章处于空白状态，《中华人民共和国合同法》《中华人民共和国反不正当竞争法》《中华人民共和国反垄断法》等法律都没有对数据要素产权作出明确界定，难以有效保障数据要素的收益权。由于法律法规不完善、权利边界不清晰等原因，中国数据要素的流转机制不健全，在数据开放、共享和交易上普遍存在“不愿开放、不敢共享、不便交易”的问题，难以形成合理的数据要素市场价格，制约了数据要素收益权利的实现。

其次是公共数据开放共享程度低，数据“孤岛”现象突出。受数据安全、数据标准、数据应用范围等因素的影响，目前中国的数据开放共享尚处于审慎探索阶段，数据要素交易市场和交易规则还不够完善，跨行业、跨部门、跨组织的数据资源融合和协同开发利用程度还不够高。农业、工业、交通、教育、安防、城市管理、公共资源交易等领域规范化数据开发利用的场景尚未建立，各类公共数据采集标准化水平低、共享交换程度不高，企业登记、交通运输、气象等公共数据开放和数据资源有效流动的制度规范不完善，对政府部门的公共数据与社会各类数据的统筹、集成、利用的难度很大。

最后是数据要素安全保护机制尚不健全。大数据环境下的数据分类分级安全保护制度和安全审查制度是确保数据要素市场价值的重要制度保障。中国高度重视数据要素安全保护，《个人信息保护法》和《数据安全法》即将颁布实施。但总的看，目前中国数据要素保护难的问题比较突出，数据要素的政府治理能力有待提高，在数据的流动、交易和配置过程中，仍面临数据泄露、个人隐私侵犯、不正当竞争和垄断滥用行为等诸多安全风险，可能造成数据要素收益损失和分配不公平等问题。

4. 创新要素对城市高质量发展的支撑作用不足，创新机制有待增强

创新驱动是未来中国城市化发展的最重要支撑。近年来，中国把科技自立自强作为国家发展的战略支撑，面向世界科技前沿、面向经济主战场、面向国家重大需求、面向人民生命健康，深入实施科教兴国战略、人才强国战略、创新驱动发展战略，完善国家创新体系，加快建设科技强国。新一轮技术革命在城市交通、能源、消费和生产领域会产生广泛影响，各类新产业、新模式、新业态不断出现，带动创新要素在城市广泛应用。但跟中国经济社会高质量发展的要求相比，人才创新活力不足、科技创新体制机制不完善等问题较突出，阻碍了技术革命对创新要素的激发作用，不利于创新型城市的产生和壮大。

受制于现行较僵化的科研管理体制和技术成果转化机制，发明者、创新者分享技术创新的收益偏低，导致将科技创新成果转化为推动经济社会发展的现实动力不强、科研创新与经济社会发展的结合度不高。鼓励企业真正成为技术创新主体的市场环境还不完善，特别是“软”环境改善相对滞后，存在对知识产权的保护力度有待进一步提高，竞争政策的基础性作用尚未形成，推动企业技术创新的税收优惠政策需要加大力度等问题，造成大城市创新能力不强，不能充分集聚创新要素、激发创新活力、扩散创新知识。

五、城市治理体系的短板较多

在中国城市化快速推进过程中，城市的社会结构、经济结构、社会组织形式、社会利益格局等都发生了深刻变化，一些领域的社会矛盾日趋严峻。有的城市政府在城市治理中的职能定位不清、角色功能冲突，越位、缺位和交叉问题突出，既存在包揽本应由社会组织承担的职能与事务的问题，也存在社会治理覆盖不全、出现治理空白等问题。

一是城市化进程中注重经济发展，对生态保护重视不够。中国城市化进程中，一些城市重经济发展、轻生态保护和安全健康发展的问题较为突出。生态环境部公布的《2019 年全国生态环境质量简况》显示，中国 337 个地级及以上城市细颗粒物浓度尚未达标，环境空气质量达标城市数量仍不足一半，其中京津冀及周边地区“2 + 26”城市平均优良天数比例仅为 53.1%；七大流域中的五大流域（黄河、松花江、淮河、辽河和海河）为轻度污染，开展营养状态监测的 107 个重要湖泊（水库）中有 28% 的湖泊（水库）处于轻度或中度富营养状态；全国有 32.6% 的县域面积生态质量为“较差”和“差”。在土壤环境方面，耕地重金属污染问题凸显，污染地块再利用环境风险较大，垃圾处置能力和水平仍需提高。

二是城市化进程中重城市建设、轻管理服务。城市特别是超大特大城市的风险隐患增多，传统的城市规划建设和管理方式已难以适应城市发展要求和居民需求。城市管理运行效率不高、公共服务供给能力不足。比如对进城务工人员及其家属在居住、就业、入学、就医、社保等方面的服务与管理，既无法纳入现有城市公共服务体系，也缺乏专门的政府部门进行协调处理。另外，城市化进程中的收入和财富差距持续较快扩大并维持在较高水平，不同社会群体间的利益关系更加复杂多元，教育公平、就业公平问题凸显，甚至身份认同、阶层固化的特征开始显现。

三是行政控制手段运用过多，多元化治理体系尚未健全。当前社会治理仍然是行政控制手段运用过多，存在过度治理的问题，缺乏运用引导、疏导、协调、教育、服务等社会治理方式的能力和手段，社会组织等多元化社会主体参与治理的模式尚未形成，治理能力现代化及相关公共服务的政府投入相对薄弱，特别是财政投入明显不足。

本章小结

中国城市化发展内生于中国发展战略选择和产业结构变迁模式。作为全球人口数量最多的国家，中国经历了全球历史上最大规模的城市化进程，取得了历史性成就。中国经济从高速增长阶段进入高质量发展阶段，中国城市化发展也进入关键转折期，城市化进程面临城市发展不平衡加大、城市新旧动能转换不顺畅、要素自由流动存在体制机制障碍、城市治理体系短板较多等突出问题，亟待深化体制机制改革，为城市化高质量发展提供有力的制度环境。

参考文献

[1] 蔡昉，都阳，杨开忠．新中国城镇化发展70年．北京：人民出版社，2019

[2] 陈亚军．我国城市化进程的回顾与展望．管理世界，1996（6）

[3] 国家统计局．城镇化水平不断提升城市发展阔步前进——新中国成立70周年经济社会发展成就系列报告之十七，2019

[4] 国务院发展研究中心课题组．中国新型城镇化：道路、模式和政策．北京：中国发展出版社，2014

[5] 国务院发展研究中心，世界银行．中国：推进高效、包容、可持续的城镇化，北京：中国发展出版社，2014

[6] 国务院发展研究中心和施耐德电气．以创新和绿色引领新常态：新一轮产业革命背景下中国经济发展新战略．北京：中国发展出版社，2015

[7] 国务院发展研究中心市场经济研究所．改革开放40年：中国市场体系建设进展与成效．北京：中国发展出版社，2018

[8] 王微，王青等．加快建设现代市场体系．北京：中国发展出版社，2019

[9] 肖金成，刘保奎．改革开放40年中国城镇化回顾与展望．宏观经济研究，2018（12）

[10] 叶明勇．改革开放以来我国城镇化进程及思考．第十六届国史学术年会论文集，2017（9）

第八章

新一轮技术革命对中国城市化发展的影响

以5G、人工智能、云计算、大数据、新能源、新能源汽车、数字经济、共享经济等为代表的新一轮科技革命和产业变革方兴未艾，伦敦、纽约、巴黎、东京等世界级城市群正在加快新一轮科技产业研发和布局，全球主要城市群的科技竞争将更加激烈。中国城市化向高质量发展的转型发力期，与新一轮技术革命的拓展期和中国创新能力的持续提升期，在时间段上高度重合。新的重大技术突破、技术加速扩散和应用，为优化中国城市化空间布局和形态、推动城市产业升级和竞争力提升、增强城市治理现代化能力等提供了有力支撑和强大动力。

第一节 调整优化城市化空间结构

新一轮技术革命将进一步推动人口向城市聚集，加速中国城市化进程。2035年前，中国城市人口规模仍将保持较快增长速度，为城市化高质量发展提供强大动力。还将促进各类技术要素向农村转移，增强农村地区的产业竞争力，改善中国城乡关系，推动城乡融合深入发展。同时，新一轮技术革命会带来新的生产要素，催生新产业和新业态，影响城市形态和结构。大城市和中心区域城市的高新技术产业和生产性服务业加快发展，通过参与全球城市群的新产业、新业态竞争，中国主要城市群加快融入全球城市体系，城市群综合竞争力实现提升。

一、城市化率继续提高和城乡融合发展加快

从信息和知识传播的角度看，数字化的信息和知识传播范围更广、传播时效性更强。通过城乡统一的通信基站、宽带网络等信息基础设施建设，推动城市、乡镇、农村之间空间上的互联互通，促进了信息资源的有效共享，这在一定程度上能够缩小产业、人才、技术、资源的城乡差距。现代物流、交通运输等技术的发展，使城乡交流成本进一步下降，农业生产、供应、销售可以获得更多信息化支持，农业生产者、经营者可以充分获得市场信息，优化资源配置，提高农业生产率与运行效率。基于大数据、5G 等信息技术的机械化生产普及，新型农业机械、信息技术向农村地区转移，农业部门的技术含量大幅提高，提升农业生产经营服务的规模化水平，推动农业部门向现代部门转型。在新一轮技术革命的推动下，农业对劳动力的需求进一步降低，这可以进一步释放农村人口流入城市，为城市产业转型提供充足的人力资源储备。

大型城市群和都市圈的持续发展，都将继续提升大城市消费资源的聚集和整合能力，推动消费结构持续升级，培育和扩张新消费，引领消费和商业模式创新，再通过扩散和示范效应向全国和农村地区辐射，形成以点带面的格局。中国城市网络购物用户量前五位分别为北京、上

海、深圳、广州和重庆，体现了消费升级与城市化发展水平的一致性（见图8.1）。

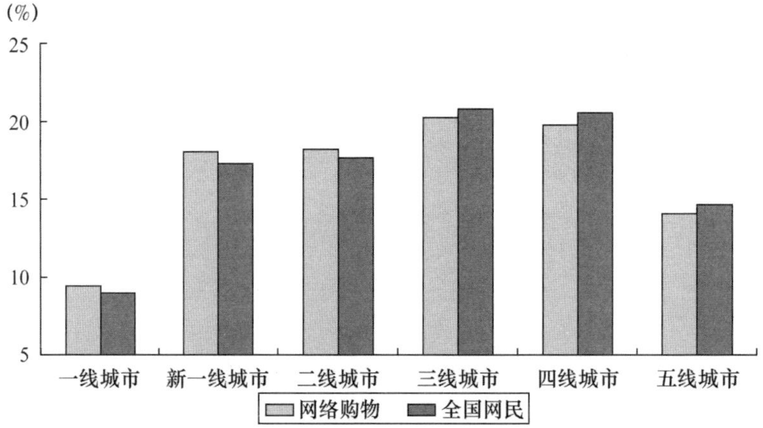

图8.1　中国网络购物的消费扩散效应

资料来源：极光大数据。

二、东、中、西部城市化率差距逐步缩小

新一轮技术革命会进一步增强东部地区对高端人才的吸引力。东部地区经济发达，各类资源特别是创新要素的集聚程度高，基础设施完善，城市化率处于较高水平。在新一轮技术革命的推动下，东部地区将首先受到新兴技术的影响，形成新的业态，促进产业结构转型。数字技术与智能技术的发展，催生了云计算、智能制造、现代服务业等知识密集型产业，并向餐饮、销售、生产等劳动密集型产业渗透，促进服务业从传统的劳动密集型行业向知识密集型行业转变，进而导致东部区域对高端人才的需求增加，对技能较低的劳动力的需求减少。同时，高新产业的发展，使东部省份城市居民最先享受成果，提高生活水平，吸引居民向东部城市转移。

新一轮技术革命能够加速中西部地区的城市化进程。技术进步带来的智能制造、智能服务，会促使低技术劳动力从东部城市流出，加快回流到中西部城市进行就业创业；技术革命提高了产业生产率，促进中西部产业扩张，而且东部地区技术与产业向中西部转移，提供了大量的就业机会，扩大了中西部城市的劳动力需求。同时，中西部城市在就业机会、劳动力收入、公共服务等方面显著优于中西部农村，且中西部城市的房价比东部城市低很多，这使中西部农村人口更有可能大量流向中西部城市，以获得稳定就业。因此，城市间与城乡间的人口迁移，共同推动中西部城市化进程。

三、不同类型城市的城市化推进速度分化明显

在新一轮技术革命推动下，中小城市的城市化率将不断提高，中等规模城市城市化率增速更快，大型城市的城市化率将进入平台期，超大城市人口几近饱和，城市化进程趋缓。2005 年以来，中国超大城市北京、上海的城市化率均超过 80%，2018 年城市化率分别高达 86.5% 和 88.1%，进入城市化进程的后期阶段，城市化速度转入缓慢阶段。新兴交通技术如高铁的发展，降低了城市间的交通运输成本，城市间时空距离缩短。大城市承载力有限，人口逐步向周边中小城市转移。以北京为例，近几年人口增长缓慢，但周边的廊坊市与保定市的人口增长速度加快。未来，伴随着技术进步，城市间时空距离不断缩短，但超大城市的城市化率将很难进一步提升。

新一轮技术革命为中等城市产业的发展提供了支撑，一方面促进新兴产业的出现，扩大产业规模；另一方面信息技术的发展为城市经济扩散提供了保障，使特大城市产业转移至中小城市，进一步促进了产业规模的扩张、吸引劳动力的流入，加速人口增长。由于交通技术与信息技

术的发展，规模较小的城市居民可以了解到更多信息，以更低的成本迁往更发达的地区，导致华中、西南、西北等地城市人口增长放缓。

新一轮技术革命背景下，中国城市分化现象将更加明显。随着技术变革、产业变革和效率的提升，在城市间效率、就业和收入、公共服务差距的推动下，部分中小城市人口和产业外流必然会加剧。未来，有一类是“转型成功型”城市，如深圳这类转型较快、已取得初步成效的城市，会吸引高素质的人才持续流入。另一类是“转型失败型”或叫“衰败型”城市，也就是不能在产业转型和结构调整方面取得切实效果，人口会加快流出。

四、大城市和都市圈的经济集聚效应更加突出

新一轮技术革命带来的产业革命突出表现在数字经济快速发展，成为当前和今后一个时期推动产业变革和效率变革的主要领域。从空间分布来看，数字经济以及数字经济和制造业相结合的新型业态将主要分布于大城市及其周边，特别是在都市圈范围内，成为中国当前和今后若干年内可预见的效率高地和就业机会集聚地，尤其是平台经济和独角兽等创新企业的集聚地。未来较长时间内由于效率和就业优势，人口向都市圈持续集聚将成为显著特征。

新一轮技术革命，特别是信息技术的应用、地铁等轨道交通建设以及智慧城市的规划建设，使大城市尤其是特大城市的承载力进一步提高。首先，未来随着智慧交通体系的更加完善、共享交通的快速发展和城际交通体系的完善，将会有效地进行人车匹配，不同程度地减少城市车辆数量，进一步缓解城市拥堵，提高城市通行畅通性。其次，信息技术的发展，城市规划的完善，人口、交通和居住地的更优匹配，城市治

理的完善，使城市人口承载力在既定空间范围内显著提高，进而扩大城市规模、提高城市人口密度，更好地发挥都市圈人口集聚的规模效应和密度效应，进一步提高人口向都市圈集聚的规模和水平。

新一轮技术革命在推动大城市和都市圈进一步集聚发展的同时，还能发挥促进大型中心城市功能调整、城市群内大中小城市协调发展的作用。紧密联系的城市产业分工体系是城市群内大中小城市协调发展的关键。信息、交通、能源、生物等方面的重大技术革命最有可能出现在大型中心城市，技术革命出现后又会进一步驱动各类创新要素集聚在大型中心城市，推动现代城市功能加快形成，实现从生产中心向要素配置与服务中心转变，成为服务区域乃至全国，面向全球的贸易中心、金融中心、创新中心、消费中心、总部基地及国际枢纽城市，形成以先进制造业和现代服务业为主的高级产业形态。

此外，新一轮技术革命的快速发展，特别是新型信息技术、交通技术及能源技术的快速发展和应用，不仅会促进传统制造业、服务业转型升级和提高效率，也会改变传统产业布局的区位选择。这意味着以大城市为中心的产业布局模式的转变，大型城市的制造业将调整转移，中小城市利用在空间、资源、劳动力等方面的比较优势，因地制宜选择适合自身发展的特色产业，与大城市形成具有合理地缘经济关系和分工关系的产业链供应链体系，有利于提高产业发展的专业化水平和经济效率。更为重要的是，现代信息技术和交通技术会进一步增强大型城市与周边中小城市的互联互通程度，缩短城市圈内大中小城市的时空距离，加快促进都市圈的形成和同城化程度，推动中国主要都市圈崛起并成为参与世界级城市群竞争的平台。

第二节　推动城市产业升级和竞争力提升

通过产业升级不断强化城市发展的产业支撑，是城市发展的必然选择，也是城市高质量发展的必然要求。防止城市衰退、促进城市振兴的最终办法，就是利用技术和政策尽快形成新的产业，用产业升级周期来形成新的城市发展周期。当前全球科技创新进入空前密集活跃的时期，新一轮科技革命和产业变革正在重构全球创新版图、重塑全球经济结构。新一轮技术革命可以为中国战略性新兴产业发展、技术与各产业深度融合及优化城市基础设施和房屋的建造运营方式等提供强大支撑，推动城市产业升级和竞争力提升。

一、为战略性新兴产业发展提供强大支撑

中国“十四五”规划建议提出，加快壮大新一代信息技术、生物技术、新能源、新材料、高端装备、新能源汽车、绿色环保以及航空航天、海洋装备等产业。新一轮技术革命可以为这些产业发展提供强大技术支撑。一是通过工业互联网、大数据、人工智能、先进通信、集成电路、超高清显示等技术创新和应用，全面提升信息技术产业核心竞争力。二是通过生物医药、生物农业、生物制造、基因技术的应用服务，壮大生物产业。三是通过核能、太阳能、风能、氢能、生物质能等新能源技术研发和应用，提高能源产业中的新能源生产比重。四是通过先进无机非金属材料、高性能复合材料、新型功能稀土材料、信息功能材料、纳米材料等前沿新材料，实施材料基因工程，加快建设材料强国。

数据不断催生数字经济新的增长点。从目前应用领域来看，以人工

智能、量子信息、移动通信、物联网、区块链为代表的新一代信息技术加速突破应用，交通运输网络的不断完善，节能环保等新技术的突破应用，制造业向智能化、服务化、绿色化转型，以清洁高效可持续为目标的能源技术加速发展，将引发全球能源变革，智能制造、新能源汽车、智慧城市、智能手机等新模式、新业态和新产业迅速出现迭代，成为全新的经济引擎。这些新技术、新产业的出现，会催生新的生产要素，进一步促进新兴产业的发展。如智能技术与数字技术的出现，催生了移动支付、智能制造、物联网等产业，在宏观经济决策、生产经营决策和个人消费决策中的应用日益广泛深入。一分钟消息量超过千万条的微信社交平台，一天交易额可达百亿元的阿里电商，一年交易量超千亿条的移动支付系统，使交互、消费方式发生巨大变革，不断催生新的经济增长点。

二、推动互联网、大数据、人工智能等同各产业深度融合

利用新一代信息技术对各产业进行全方位、全角度、全链条改造。近年来中国互联网、人工智能等数据科技企业加快向各产业渗透，促进新兴产业间、新兴产业与传统产业间以及技术与社会的跨界融合发展。以工业互联网为例，作为新一代信息通信技术与现代工业技术深度融合的产物，通过构建连接机器、物料、人、信息系统的基础网络，实现工业数据的全面感知、动态传输、实时分析，形成科学决策与智能控制，提高制造资源配置效率，是制造业网络化、数字化、智能化的重要支撑，是互联网从消费领域向生产领域拓展的核心载体。

大数据、人工智能、物联网等新一代信息技术正在与制造业深度融合，不断改变着制造业的生产方式、组织方式和发展模式。数字化、网

络化、智能化已经成为全球制造业发展的重要方向。5G等信息技术通过与传统制造业深度融合，形成规模更大的智能制造业。3D打印、模拟分析、工业物联网等技术在制造业逐渐渗透，汽车、航空航天、国防工业在智能制造领域发展较快，其他行业的智能制造也在加快发展。截至2020年6月，制造业重点领域企业关键工序数控化率和数字化研发设计工具普及率分别达到51.1%和71.5%。“十四五”和今后一段时期，5G、工业互联网等将成为中国制造业转型升级的催化剂，推动制造企业迈向“万物互联、万物可控”。

新一轮信息技术能够有力地推动中国服务业的数字化转型，加快服务贸易方式转变和创新。随着我国构建更高水平开放新格局的不断推进，以及互联网经济的快速发展，我国消费加速融入全球消费市场。在海淘、海外带货、网红直播等新销售模式的带动下，消费者对海外商品的认知度、认可度不断提升，带动进口电商呈现出爆发式增长。2019年《中华人民共和国电子商务法》颁布实施，这不仅规范进口跨境电商的合规化发展，还不断优化跨境电商的发展环境和政策环境。2019年我国进口跨境电商交易市场规模将近2.5万亿元，是2012年的10.3倍，年均增长近40%（见图8.2）；进口跨境电商用户规模1.25亿人，是2013年的12.5倍。

信息技术支撑下的跨境电商市场快速发展，并结合中国国内庞大的网络购物市场，共同支撑中国消费市场规模的持续扩张。据预测，到2030年中国将贡献全球消费增量中的近1/3（见图8.3）。不仅国外高品质的消费品和服务加速进入国内市场，进一步优化国内市场供给，熨平国内外消费市场的落差，而且促进上海、北京等消费领先城市成为全球消费中心城市，使国内外消费市场日益连通，消费的国内外一体化发展格局日益形成，引领中国消费升级和创新的能力不断提升。

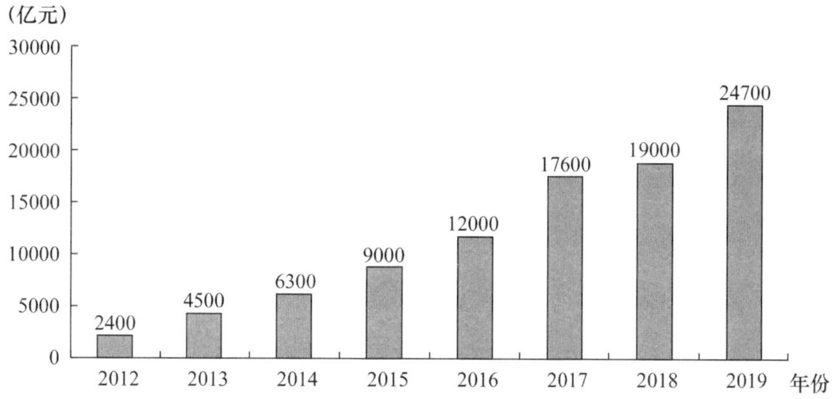

图 8.2　中国跨境进口电商市场交易规模（2012~2019 年）

资料来源：中国电子商务研究中心。

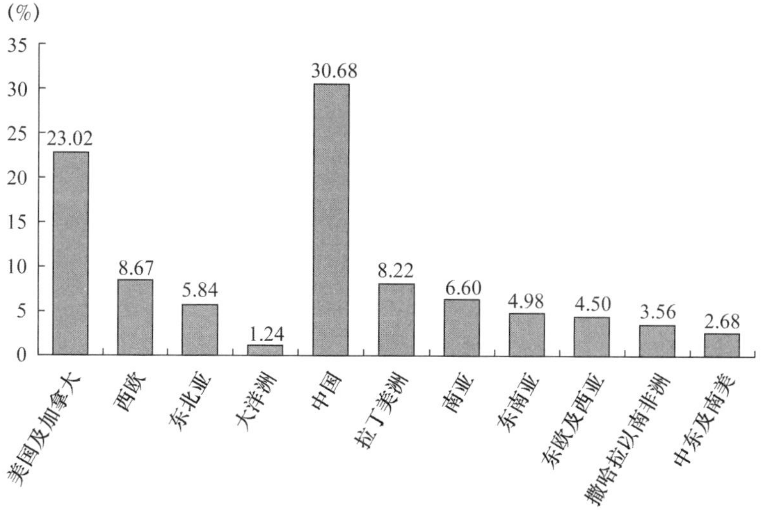

图 8.3　2030 年中国消费在全球增量中的比重

资料来源：麦肯锡全球研究院："重塑全球消费格局的中国力量"。

三、优化城市基础设施和房屋的建造运营方式

人工智能技术未来的突破点之一将是城市建设方式的智能化。智能制造、增量制造等技术通过将用户需求纳入生产环节，实现个性化定制，改变以往的粗放型生产模式，促进产业对特定能源的需求，减少生

产环节的碳排放，将全面改变目前城市基础设施和房屋的建造方式，大幅改善建造过程的安全性，提高建造质量、降低建造成本。

智能化技术的发展将给基础设施的监测、运行和维护改造带来革命性变化。基础设施的运营维护技术，包括城市的道路桥梁和交通基础设施，也包括电力、燃气、供排水、热力管网等维持城市运转的基础系统。中国城市基础设施的需求，已从大规模建设转为提升保障能力，更好地满足安全与高效的要求。

目前中国城市地下空间开发利用程度远低于发达国家，而现在多数城市用地紧张，开发地下空间已成为解决城市发展空间紧张问题的主要途径。地下空间权属、规划与设计技术、开发建造技术、安全防范技术以及高效运行尤其是通风照明技术的发展，可以为城市地下空间的规划、设计与建设和安全运营提供系统的技术支撑与政策机制保障。

四、新型能源技术推动城市绿色低碳发展

城市是中国国内生产总值的主要贡献者，同时也是能源消费主体。2017 年，中国城市能源消费量约为 38.5 亿吨标准煤，占全国能源消费总量的 88.3%。为满足城市日益增长的能源需求，包括煤炭、天然气在内的大部分一次能源和电力等都需要从资源集中地送往负荷中心。目前化石燃料是我国城市能源消费的重要来源，大部分城市的能源消费结构以煤炭为主，可再生能源在城市中的利用比例还比较低。

利用高科技改造传统产业，发展混合动力汽车、广泛使用风能和太阳能等清洁能源，降低了经济活动对环境的污染。通过科技发展，加速绿色科技的商用化和民用化，例如发展绿色便捷交通，降低通勤能耗。部分地区可以选择在工作区和住宅区配套建设的方式上进行城市规划。

推广节能环保建筑，减轻建筑对环境的负荷。建设植被覆盖的绿色

建筑和可以自供电的太阳能、风能建筑。制定城市发展的绿色建筑标准，构建节能减排的系统性工程，培养绿色建筑相关产业，发展绿色科技。大规模推动绿色建筑的普及。对于新城区，可以在原建筑的基础上搭配绿色建筑材料，如安装太阳能面板等，以实现原有传统建筑向绿色建筑的转变。对于新建建筑，应以住宅区、功能区等区域功能为单元，因地制宜，以人为本，构建绿色建筑系统。

五、技术和商业模式创新推进新消费市场扩张

所谓“新消费”，主要是指在经济全球化和新一轮技术革命的大背景下，由技术创新和新技术应用所引发或支撑形成的全新的消费理念、内容、方式。近年来，新技术应用和商业模式创新成为带动新消费增长的主要动能。以互联网、大数据、云计算、人工智能等为代表的新技术，以平台经济、共享经济等为引领的新商业模式，激发了消费创新，并深刻改变人们的消费理念和方式。以网络零售为例，2019 年我国网络零售额已达到 10.6 万亿元，自 2014 年以来保持 30% 左右年均增速，占社会消费品零售总额的比例从 2008 年的 1.1% 提升到近 26%（见图 8.4、图 8.5）。

新技术成果的加速应用，带动网络购物的移动化、拼购化、在线支付化，与消费热点、体验热点、消费模式相互影响和适应。消费领域成为当前我国创新创业最活跃的“试验场”。2018 年全球独角兽企业（市场估值在 10 亿美元以上的初创企业），我国已达到 203 家，位居世界第二。从行业分布来看，汽车交通、电子商务、文化娱乐、本地生活、医疗健康等消费相关领域共有 136 家，占比为 67%，而且大多集中在新消费领域（见图 8.6）。

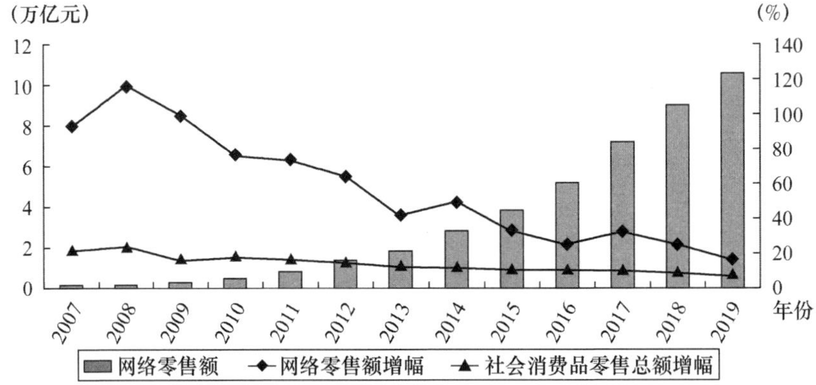

图 8.4　中国网络零售额及增长率（2007 ~ 2019 年）

资料来源：商务部；《中国统计年鉴》（2007 ~ 2018 年）。

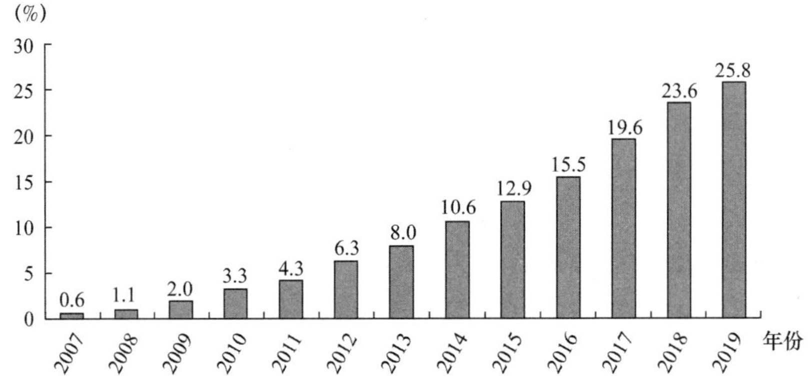

图 8.5　中国网络零售总额占社会消费品零售总额的比例（2007 ~ 2019 年）

资料来源：国家统计局，商务部。

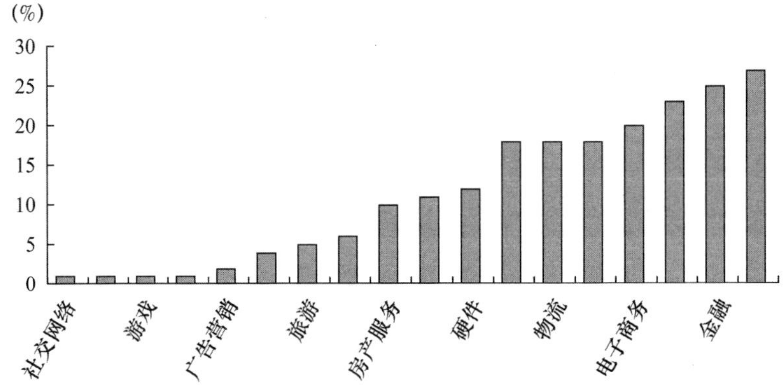

图 8.6　2018 年我国“独角兽”企业的行业分布

资料来源：IT 桔子。

第三节　城市治理现代化水平加快提升

随着大数据及相关技术的飞速发展，获取大量城市级别的数据并进行大规模分析计算逐渐成为可能，城镇化与城市发展的研究也随之逐渐从传统的定性分析向定量的分析预测和优化发展。这一转变将给城市规划、设计和运行管理带来全新的革命性变化，并能够在很大程度上解决目前城市发展面临的诸多问题，实现城市有序、健康和可持续发展。通过大数据、人工智能建立映射和描述整个城市空间、经济活动和社会活动的量化模型，从而实现城市规划的动态优化、建设和运行管理的精准化、智能化，是城市发展领域将要出现的最重要技术变革。

由于历史原因，中国在过去几轮全球重大技术革命中错失发展机遇，城市治理理念和治理模式仍然较为传统。从历史沿革看，改革开放后中国城市治理经历了从“总体—支配型”治理到“制度—技术型”治理的转变，即从以通过计划经济单位对资源进行总体控制分配的运动式治理，逐步过渡到强调将制度创新和技术发展应用于城市治理（文军、高艺多，2019），为中国实现快速城市化提供了较大支撑。当前正在发生的新一轮技术革命，将为中国实现城市治理体系和治理能力现代化提供新的历史机遇。

一、运用大数据实现城市治理的智慧化

在借助信息技术实现精细化治理的基础上，运用大数据实现城市治理的智慧化。大数据不仅是重要的生产要素，也成为重要的社会治理要素。首先，从服务供给上看，大数据比传统数据更具时效性，通过对实

时信息的抓取分析，能够保证政务服务输送的即时性、电子化、个性化。其次，大数据克服了传统治理模式的碎片化困境，有助于提高治理决策的全面性、系统性和常态性。最后，通过对城市各阶层人群的精准画像，有助于精准把控公民的普遍需求，优化风险控制机制，实现“以人为本”的城市治理价值导向。

在通过技术手段提高城市治理效能方面，中国已经有了比较成功的探索。例如，“网格化管理”模式将城市划分为若干单元，依托数字化信息平台，对单元网格内的管理需求作出及时响应，是一种城市信息化管理模式。该模式自 2004 年在北京市东城区率先试点后，在住建部的指导下逐步向全国推广。类似案例还有许多，如公安部门在许多城市实施的“天眼工程”、各省市着力推进的一体化数字政务平台、厦门等城市建设的“市民健康信息系统”等。

二、技术创新提高公共服务的供给效率

技术创新尤其是移动互联网技术，创新公共服务供给的手段和方法，丰富了公共产品的展示方式，提高了公共服务的供给效率。数字、智能技术在城市的广泛应用，提高了城市的数字化水平，促进了城市管理模式的改变。如可持续交通模式实现各种交通方式的协调配合，发挥了城市综合交通运输体系的整体效益；如绿色低碳建筑、智慧水务的应用，配合城市信息化系统（“城市大脑”）建设，实现信息化和城市化广泛深度融合，可以提升整个城市的综合效率。

杭州通过打造“城市大脑”，建立未来智慧城市样板。最典型的应用在交通领域，阿里巴巴通过阿里云积累的云计算、大数据和人工智能等技术实力，通过构建城市一体化计算平台、城市数据资源平台和人工

智能（AI）开放服务平台，集即时、全量、全网和全视频的能力特征于一体，结合天曜、天鹰、天机、天擎等4款AI视觉平台，实现对杭州交通事件、事故进行全方位实时感知、自动巡逻。通过两年运行，杭州“城市大脑2.0”已接管全市1300个路口信号灯、4500路视频，形成7大生命体征全面感知城市交通体系，并可通过移动终端直接指挥杭州200余名交警。在全国最拥堵大中城市排行榜上，杭州从2016年的第5名下降到2018年的第35名，交通效率不断提升，交通事故率不断下降，市民出行满意程度大大增强。除了治理交通拥堵，杭州“城市大脑”还可以帮助发现警情和处理警务，日均可自动发现警情3万余起，准确率达95%以上，报警平均用时仅10秒，有效改善了城市治安环境，案情发现和处理能力大幅提升。

第四节　高度关注新一轮技术革命对城市化发展的挑战

新一轮技术革命方兴未艾，在给中国城市化发展带来巨大红利的同时，也要清醒地看到由此带来的一些新挑战。

一、对城镇就业结构和居民收入分配格局形成冲击

在新一轮技术革命背景下，未来的劳动力市场可能会出现两大变化。一是劳动技能趋向多元化，劳动者的知识体系趋向复杂化。智能化时代，人们所处的科技基础环境发生重大变化，大数据和云计算呈现指数级增长，人类的认知体系和知识总量在不断更新和发展，劳动力结构也随之转变。无论处于哪种工作岗位的劳动者，单一固化的知识储备和技能结构已经无法适应技术进步的速度以及新时代发展要求。随着人工

智能技术与生产规模结合，劳动者的工作角色发生了巨大变化，从机器的附属品转为生产过程的操控者、监督者及管理者。劳动者往往要掌握多种“硬”技能和“软”技能才能应对科技进步带来的新挑战，才能胜任新的工作岗位和角色。二是智力劳动者所占比重增加，创新能力成为就业的门槛。在技术的影响和推动下，劳动力结构不断优化，技术人员、科研工作者、管理人员等知识水平和素质水平更高的劳动者越来越多，市场需求量也会扩大，对人才的要求也会逐渐提高。人工智能技术与生产过程的深度融合，会减少生产领域的劳动者数量。与此同时，高技术产业、新兴产业、服务行业等将迎来更广阔的发展空间，吸纳更多有知识、专业技能、创新能力的劳动力，从事产品设计、研发编程、金融投资、高新技术设备操作等高端职业的劳动者数量会逐渐增多，创新型人才、复合型人才、高技术人才、技能型人才等在劳动力结构中所占的比重会逐渐增加。

新一轮技术革命会引发对城市常规工作岗位的替代。近年来，在劳动力成本高涨、产业提质增效、新生代就业要求提高等因素影响下，中国机器人特别是工业机器人的应用呈现大幅增长趋势，“机器换人”现象愈发明显。2015 年以来，工业机器人已应用于我国 36 个国民经济行业大类、87 个国民经济行业中类，以汽车、电子制造等行业领域应用为主。嵌入大规模的生产线中的工业机器人，对劳动力的替代效应十分明显。2020 年新冠肺炎疫情以来，机器人开始走向服务领域，如快递物流领域出现了无人机、无人配送车、智能快递柜等，医疗服务领域出现了智能测温、送药、清洁消毒等机器人，服务无人化、智能化快速起步。

2021 年 1 月，麦肯锡全球研究院的研究报告《人机共存的新纪元：自动化、就业和生产力》显示，预计到 2030 年，5160 亿工时的工作或将被自动化技术所取代，按照每名劳动者每天工作 8 小时计算，约相当于平均每名劳动者或将有 87 天的工作被自动化技术所取代，从事相关工作的劳动者需要学习掌握新的技能。到那时，体力和人工操作技能的需求可能会下降 18%，而高技术技能的需求可能会上升 51%，多达 2.2 亿的中国劳动者可能需要更换职业，约占劳动力总数的 30%。

从影响区域看，东部发达地区服务业成为吸纳就业的主要行业，但在技术革命带来的服务业收入极化、市场集中度上升以及大公司内部收入差距拉大等因素影响下，短期内东部发达地区城市内部收入不平等情况可能进一步加剧。此外，制造业仍然是中西部地区吸纳就业的重要行业，中短期内可能持续受到产业转型带来的收入破坏效应影响，在承接东部地区产业转移时还会面临来自东南亚和非洲等新兴国家的竞争，可能导致与东部地区平均收入差距进一步扩大。

1978 ~ 2008 年，中国城镇居民收入差距逐年拉大，约每 10 年提高到一个新区间，呈现出明显的阶段性和周期性，基本上与中国城市化历程相一致（见图 8.7）。从城乡对比来看，城镇与农村基尼系数演变呈现出相似的波动上升趋势。分省域来看，根据 Bhattacharya（2018）等人基于 2012 年的数据测算，中国各省份间收入不平等水平差异明显，且呈现两极分化的趋势。广东、上海、北京、江苏等相对发达省份的基尼系数远高于贵州、甘肃、广西等欠发达省份。

根据中国综合社会调查（CGSS）2008 ~ 2015 年的数据，中国的机会不平等指数从 2008 年的 0.254 下降到 2015 年的 0.176，降幅达 30%；机会不平等在收入不平等中的占比则从 2008 年的 46.36% 下降到 2015 年的 34.88%，降幅达 12 个百分点。分城乡看，农村机会不平等占收入不平等的比例下降了 14 个百分点，而城镇占比提升了近 8 个百分点，二者的差距在逐渐缩小（见图 8.8）。

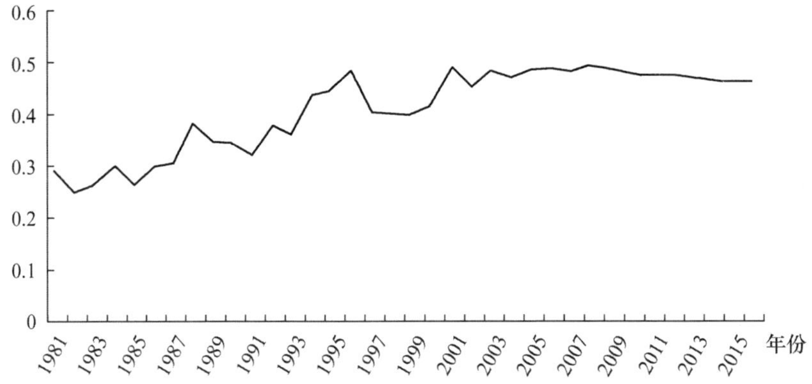

图 8.7　中国历年基尼系数变化

资料来源：国家统计局。

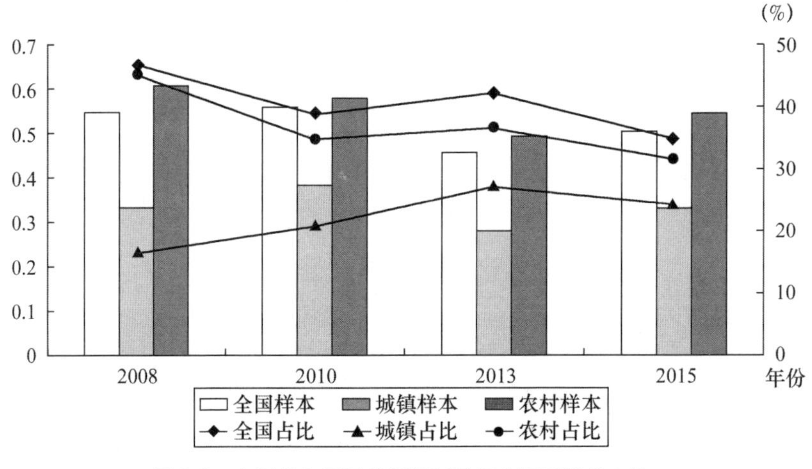

图 8.8　中国收入不平等指数以及机会不平等的占比

资料来源：李莹：“我国收入分配中机会不平等的演变趋势形成机制与对策”，2019 年。

二、信息时代“数字鸿沟”现象突出

城乡数字鸿沟是美国商务部于 1995 年提出的，是指工业社会以来，特别是工业社会向信息社会转变过程中城乡间以网络技术为代表的信息技术接入、利用差距以及影响接入、利用程度的主体意识与接入环境差距，体现了城乡信息化差距。在当前全球数字经济加快发展的背景下，

“数字鸿沟”指给定社会中不同社会群体对互联网在可及和使用上的差异。

“数字鸿沟”首先体现在信息技术使用的代际差距上。青年群体是新一轮技术革命特别是互联网技术发展的主要受益群体，也是率先接受、使用各类新技术产品及服务的消费群体。受知识结构、生活习惯等因素影响，老年群体适应新技术产品和服务的过程较长，各类新技术产品的设计对于老年人而言也并不适用。比如，围绕老年人群体进行人性化设计的手机款式不多，许多公共设施需要借助智能化手段才能使用；老年信息科技产品和服务的安全性能、适老化特征和质量水平不高。这些都会加剧老年群体和青年群体在技术使用、分享过程中的“鸿沟”。

“数字鸿沟”还会加剧现代城市社会与传统农村社会的分隔，对城乡二元社会结构产生“固化效应”。尽管农村地区利用信息技术的程度在较快提升，但现代信息技术在城市和农村地区的渗透度和利用率相差较明显，这会进一步拉大城乡教育水平、文化生活水平的差距，不利于城乡一体化发展。此外，城乡“数字鸿沟”还阻碍了农民工特别是中老年农民工技能的提升，制约了农村剩余劳动力就业技能的提高。

第五节　中国各类城市的竞争力分化加快

新一轮技术革命的兴起，使科技创新成为支撑城市经济中心地位的强大力量。领先的科技和尖端的人才流向哪里，发展的制高点和经济竞争力就转向哪里。在此背景下，中国各类城市的竞争力分化现象更加明显。一方面，深圳、杭州、成都等一线和二线城市能够紧紧抓住新一轮技术革命的机遇，加快传统产业转型升级，促使数字经济等新产业持续发力，城市发展将保持良好势头，吸引高端人才持续流入，城市竞争力将不断提升；另一方面，部分“传统产业加快衰落、新兴产业发展缓慢”的城市则陷入发展困境，人口特别是高端人才持续外流，城市竞争力出现明显下降。

一、抓住新一轮技术革命机遇的城市竞争力快速提升

近年来，我国许多城市抓住新一轮技术革命机遇，以新一代信息技术为引领，新材料、新能源、生命健康、先进制造等产业相互促进、交叉融合，进入创新驱动发展的快车道，未来有可能成为高质量发展的标杆城市。下面以深圳、杭州、成都三个代表性城市的发展轨迹为例，来看看利用数字经济等新一轮技术加快传统产业结构升级，打造高附加值、高科技含量的新产业，是如何快速提升这些城市竞争力，使它们成为区域甚至全国中心城市的。

深圳是中国最有创新活力的城市。科技部和中国科学技术信息研究所公布的《国家创新型城市创新能力监测报告 2020》和《国家创新型城市创新能力评价报告 2020》中，深圳的创新能力位列国家创新型城市榜首。近年来，深圳市抓住数字经济等新一轮技术革命的机遇，推动产业链、价值链向中高端迈进，涌现了一批像华为、中兴、大疆等具有国际竞争力的创新型企业。2018 年，深圳市社会研发投入超过 1000 亿元，占 GDP 的比重为 4.2%，已接近发达经济体水平。企业是抓住新一轮技术革命机遇的创新主体，深圳的创新能力背后有“6 个 90%”，即 90% 的创新型企业为本土企业、90% 的研发人员在企业、90% 的研发投

入来源于企业、90%的专利产生于企业、90%的研发机构建在企业、90%以上的重大科技项目由龙头企业承担。为支持基础性、前沿性创新产业发展，2019年深圳市财政科技专项资金增长近一倍，其中30%以上投向基础研究和应用基础研究。强大的创新活力使深圳每年人口净流入50多万，经济结构和产业结构向高质量发展的方向持续升级。

杭州作为长三角区域中心城市和全国区域创新中心城市，把“打造创新之城”作为城市发展新名片。2020年，杭州市以新产业、新业态、新模式为主要特征的“三新”经济增加值占GDP的35.5%；数字经济核心产业增加值4290亿元，增长13.3%，高于GDP增速9.4个百分点，占GDP的26.6%；电子信息产品制造、软件与信息服务、数字内容和机器人产业分别增长14.7%、12.9%、12.7%和12.3%。以人工智能为例，2019年，杭州市人工智能领域的典型企业和创业型公司500余家，全部人工智能企业数量超过2000家；规模以上人工智能企业212家，实现营业收入1157.69亿元，同比增长16.96%。其中，阿里巴巴、海康威视等在数据处理、计算机视觉、智能安防、智慧金融、自动驾驶等领域具有领先地位。2020年，杭州市研究与试验发展经费支出占GDP的比重为3.5%左右。

成都作为西部地区重要的经济中心和成渝经济圈的核心城市，全力打造全国重要的科技创新策源地和产业创新应用场，创新驱动发展开创新局面，入选中国新经济十强城市。2020年，成都市的工业无人机、网络信息与安全、卫星及其应用等7个行业市场占有率排名全国前列，组织企业联合高等校院攻克产业链核心技术100余项、研发创新产品80余个，通信工程、生物医药工程等5个学科进入全球前20。在数字经济等技术革命引领下，成都市产业结构持续向高端化跃进，电子信息产业营业收入率先突破 1 万亿元，千亿级产业集群达到 8 个，三次产业结构优化调整为 3. 7∶30. 6∶65. 7。成都市还将大数据技术等用于智慧城市建设，城市治理能力得到显著提升，2020 年新上云系统 232 个、新汇聚数据 63 类 22. 44 亿条、新接入 7. 5 万个点位数据，并打造 43 个指挥决策和综合管理的智慧应用场景。

二、部分城市在新一轮技术革命中竞争力下降

“产业兴，城市兴”“产业衰，城市衰”。新一轮技术革命加速了中国各类城市产业结构的调整分化，那些没有及时抓住新一轮技术革命机遇，产业转型和结构调整缓慢的城市，将有可能成为“收缩型城市”和“衰退型城市”。特别是东北、中西部地区的资源型城市、传统产业比重较大的城市，将面临更大的冲击和挑战。2012 ~ 2018 年，东北地区经济总量占全国的比重从 8. 7% 下降到 6. 2%，常住人口减少 137 万，流出的多数是年轻人和科技人才。一些城市特别是资源枯竭型城市、传统工矿区城市发展活力不足。2019 年，全国 31 个省份中有 4 个省份出现常住人口负增长，分别是北京市、辽宁省、吉林省和黑龙江省。北京市主要是在疏解非首都功能的背景下控制人口增长，黑龙江省、吉林省和辽宁省常住人口分别减少 21. 8 万、13. 33 万和 7. 6 万，常住人口自然增长率分别为 -1. 01‰、-0. 86‰和 -0. 80‰，均为负增长。

传统产业结构转型不如预期、新兴产业发展缓慢，是造成东北地区许多城市人口净流出、竞争力下降的根本原因。在装备制造、工程机械、机床及冶金等传统制造领域，因技术装备陈旧、工艺老化、科技含量低，优势逐步丧失。新兴产业又发展缓慢。2019 年，辽宁省新兴产业增速与全国平均水平基本持平，吉林省和黑龙江省则明显低于全国平均水平（分别低 3. 5 个和 5 个百分点）。受民营经济不发达、企业自主

创新能力弱等因素影响，东北三省的全社会研发投入明显不足。2019年，东北地区人均研发支出不足全国平均水平的一半。

本章小结

新一轮技术革命对中国城市化产生的影响是全方位的、深层次的，在未来会给中国城市运行、管理、建设等带来颠覆性变革，对中国城市化发展产生深远重大影响。从目前看，有些影响已经显现，有些影响还没有显现。总体来看，新一轮技术革命对中国城市化提供的机遇大于挑战。它影响中国城市化水平和速度，有助于逐步缩小中国区域间的城市化水平差距，加快大都市圈及城市群发展，促进多中心网络化城市体系形成，实现城市治理水平的提高和城市化进程中不平等问题的加快解决，促进中国城市化进入高质量发展轨道。

参考文献

[1] 曹小曙，杨文越，黄晓燕．基于智能交通的可达性与交通出行碳排放——理论与实证．地理科学进展，2015（4）
[2] 陈敏曦．激活光伏“平价时代”．中国电力企业管理，2018（6）
[3] 李莹．我国收入分配中机会不平等的演变趋势形成机制与对策．国务院发展研究中心《调查研究报告》，2019年第158号
[4] 刘世锦主编．中国经济增长十年展望（2019—2028）——建设高标准市场经济．北京：中信出版集团，2019
[5] 马小强．产业结构升级对就业结构及收入分配影响的研究——基于国内东部与中西部地区的实证比较，上海社会科学院，2016
[6] 麦肯锡全球研究院．中国的技能转型：推动全球规模最大的劳动者队伍成为终身学习者，2021
[7] 文军，高艺多．技术变革与我国城市治理逻辑的转变及其反思．江苏行政学院学报，2019（6）
[8] 张伟，朱启贵，高辉．产业结构升级、能源结构优化与产业体系低碳化发展．经济研究，2016（12）

第九章

新一轮技术革命下中国城市化前景展望：2020～2050年

按照中国共产党十九大“三步走”部署，2020年全面建成小康社会，2035年基本实现社会主义现代化，2050年建成社会主义现代化强国。2020～2050年，中国将从中等收入国家跨入中等发达的高收入国家行列，经济结构、社会结构、产业结构都将发生重大变化，经济结构和产业结构将更加平衡和有效，服务业和居民消费成为经济增长的主要带动力，创新驱动的增长特征更加明显。

新一轮技术革命拓展期和中国经济高质量发展期高度重合，为中国下一阶段城市化提供了重大发展机遇。2020～2050年的中国城市化要与“三步走”部署相一致，加快实施以促进人的城市化为核心、提升质量为导向的新型城市化战略，城市圈带动大城市和中小城市协调发展的城市化格局更加成熟定型，走出一条“质量和效率明显提升、发展模式科学合理、城市体系不断优化、城市治理能力显著增强”的中国城市化道路。

第一节　中国经济社会发展进入新阶段

“十二五”中期以来，中国经济开始从高速增长阶段转向中高速增长阶段，经济增速逐步回落。“十四五”规划建议提出，2035 年中国人均国内生产总值（GDP）要达到中等发达国家水平，意味着中国将成功跨越中等收入阶段，并在高收入阶段继续向前迈进一大步。从 GDP 和人均 GDP 看，假定 2020～2035 年和 2035～2050 年我国经济年均增速分别回落至 4% 和 2%，2050 年我国 GDP 预计达到 452.7 万亿元，折合成美元约 90.5 万亿美元（假定人民币对美元的汇率为 5）；按照 2050 年 12.7 亿的人口规模预测值，人均 GDP 将达到 35.6 万元，折合为美元约 7.1 万美元（假定人民币对美元的汇率为 5）。

一、中国经济结构的预测

2020 年中国服务业增加值占 GDP 的比重为 54.5%、最终消费对 GDP 的贡献率是 54.3%。参照发达经济体在不同发展阶段的产业结构变迁情况，结合我国实际情况，预计到 2035 年和 2050 年，中国最终消费对 GDP 的贡献率将分别提高到 68.8% 和 76.3%（见表 9.1）。消费驱动的中国经济内生增长模式更加巩固成熟。

从国际经验看，随着经济发展和居民收入提高，发达经济体产业结构变迁有着普遍规律，即第一产业和第二产业增加值占 GDP 的比重会逐步回落，第三产业增加值占比则逐步上升且占主导地位。2017 年，美国、英国和法国的第三产业增加值占 GDP 的比重均超过 70%，第二产业增加值均降到 20% 以下。跟美、英、法等发达经济体相比，德国和日本的制造业特别是先进制造业发展良好，第二产业占比显著高于其他发达经济体（见表 9.2）。

表 9.1　　2020～2050 年中国经济增长和结构变迁情况：基准情景

主要指标		2010 年	2018 年	2020 年	2035 年	2050 年
GDP 增长率（%）		10.3	6.6	2.3	4.0*	2.0*
城市化率（%）		47.5	59.6	63.9	76.8	81.1
GDP 总量（现价，万亿元）		41.3	82.7	101.6	270.2	452.7
人民币对美元平均汇率		6.6	6.3	6.9	5.5	5.0
GDP 总量（现价，万亿美元）		6.3	13.1	14.7	49.1	90.5
人均 GDP	现价人民币（元）	30798	59496	71719	197515	356457
	现价美元（美元）	4666	9444	10369	35912	71291
GDP 支出结构	投资率（资本形成总额,%）	48.1	42.3	43.1	31.2	23.7
	消费率（居民消费和政府消费,%）	48.2	55.1	54.3	68.8	76.3
产业结构	第一产业占比（%）	10.1	7.0	7.7	5.0	3.0
	第二产业占比（%）	46.7	39.7	37.8	32.0	27.0
	第三产业占比（%）	43.2	53.3	54.5	63.0	70.0

注：2035 年和 2050 年当年的 GDP 增速会受到各类因素影响，预测精准性不高。此处是用 2020～2035 年和 2035～2050 年的年均 GDP 增速来表示。

资料来源：课题组根据国家统计局等相关数据预测。

2020～2050 年，中国产业结构仍处在大调整、大转型过程中，第三产业发展的潜力和空间仍然很大，第二产业和第一产业占比将延续回落态势，以生产性服务业为主导、三次产业加快融合发展的新型产业结构将逐步建立并稳定下来。参照发达经济体在不同发展阶段的产业结构变迁情况，结合我国实际情况，在基准情景下，预计 2035 年和 2050 年中国第三产业增加值占 GDP 的比重将分别提高到 63% 和 70% 左右，比 2020 年分别提高约 8 个和 15 个百分点；第二产业增加值占 GDP 的比重为 32% 和 27%，比 2020 年分别降低约 6 个和 11 个百分点；第一产业增加值占GDP的比重为5%和3%，比2020年分别降低约3个和5个百分点。

表9.2　　主要发达国家产业增加值占比情况　　单位:%

主要发达国家产业		1997年	2002年	2007年	2012年	2017年
美国	农业	1.34	0.97	1.07	1.16	0.92
	工业	23.13	20.64	21.45	19.16	18.21
	服务业	71.81	74.88	73.9	76.15	77.37
德国	农业	1.03	0.9	0.78	0.85	0.83
	工业	28.58	26.38	27.24	27.28	27.44
	服务业	61.11	63.12	61.91	61.69	61.78
日本	农业	1.56	1.39	1.06	1.14	1.21
	工业	34.11	30.54	29.88	26.75	29.16
	服务业	64.2	68.06	69.09	71.59	68.98
英国	农业	1.04	0.91	0.57	0.66	0.65
	工业	24.05	21.72	19.68	18.63	17.56
	服务业	65.29	67.35	69.79	70.08	70.93
法国	农业	2.34	2.01	1.61	1.63	1.55
	工业	21.53	20.65	19.14	17.87	17.21
	服务业	65.4	67.41	69.01	70.28	70.3

资料来源：Wind数据库，原始数据来自世界银行。

考虑到未来中国经济发展环境的不稳定性、不确定性因素较多，存在诸多可能冲击中国经济发展的风险隐患，因此将2050年GDP增长率设定了三类情景，以1.5%作为基准情景，将1%和2.25%分别设为情景1和情景3，再把增量资本产出率（ICOR，用来衡量资本利用效率）作为比较三类预测情景的主要指标。情景1是下限情景：到2050年，中国经济将以1.0%（同比）的速度增长，资本利用效率将和日本目前的水平相当（ICOR＝24）。基准情景：到2050年，中国经济将以1.5%（同比）的速度增长，资本利用效率将和目前德国的水平相当（ICOR = 16）。情景3是上限情景：到2050年，中国经济将以2.25%（同比）的速度增长，资本利用效率将高于美国目前的水平（ICOR = 10）。

表9.3给出了三种情景下投资率、消费率、净出口以及产业占比的预测值。总体来看，ICOR越低资本回报率越高，就能在投资率有所下降的情况下支撑起更高的经济增速和更高的第三产业占比，因此ICOR是决定未来中国经济GDP总量和结构的重要因素，是衡量中国经济社会高质量发展水平的重要指标。

表9.3　2050年中国经济主要指标预测的三类情景

主要经济指标 \ 情景分类		情景1	基准情景	情景3
GDP增长率（%）		1.0	1.5	2.25
增量资本产出率（ICOR）		24	16	10
GDP支出结构（%）	投资率（资本形成总额）	24	24	22
	净出口	1	0	-1
	消费率（居民消费和政府消费）	75	76	79
GDP分项占比（%），产出法	第一产业	3	3	2
	第二产业	30	27	23
	第三产业	67	70	75

注：增量资本产出率（ICOR）=（投资/GDP）÷GDP增速，是反映经济体资本利用效率或边际资本回报率的主要指标。

资料来源：课题组测算。

二、中国人口总量和结构的预测

综合不同机构对中国人口总量和结构变化趋势的预测，2020～2035年中国总人口从约14亿人下降到13.68亿人左右，2050年进一步下降到 12.7 亿人左右。2035 年和 2050 年中国城市化率将相继达到 72.4% 和 81.6%，届时城镇人口将分别达到 9.9 亿人和 10.36 亿人。

在城镇人口快速增加过程中，家庭小型化趋势明显。城镇家庭户的户均人口数量由 1998 年的 3.2 人减少到 2010 年的 2.85 人和 2020 年的 2.4 人（见图 9.1）。从中长期发展趋势看，受育龄阶段人口数量的下降和生育意愿的降低以及人口老龄化比重持续提高等因素影响，预计家庭户均规模仍将逐步减小。

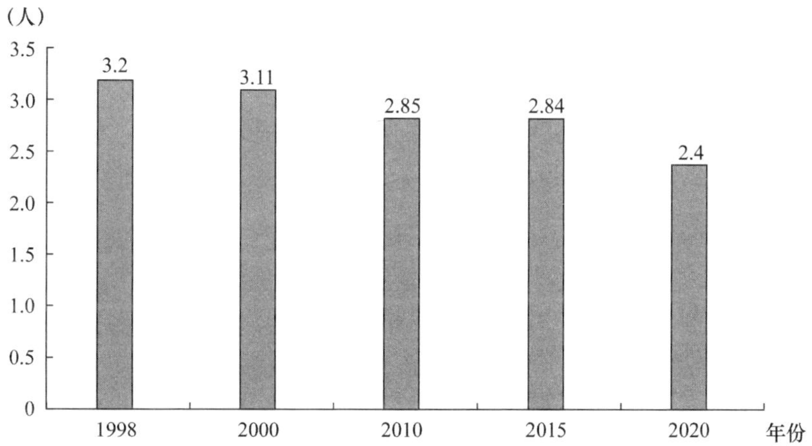

图 9.1　全国城镇家庭户的户均规模

资料来源：全国第五次和第六次人口普查数据；2015 年数据来自 2016 年由国家卫计委公布的《中国家庭发展报告 2015》，2020 年数据来自课题组测算。

2020～2050 年人口老龄化趋势进一步增强。2003 年以来中国人口老龄化速度加快，到 2020 年 60 周岁及以上人口占比已达到 18.7%。2020 年以后中国老龄人口总数和占比仍将大幅上升。2035 年中国老龄化率（60 周岁及以上人口占全部人口的比重）将提高到 28.3%，2050 年进一步上升至 36.6%。相应地，2035 年中国人口抚养比率将从 2020 年的 40% 提高到 50% 左右（年均提高 0.67 个百分点），2050 年将进一步提高至 65% 左右（年均提高 1 个百分点）（见表 9.4）。

表 9.4　　2020～2050 年人口和家庭结构变迁情况

主要指标	2010 年	2015 年	2017 年	2020 年	2035 年	2050 年
人口（万）	134100	137500	139000	141200	136800	127000
60 周岁及以上人口占比（%）	13.3	16.1	17.3	18.7	28.3	36.6
人口抚养比（%）	34.1	36.5	37.4	40	50	65
城市化率（%）	50	56.1	58.5	63.9	72.4	81.6
城镇人口（万）	67100	77100	81300	90200	99000	103600
城镇家庭户均规模（人/户）	2.85	2.84	2.8	2.4	2.3	2.2
城镇家庭户（万）	23500	27100	29000	34400	39600	45100

资料来源：课题组测算。

第二节　城市化质量和效率明显提升

中国经济社会进入高质量发展阶段，尽管经济增速有所回落，但中国经济韧性好、潜力足、回旋空间大的基本特质没有变，超大规模的国内市场优势和人力资本优势也没有变。继续推进城市化进程具有诸多有利条件，可以充分利用好国内市场的超大规模效应，释放国内市场所蕴含的发展潜力。城市化率的继续提高，会使更多农民通过城市就业提高收入，通过转为市民享受更好的公共服务，不断扩大城镇消费群体、带动消费结构升级，也会持续带来城市基础设施、公共服务设施和住宅建设等投资需求，为经济发展提供强大动力。

从中国城市化和城市发展阶段看，跟改革开放之初的城市化起步阶段不同，目前中国已进入产业转型升级的城市化发展新阶段，人均 GDP 也达到中等收入国家水平。国际经验表明，所有国家在进入中等收入社会时，城市化率都超过了 50%，所有高收入国家的城市化率都在 70% 以上。根据预测结果，2035 年中国城市化率将达到 72.4%，届时人均GDP将达到3.6万美元。按照一般发展规律，带动城市化发展的主导产业将转向服务业，城市发展将从数量规模快速扩张向高质量发展转变，城市化质量和效率将明显提升。

一、城市化发展出现新动力

改革开放以来长达40年的快速城市化和工业化，使中国城市经济结构的矛盾日益突出，城市发展盲目扩张空间规模，土地资源利用率低，缺乏有效动力机制。2000～2018年，中国城市建成区面积扩大了1.6倍，城市建设用地面积增加了1.5倍，但城镇人口增长速度只有80%。“十四五”时期，中国城镇化率仍将处于快速增长区间。到2050年，随着中国城镇化率稳定在80%左右的水平，中国城市化发展将不仅体现为物质财富的增加，更重要的是实现内部结构的协调。

未来，中国城市将朝着更高效率、更加协调、更加优化的方向发展，解决好城乡差异、区域差异、城市间差异以及城市内部产业结构转型升级等问题，推动城市化协调发展。新一轮技术革命会提高中国城市的发展质量和效率，特别是那些具有规模经济效应以及完备配套基础设施的城市，依靠科技、知识、人才、资金以及制度等创新要素驱动城市的发展，反过来又加速了人才、资金等创新要素的集聚。同时，依靠创新引领城市经济发展，有助于加快产业结构转化，尤其是在产业发展面临困境时，依托城市巨大的消费市场，产业可顺利实现由劳动力密集型向知识密集型和技术密集型转移，增强区域经济活力，带动一批新体制、新企业和新产品，有力提升城市持久竞争力。

二、城市产业和就业结构深刻变革

下一阶段中国城市化进程中产业升级和服务业发展的潜力和空间巨大。2020 年，中国服务业增加值占 GDP 的比重仅为 54.5%，服务业就业人员占全部就业人员的比重接近 50%[①]，与发达国家服务业增加值比重 74% 和就业比重 75% 的平均水平相比还有很大差距。传统产业升级和新兴产业发展，需要创新要素集聚和知识传播扩散，持续提升城市化质量。服务业是未来就业的最主要渠道和最大的“蓄水池”。城镇化过程中的人口集聚、生活方式的变革、生活水平的提高，都会扩大生活性服务需求；生产要素的优化配置、三次产业的联动、社会分工的细化，也会扩大生产性服务需求。此外，随着农业技术和机械化水平的进一步提升，以及农业生产组织经营模式的变化，农业生产率将继续提高，将为城市部门提供较为充足的劳动力。

新一轮技术革命以信息技术、智能技术为核心导向，将带动中国城市产业结构和就业结构发生深刻变革。信息处理、研发、设计、管理的工作岗位需求大幅增加，大量就业岗位向办公室、实验室转移，研发、设计、管理等知识型员工成为就业主体。阿里巴巴和腾讯等中国领先的数字技术公司，工作岗位都在大城市的写字楼。即使是华为这样的制造业公司，大部分员工从事的也是研发、设计、财务和人力资源管理、营销管理的工作，而不是直接的生产制造。华为公司 18 万名员工中，仅从事研发的员工就有 8 万人。

① 2019 年，服务业就业人员占全部就业人员的比重为 47.4%。2020 年的数据尚未公布，预计在 49% 左右。

三、城市化向绿色低碳方向加快转变

城市是我国能源消费、碳排放的主要场所，承担着实现节能减排、绿色发展的重要职责。绿色城市化将成为未来中国城市化进程的主动选择和战略安排。习近平主席在2020年12月12日气候雄心峰会上的讲话明确指出，中国力争2030年前二氧化碳排放达到峰值，努力争取2060年前实现碳中和。到2030年，中国单位GDP二氧化碳排放将比2005年下降65%以上，非化石能源占一次能源消费比重将达到25%左右，森林蓄积量将比2005年增加60亿立方米，风电、太阳能发电总装机容量将达到12亿千瓦以上。

据预测，到2049年中国除传统水电以外，风、光、核、氢、生物质等清洁能源的利用技术将极大提高。通过大型化风光热互补电站、远洋风电场和超大型风电机组、高参数太阳能热发电、大规模产业化生物质炼油体系等，使中国光伏发电和风力发电的平准化电力成本（LCOE）分别下降71%和58%。中国电力系统能源结构将由煤电为主转变为以可再生能源为主。

能源革命可以加快形成城市的低碳能源供给与消费方式。能源供给将由目前的以煤为主转为风、光、水、核等零碳能源为主的低碳方式，能源消费侧也将大幅度提高电力比例，并由刚性用电转为柔性用电，与不确定的可再生电力匹配。同时，建筑外皮的光伏电力、分布式智能充电桩、电热气的协同与互补，都要求城市能源系统的输配、调控和建筑用能方式出现根本的变化。

第三节 城市发展模式更加科学合理

都市圈和城市群将成为城市人口集聚的主体空间，人口迁移也将从以乡城迁移为主逐渐向以城市间迁移为主转变，以大型都市圈和城市群为主导的城市体系将加快形成并不断完善。

一、城市空间结构不断优化

2020～2050 年，以城市群为主体带动大、中、小城市协调发展的空间发展格局将加快形成。2035 年，城市群内部的大、中、小城市功能布局进一步优化，协同发展效应充分显现。2050 年，长三角、珠三角、京津冀三大城市群将集聚 30% 的人口、创造 60% 以上的 GDP。在继续提升三大城市群发展水平的同时，在中西部如成渝、中原、长江中游等资源环境承载力较强的地区，培育发展若干城市群，促使人口、经济均衡分布。根据相关数据测算，到 2050 年中国 19 个城市群将集聚全国 80% 以上的城镇人口、占用全国 65% 左右的城镇建设用地。分城市群看，长三角、珠三角、京津冀、山东半岛、海峡西岸、成渝等城市集群式发展特征明显，主要表现为服务业占比持续上升、人均可支配收入较高。

交通技术的进步带来地理时空收敛、联系成本下降和交通系统容量提升等效应，这将带来城市群尺度下的集聚强化，并在中心级差地租的共同作用下形成都市圈范围内的分散发展，由此带来出行频次增加和出行距离增长的可能趋势。京津冀—长三角经济圈、长三角—珠三角经济圈之间距离大多在 1000 千米以上，未来三小时快速旅行、商务旅客一日往返需求将会随着经济发展而增长。新一代高速交通系统将提供大运量、高速度、高可靠、低成本的大尺度空间交通服务，有望使城市 2 小时交通可达圈由 500 千米扩张至 800～1000 千米，促使人口进一步向城市群集中，城市群规模亦进一步扩大，区域合作与竞争格局可能被重塑。

自动驾驶汽车普及被认为可以大幅提升道路通行能力，但同时也会带来新的交通需求，交通拥堵是否能够缓解还不明确。自动驾驶车辆不再需要驾驶员，老人、小孩、残疾人均可以享受私人机动化服务，实现更为公平的社会环境。世界知名咨询公司罗兰贝格分析认为，以自动驾驶、共享、互联为主要特征的“汽车工业 4.0 时代”将会使美国增加 3200 万名“驾驶员”。乐观的观点认为，自动驾驶车辆效益远超过车公里增加带来的负面影响，认为自动驾驶车辆能够使当前的道路设施满足新增/诱增出行需求。但总体来看，交通拥堵最终是否会改善，取决于诱增需求规模与自动驾驶车辆效益之间的关系，以及相关的需求管理策略。

未来人类社会发展更加追求生活质量提高和发展持续性，要求交通运输质量效益着重强调交通对经济和人口增长的支持，对出行自由度与速度追求、安全水平、系统弹性能力与环境可持续性的改善，即要求更安全、更高效、更快速、更绿色。新一代信息技术、人工智能技术、能源技术和材料科学是新技术革命的核心领域，将给交通运输工具及系统和交通运输服务带来革命性变革，推动交通运输系统向智能化、绿色化和共享化发展。信息技术和人工智能技术发展带来交通工具及基础设施、系统运行管理的自动化、智能化与交通服务模式的需求响应和共享化。

二、城市发展可持续性增强

交通、能源、信息等新一轮技术的发展，为推动城市可持续发展提供了历史性的机遇。2050 年的中国城市空间资源利用更加充分、城市规划更加精细化、城市环境更加宜居，不再盲目扩张城市规模，也不再继续走靠出让土地来推动城市建设的老路。未来，中国城市的发展会将社会、经济以及生态作为发展关注点，增强城市空间规划的指导性和约束性，保持合理适度的开发强度，打造人与自然和谐的空间主体。绿色生产、绿色消费将成为城市经济生活的主流，节能节水产品、再生利用产品和绿色建筑比例会大幅提高。城市可持续的投融资模式基本建立，投资的重点将转向提升城市综合竞争力和满足居民更高层次的需求，投融资体系将以市场化为方向，发挥地方债券、地方财政收入和开发性金融等政策资金，吸引社会资本进入。

三、出现世界级城市群和新全球城市

2050 年中国城市化将进入成熟期，城市化进程基本完成。未来，长三角、珠三角、京津冀、成渝等大型城市群将构建起开放型城市发展格局，跻身世界级城市群行列。北京、上海等大型城市群的核心城市，其发展能级将进一步提升，城市功能将加快升级，产业结构以高端服务业和先进制造业为主，将成为具备更高资源要素配置能力、更强创新能力、更强辐射带动能力、更高开放水平的世界级城市，并有望成为具有全球影响力的全球城市。长三角、珠三角、京津冀、成渝、长江中游等城市群中的区域中心城市，也将转向高质量发展轨道，成为具有较强的技术应用和扩散能力的创新中心，形成以中高端制造业为主、生产性服务业发达的全新产业结构。此外，大量中小城市中具有传统优势农业区域的城市，也将根据自身的资源禀赋和发展基础，加快发展专业化、规模化和更具创新特色的产业集群，与大型中心城市以及更大范围的城市建立更加紧密的产业链、供应链分工合作关系，提升农业机械化和信息化水平，提高农业生产率。较强的产业和人口吸引与集聚能力，成为优势区域城市群持续稳定发展、城市化高质量发展的坚强“底盘”。

第四节　城市治理能力显著增强

包容、开放是城市治理能力和治理体系现代化的两大显著特征。从国际大都市的演变历程看，最有活力和创新力的城市，都是最具开放性和包容性的，都能很好地适应城市社会开放性、流动性、复杂性和异质性的特点。中国的城市化率还有很大提升空间，越来越多的人将来到城市，人口的异质性增强带来服务需求的多样化。为更好地满足城市社会各类群体的需求，城市治理结构和体系将不断调整与重构，这成为城市转型的关键环节。

城市治理能力和治理体系现代化将构成中国城市化高质量推进的重要动力机遇。城市结构的稳定、城市不同群体利益诉求的合理解决，越来越依赖于城市社会治理结构的优化，比如城市管理中心的下沉将更多引入市民阶层参与管理和社区自治活动，增强市民的城市主人翁意识，把城市真正作为自己的家园，建设性地参与建设、维护、保护城市的美好。互联网、大数据和人工智能等技术手段与城市治理体系的深度融合，可以大幅改善城市治理和管理水平，提高城市公共服务的效率，有效治理各类“城市病”，增强城市管理和服务的智慧性、便民性和亲民性。

新一轮技术革命的推进和深入，使城市空间的阻隔被快速打破，城市发展不再局限于本身的资源要素禀赋上，依靠发达的物流和运输体系，市场要素可以实现快速地流通转让，多元的文化和传统交织在一起，共同构成了城市的多元面，尤其是对内开放已经无法满足人们对于开放、包容的发展要求。中国城市发展将会更加自觉地对接国际先进城市，与国际接轨。公平共享是经济高质量发展的最终目标和归宿，对公平共享的衡量，不仅体现在群众对社会福利的获取程度上，更是体现在人民参与经济建设、获取发展机会的平等性上。未来中国的城市治理体系，将会以人的全面发展作为出发点和落脚点，从社会保障、教育医疗以及城市建设提供的基础设施着手进行完善推进，不断提高城市治理能力和治理体系现代化水平。

本章小结

2020～2050 年，中国将从目前的中等收入国家跨入高收入国家行列，经济结构和人口结构发生重大变化，发展质量将显著增强。以服务业为主体、以创新为驱动的中国经济内生增长模式更加巩固成熟，人口老龄化水平进一步提高，家庭小型化趋势更加明显。本章对三种情景下的 2050 年中国投资率、消费率、净出口以及产业占比给出了预测值，2020～2050 年中国增量资本产出率（ICOR，用来衡量资本利用效率）是决定中国经济结构转型的重要因素，资本回报率越高，就能在投资率下降的情况下支撑起更高的经济增速和更高的第三产业占比。

新一轮技术革命对中国城市化发展的影响充分显现，一方面可以推动形成城市化发展新动力、调整优化城市产业和就业结构、促进绿色低碳转型；另一方面有利于优化大、中、小城市协调发展的城市化模式，增强城市治理能力。在新一轮技术革命的有力推动下，2020～2050 年中国城市化质量和效率将明显提升、城市发展模式更加科学合理、城市治理能力显著增强，出现一批世界级城市群和新全球城市。

第十章

新阶段城市化高质量发展的战略路径与政策

抓住新一轮技术革命拓展期和中国经济社会结构转型升级的双重机遇，围绕“技术、要素、产业、制度”等核心动力机制协同推进，加快构建中国城市化高质量发展的动力系统。要利用国内超大市场规模的优势，加快新技术研发和广泛应用，形成强有力的技术外溢效应，推进制造业转型升级和迈上中高端，加快促进服务业特别是生产性服务业、生活性服务业发展，为城市化发展提供强有力的创新动力和发展活力；同时，要深化以创新为导向的体制机制改革，提高城市对外开放水平，破除人口、资本、土地、数据等要素在城乡之间、城市之间、区域之间自由流动的体制机制障碍，提升城市治理体系和治理能力的现代化，有效应对收入差距等挑战，加快形成以城市群为主要形态的城市化高质量发展的新模式。

第一节 提升城市创新能力

面对全球重大而迅速的技术变化和产业变迁，保持中国城市长期竞争优势的关键是实行创新导向和着眼未来的城市发展战略。考虑到创新能力的形成和集聚一般集中在大城市尤其是特大城市，因此要以大城市为重点形成若干个具有世界级竞争力的创新中心，通过创新知识传播和扩散，以及创新型行业向上下游的产业链、供应链延伸，提升大城市周边中小城市的创新能力。

第一，强化城市战略科技力量，加快建设国际科技创新中心。以大型城市为核心加快促进各类研发机构发展和优化研发布局，推进科研院所、高校、企业科研力量优化配置和资源共享，加强基础研究、注重原始创新，推进学科交叉融合，完善共性基础技术供给体系。瞄准人工智能、量子信息、集成电路、生命健康、脑科学、生物育种、空天科技、深地深海等前沿领域，实施一批具有前瞻性、战略性的重大科技项目。支持北京、上海、粤港澳大湾区布局建设综合性国家科学中心和区域性创新高地，形成国际科技创新中心。

第二，进一步强化产业链协同创新，完善产学研合作机制，突破关键核心技术。充分依托我国的市场与人才优势，积极搭建新型技术合作平台，鼓励商业模式创新。

第三，实行严格的知识产权保护制度，发挥知识产权法院的作用，实施惩罚性赔偿制度。完善金融支持创新体系，促进新技术产业化规模化应用。加强知识产权保护，大幅提高科技成果转移转化成效。

第四，完善创新成果转化激励政策。建立健全创新激励机制和保障机制，构建充分体现知识、技术等创新要素价值的收益分配机制，完善科研人员科技成果、知识产权归属和发明成果权益分享机制，不断提高科研人员成果转化的收益比例。

第五，完善创新激励机制，激发人才创新活力。深化人才发展体制机制改革，全方位培养、引进、用好人才，造就更多国际一流的科技领军人才和创新团队，培养具有国际竞争力的青年科技人才后备军。加快探索建立以创新能力、质量、实效、贡献为导向的科技人才评价体系。加强创新型、应用型、技能型人才培养，实施知识更新工程、技能提升行动，壮大高水平工程师和高技能人才队伍。支持发展高水平研究型大学，加强基础研究人才培养。实行更加开放的人才政策，构筑集聚国内外优秀人才的科研创新高地。

第二节　强化城市化的产业支撑能力

新一轮技术革命是当前乃至未来中国城市化高质量发展的动力源，将深刻影响城市的产业转型升级。要抓住新一轮技术革命拓展期的历史机遇，加快提升城市的创新能力，有效改造和提升中国传统制造业，推动大量高新技术、知识密集型的新兴行业特别是现代服务业加快发展，为中国城市化高质量发展注入新动能。

第一，加快发展战略性新兴产业。加快壮大新一代信息技术、生物技术、新能源、新材料、高端装备、新能源汽车、绿色环保以及航空航天、海洋装备等产业。推动互联网、大数据、人工智能等同各产业深度融合，推动先进制造业集群发展，构建一批各具特色、优势互补、结构合理的战略性新兴产业增长引擎，培育新技术、新产品、新业态、新模式。促进平台经济、共享经济健康发展。鼓励企业兼并重组，防止低水平重复建设。

第二，以智能制造为核心，深化新一轮信息技术与制造业融合发展。抓住新一轮科技革命和产业变革演进趋势，推动人工智能、5G、工业互联网等信息技术在制造领域的广泛应用，通过对制造业全产业链的改造，实现制造业数字化、网络化、智能化发展。加快制造能力平台化开放，依托工业互联网平台实现制造资源和生产能力在线共享与优化配置，发展平台经济、共享经济等新业态。

第三，推动技术创新对传统产业的改造。中国传统产业门类众多、技术改造潜力巨大。围绕智能、绿色等产业升级方向，完善新技术、新工艺、新材料、新设备、新业态、新模式的应用推广机制，推动信息化与工业化的深度融合，提升传统产业创新发展能力。在劳动密集型行业加快推动“机器换人”，推进企业技术改造和设备更新，稳步提高劳动生产率。

第四，大力发展服务业，实现生产性服务业与生活性服务业双轮驱动。大力发展服务业，特别是生产性服务业和消费性服务业，可以更好发挥服务业作为城市人口就业吸纳器、制造业升级驱动器和满足城市居民美好生活愿望的重要作用。一方面，要重点发展研发设计、第三方物流、融资租赁、信息技术服务、节能环保服务、电子商务、法律服务、服务外包等生产性服务业，推动生产性服务业向专业化和价值链高端延伸，推动各类市场主体参与服务供给，推动现代服务业同先进制造业、现代农业深度融合，加快推进服务业数字化。另一方面，推动生活性服务业向高品质和多样化升级，加快发展文化、旅游、教育、娱乐、体育、医疗、健康、养老、育幼、家政、物业等生活服务业，加强公益性、基础性服务业供给，推进服务业标准化、品牌化建设，满足城市居民日益增长的发展型、享受型的消费需求。为此，需要加快放开服务业领域市场准入，扩大服务业对外开放力度，营造公平的竞争环境，为服务业发展提供更为广阔的发展空间。

第五，加快数字化发展。发展数字经济，推进数字产业化和产业数字化，推动数字经济和实体经济深度融合，打造具有国际竞争力的数字产业集群。加强数字社会、数字政府建设，提升公共服务、社会治理等数字化智能化水平。建立数据资源产权、交易流通、跨境传输和安全保护等基础制度与标准规范，推动数据资源开发利用。扩大基础公共信息数据有序开放，建设国家数据统一共享开放平台。保障国家数据安全，加强个人信息保护。提升全民数字技能，实现信息服务全覆盖。积极参与数字领域国际规则和标准制定。

第三节　优化以城市群为主体形态的空间结构

未来中国城市化的效率和活力，将来自各类要素的合理流动和高效集聚，并加快形成以城市群为主要形态的发展模式。为此，需要在强化规划先导作用、增强发展优势区域综合承载能力、完善城市化空间战略格局等方面，进行系统谋划、协同推进。

第一，强化城市规划先导作用。按照资源环境承载能力状况和开发强度控制要求，兼顾城镇布局和功能优化的弹性需要，从严划定城镇开发边界和城镇空间。细化城市空间治理单元，在县域层面划定生态、农业、城镇空间及生态保护红线、永久基本农田、城镇开发边界“三区三线”空间格局。统筹体制机制和基础设施建设，以轨道交通建设为先导，优化重大基础设施特别是新兴基础设施、重大科技创新平台、教育医疗资源、经济外部性明显的重点产业等重大生产力和公共资源布局。以基本公共服务均等化、基础设施通达程度比较均衡、人民生活水平大体相当为目标，优化公共资源配置，促进各类要素合理流动和高效集聚。

第二，拓展中国优势城市化地区发展空间。持续提高中心城市和城市群等经济发展优势区域的经济及人口承载能力，不断增强创新发展动力，为城市化提供核心增长动力。一方面，需要支持主要城市群和中心城市进一步强化国际竞争优势、提高创新能力和水平，加快迈向全球产业链中高端，打造世界级创新平台和增长极。另一方面，需要帮助欠发达的城市补短板、强弱项，积极承接主要城市群和中心城市产业转移，逐步融入全球产业分工体系，获得发展空间，优化经济布局，增强区域发展协调性。

第三，构建“两横三纵”的城市化空间战略格局。加快建设以陆桥通道、沿长江通道为两条横轴，以沿海、京哈京广、包昆通道为三条纵轴，以国家优化开发和重点开发的城市化地区为主要支撑、轴线上其他城市化地区为重要组成部分的中国城市化空间格局。推进京津冀乃至整个环渤海地区、长江三角洲地区、珠江三角洲地区优化开发，构建特大城市群；推进哈长、江淮、中原、长江中游、北部湾、成渝、关中—天水等地区重点开发，形成若干新的大城市群和区域性城市群。

第四，完善城乡土地利用体系，提升土地利用效率。适应新一轮技术革命带来的产业和行业形态的多样性与不确定性特点，要增强土地资源配置的灵活性，为未来产业升级留足发展空间。在符合国土空间规划和用途管制要求前提下，推动不同产业用地类型合理转换，探索增加混合产业用地供给。积极探索实施农村集体经营性建设用地入市制度。加快推进城乡统一的建设用地市场建设，统一交易规则和交易平台，完善城乡基准地价、标定地价的制定与发布制度，形成与市场价格挂钩的动态调整机制。积极开展土地指标跨区域交易试点，探索建立全国性的建设用地指标跨区域交易机制，用市场化的交易机制，增加有发展优势和发展潜力的城市新增建设用地指标，主要用于支持创新产业发展。

第四节　加快形成世界级城市群和培育全球城市

加快形成世界级城市群和培育全球城市，已成为中国未来城市化发展的重要战略任务。从全球发展趋势看，世界级城市群和全球城市将成为参与国际综合竞争和合作的最重要平台。纽约、伦敦、东京等主要国际大都市都提出了未来发展的战略目标，比如，纽约提出打造“一个富强公正的纽约”，伦敦提出建设“一个顶级全球城市”，东京提出成为“世界一流大都市”等。展望未来，中国的长三角、粤港澳大湾区、京津冀、成渝、长江中游这五大城市群有条件成为世界级城市群，上海、北京、深圳、广州、重庆、杭州、成都、武汉等大城市也有培育成为全球城市的潜力和优势。

第一，提升全球创新资源集聚能力和创新成果转化能力。从全球城市看，创新资源相对集中在那些知识密集型产业众多、创新环境优越、教育资源集中的大城市。信息技术、生命科学等前沿领域的全球领先者也越来越集中在少数地区和城市。经过长期发展，上海、深圳、北京、杭州等大城市具备了集聚全球高端创新要素的基础能力，能够诞生一批世界级的科技创新中心。一是要鼓励培育和发展科技型中小企业。德国有1000多家在细分行业领先的“隐形冠军”企业，东京90%以上的科技企业都是小微企业。中国各城市要给创新型中小企业提供良好的政策环境，发挥大企业和中小企业在创新能力培育和转化中的协作功能。二是要鼓励开放融合式创新，跨领域、跨行业的创新活动。新一轮技术革命具有开放、融合、跨领域、跨行业的显著特征。中国具有全球最完整的产业体系和强大的产业配套能力，通过工业互联网等新一轮技术，可以发挥融合创新的最大效果。中国主要城市群内分布有众多产业，许多产业的上下游联系密切。在单个行业甚至单个产品和技术上的突破，都能快速应用到上下游其他行业。因此，中国主要城市群要以开放、融合、创新作为突破口，一方面加大“卡脖子”核心技术的攻关能力，另一方面借助互联网平台实现对更多行业有辐射能力的共性技术的创新突破。三是要鼓励跨区域联合创新、协同创新。美国、日本、英国的创新型城市群，都是从核心城市向周边辐射形成区域创新带。中国五大城市群要借鉴国际成熟做法，不局限在单个城市的创新能力集聚，而是建设联合创新基地，形成若干个区域创新集群。各城市群内的不同城市要发挥各自优势，增强协同创新能力，打造具有全球影响力的科技创新中心。

第二，加快推动形成与世界级城市群和全球城市相匹配的产业结构，发展未来产业。从国际产业发展趋势看，最有潜力打造全球新产业、新产品和新模式的区域，仍然是世界级城市群和全球城市。一是瞄准未来，积极发展生物科技、可再生技术、智慧制造、大数据信息平台等前沿行业。中国的五大城市群和中心城市要从各自区域优势出发，积极布局和发展未来产业。二是增强产业生态系统的竞争能力。目前全球产业竞争已从企业和产品的竞争，转为依托产业链的产业生态系统的竞争。中国城市群和中心城市在这方面有很大优势，可以在城市群内部和城市群之间形成更大范围的产业链环节，更有利于形成平台型、扁平化的产业分工体系。三是发展现代服务业。全球城市的重要标志是服务业占 GDP 的比重、服务业从业人员的占比基本在 70% 以上。进一步细分，全球城市的现代服务业又是服务业的重点。中国五大城市群和中心城市要加快建立以服务经济为主导、三次产业融合发展的产业格局，推动创新、金融、教育、卫生等现代服务业发展。

第三，打破行政区划的障碍，增强中心城市与周边城市的发展合力。中国各城市的面积是按照行政区划来确定的，人口规模、基础设施建设和公共服务供给也都是按照行政区域来划定的。为增强城市群综合竞争能力和推进同城化发展，近年来长三角、粤港澳大湾区、京津冀、成渝等主要城市群，围绕基础设施、产业布局、公共服务、城市规划、土地利用等实施了许多一体化的措施，但总的看，城市群的综合竞争能力仍然受到行政区划的很大限制。一是加快制定城市群统一的土地利用、城市规划和产业规划。要打破单个城市的规划体系限制，从整个城市群发展的角度制定和实施相关规划，新增建设用地指标要向有经济活力的大城市倾斜，基础设施投入要统筹考虑，打通各类“断头路”和“最后一公里”。二是基本公共服务要尽快实现同城化待遇。以城市群公共服务均衡普惠、整体提升为导向，统筹推动基本公共服务、社会保障、社会治理一体化发展，持续提高共建共享水平。推动公共服务从按行政等级配置向按常住人口规模配置转变，促进优质教育、医疗等公共服务资源共享。三是建立统一开放的市场体系。以打破地域分割和行业垄断、清除市场壁垒为重点，加快清理、废除妨碍统一市场和公平竞争的各种规定与做法，在城市群范围内营造规则统一开放、标准互认、要素自由流动的市场环境。主要城市群要率先实现户籍准入年限同城化累积互认，加快消除城乡区域间户籍壁垒，促进人口有序流动、合理分布和社会融合。

第五节　着力提高城市发展质量

新一轮技术革命为提高城市发展质量提供了重要机遇。要将各类新技术广泛应用于城市新型基础设施建设、城市更新、城市建设转型升级等领域，提升城市综合竞争力，使更多人享有安全健康、较高品质的城镇生活，显著提升城市化质量。

第一，系统布局和加快新型基础设施建设。抓住新一轮技术革命的机遇，以技术创新为导向，以信息网络为基础，加快第五代移动通信、大数据中心、人工智能和工业互联网、新能源消纳和存储设施、智慧能源系统等新型基础设施建设，为城市实现数字化转型、智能升级、绿色发展、融合创新提供基础设施体系支撑。

第二，加快完善和提升现代城市交通体系。以大型城市为枢纽和关键节点，加快完善综合运输大通道、综合交通枢纽和物流网络，加快城市群和都市圈轨道交通网络化，切实提高城市群内部、城市群之间、城乡之间的互联互通水平，为促进以大型城市群为主导的城市化高质量发展提供便捷高效的交通支撑。

第三，补齐城市基础设施短板。重点补齐城市市政工程、公共安全、生态环保、公共卫生、物资储备、防灾减灾、民生保障、社区服务、新能源充电桩等领域的短板，推动城市燃气、电力、供水、公共服务等领域的设施更新和智能化技术改造，为城市安全健康运行提供支持。

第四，加快实施城市更新。加快老旧小区改造和城市更新，确保结构安全、完善基本功能、传承历史风貌、提升居住环境。推动城市有机更新，多途径、多渠道地改善群众居住条件、居住环境和居住质量，提高群众幸福感和获得感。出台城市更新和老旧小区改造的法律法规、实施意见和配套政策文件，明确改造标准和对象范围，优化改造模式。创新投融资机制，加强金融、财政、土地、规划等政策协调。充分利用老旧小区内外低效利用的工业用地、非住宅居住用地、空地、荒地等，创新规划变更程序，鼓励混合出让，适度提高容积率，统一规划、统一设计、统一改造、统一运营，实现资金综合平衡。

第五，推动城市建设转型升级。抓住新一轮信息、能源、材料等科技革命的机遇，利用信息化、智能化和绿色节能的新技术、新产品、新工艺、新材料，加快推广绿色建筑，提高住房精细化设计和建造水平。大力发展新型建造方式，加快实现住宅建筑模数化和标准化、住宅建造工业化、住宅生产协作社会化，推进住宅建设管理信息化。围绕提高住宅质量整体水平，加大科研投入，建立科技创新平台，促进新技术、新材料在住房建设领域中的集成与运用，形成一批研发生产基地和示范建设项目。完善大型居住社区配套设施建设。

第六节　充分利用新技术完善城市治理体系

从国际比较看，政府治理能力强，经济分配相对公平，中等收入群体比重大，社会保障体系比较健全，都是形成稳定的政治和社会环境的基础。未来的中国城市化将处在从城市化率 60% 提高到 80% 的关键阶段，迫切需要提高和改善城市治理能力，更好地应对城市各方面利益诉求增多的现象，提高居民对城市的认同感，增强城市的包容性。

第一，稳步推进智慧城市建设。智慧城市是运用物联网、云计算、大数据、空间地理信息集成等新一轮信息技术，促进城市规划、建设、管理和服务智慧化的新理念与新模式，也是各类信息技术的综合集成应用平台和展现载体。一是推动政务信息系统整合共享，打造智慧政府。加快推进“互联网+政务服务”，突出精准治理，引导各地区将大数据、物联网等新一代信息技术引入城市管理，推行以数据为基础资源的城市管理新模式，实现精细化管理、人性化服务，提升城市治理水平。二是融合人工智能、区块链、云计算和大数据等技术，提升政府的社会治理能力和公共服务水平。提升电力、燃气、交通、水务、物流等公用基础设施的智能化水平，实现精准化、协同化、一体化运行管理，构建普惠化公共服务体系。三是利用信息智能等技术，构建全时全域、多维数据融合的城市管理体系。在食品、药品和消费品安全、检验检疫等领域，建立可追溯的市场监管服务体系。建立环境信息智能分析系统、预警应急系统和环境质量管理公共服务系统，实施智能化远程监测。

第二，推进城市服务供给精细化，增强城市包容性。未来中国的大中城市特别是特大城市，受收入、教育、职业等方面的影响，各类城市群体的利益诉求将更加多元化，不同群体之间还存在利益排斥关系，这为城市社会治理提出很大挑战。为此，要综合施策，一是推进城市服务供给精细化。除了满足城镇居民传统的衣、食、住、行等公共设施服务需求外，还要针对城市居民消费和服务升级的新趋势，围绕子女教育、住房保障、医疗卫生等新需求，提供精准化的基本公共服务。二是将户籍家庭和非户籍家庭“一视同仁”，纳入统一的城市公共服务体系。城市政府要通过户籍、教育、医疗等制度改革，为全体城市居民提供均等化的公共服务。现有的住房保障体系要逐步覆盖非户籍家庭，加大环卫、公交等行业从业群体的住房保障力度。

第三，推动城市治理的重心和配套资源下沉。一是依法明晰街道办事处和基层群众性自治组织的权责边界，明确基层群众性自治组织承担的公共事项及公益服务，强化自治组织的自治功能，为基层群众性自治组织更好地发挥基础作用、参与社会治理奠定基础。二是激发基层治理机构的活力。引入高层次、有经验的社会工作者，以解决社区工作力量不足、服务能力有限、专业化水平不高等问题。三是加大政府购买基层公共服务的力度。将社区社会工作服务和面向社区的事务性、服务性工作列入政府购买服务范围，增强基层公共服务的资金保障能力。

第七节　深化以创新为导向的体制机制改革

中国巨大的国内市场潜力和新一轮改革开放带来的制度红利，是中国高质量城市化发展的独特动力机制。为高质量推进中国城市化，未来要以更大力度破除资源流动障碍，实施以创新为导向的体制机制改革，使市场在资源配置中起决定性作用，促进各类生产要素自由流动并向优势地区集中，提高主要城市群的资源配置效率和国际竞争能力。

一、推进户籍、土地等制度改革

第一，深化户籍制度改革。全面放宽城市落户条件，完善配套政策，打破阻碍劳动力流动的不合理壁垒。要落实“城区常住人口 100 万～300 万的大城市全面取消落户限制，300 万～500 万的大城市全面放开放宽落户条件，并全面取消重点群体落户限制”的规定。超大特大城市要调整完善积分落户政策，确保社保缴纳年限和居住年限分数占主要比例；逐步扩大居住证所包含的公共服务项目，使其接近本地户籍居民享有的公共服务水平。

第二，形成全国统一开放、竞争有序的商品和要素市场。要实施全国统一的市场准入负面清单制度，清除对非本地企业、产品和服务设置的歧视性市场准入限制与市场壁垒，打破行政性垄断，坚决破除地方保护主义。推进区域市场一体化建设，建立健全区域市场一体化机制、区域合作机制和区域利益共享机制，引导商品及服务跨区域自由流动。严格落实竞争审查制度，建立和完善反垄断常态化监管机制，依法制止滥用行政权力排除、限制竞争的行为，维护市场公平竞争。

第三，提高养老保险统筹层次，尽快实现全国统筹。养老保险全国统筹制度不仅可以对养老金实施统一调配，也能拓宽养老金保值增值的投资渠道，释放社会保障和市场要素的多重红利。在确保 2020 年省级基金统收统支的基础上，加快建立基本养老保险全国统筹制度，在全国范围内实现制度统一和区域间互助共济。用好基本养老保险基金中央调剂制度，利用发达地区养老基金结余较多的条件，有效解决欠发达和落后地区养老金亏空和发放难等问题。

第四，加快改革土地管理制度。建设用地资源向中心城市和重点城市群倾斜。在国土空间规划、农村土地确权颁证基本完成的前提下，城乡建设用地供应指标应更多由省级政府统筹负责。扩大“人地挂钩”政策的覆盖范围，将超大和特大城市外来人口吸纳能力同新增建设用地指标相挂钩，鼓励多吸纳农业转移人口落户。改革土地出让制度和用地模式，增加大中城市住宅用地供应。探索集体经营性建设用地渐进式进入住宅用地市场，实现住宅用地的多元供给。促进城市闲置、低效各类用地再开发，提高土地利用效率。

二、加快构建开放型城市发展格局

新中国成立 70 多年，改革开放 40 多年的历程表明，开放是决定一个城市兴起的重要因素。目前中国已经逐步形成全方位、多层次、宽领域的对外开放新格局，为中国城市化高质量发展提供了重要支撑。未来要适应全球新一轮技术革命、全球城市群竞争加剧等新形势，中国要对标国际先进规则、标准，着力推动制度型开放，加快构建开放型城市发展新格局，更好地参与全球城市竞争。

第一，有序增加设立自由贸易试验园区的城市数量。自由贸易试验园区作为中国目前最重要的开放平台，是中国城市扩大开放、提升全球竞争力的重要载体。借鉴上海、天津、福建、广东等自贸试验区相关经验，结合各地方特点，加快复制推广经验，充实新的试点内容，进一步扩大改革赋权，推动实施中国城市新一轮高水平对外开放。

第二，全面实施准入前国民待遇加负面清单管理模式。简化外商投资项目管理程序和外商投资企业设立、变更管理程序，加强事中、事后监管。完善外商投资市场准入制度，全面实施准入前国民待遇加负面清单管理模式。在做好风险评估的基础上，借鉴中美第一阶段贸易协定的内容，分层次、有重点放开服务业领域外资准入限制，在银行、证券、保险、电子支付等领域提供公平、有效、非歧视的市场准入待遇。

第三，推动城市产业“走出去”，提高对外投资质量和效率。扩大服务贸易规模，推进服务贸易便利化和自由化，依托大数据、云计算、物联网、移动互联网等新技术，推动城市服务业转型，培育服务业竞争新优势。简化境外投资管理，除少数有特殊规定外，境外投资项目一律实行备案制。鼓励各城市发挥自身产业优势到境外开展投资合作，推动高铁、核电等优势行业“走出去”，支持国内投资主体建设和管理各类产业合作园区。

三、积极应对城市化进程中的各类挑战

新一轮技术革命在推动中国城市产业结构转型升级的过程中，还会带来“就业破坏效应”和“就业创造效应”，城市间、区域间、行业间、群体间的收入差距有进一步拉大的趋势。中国未来的城市化发展要积极应对收入差距扩大、“数字鸿沟”加大等挑战。

第一，提高中等收入人口比重。参照世界银行的标准，我国中等收入群体大约有 4 亿人。未来要按照生产率从低到高的顺序，促进劳动力在区域、城乡、产业和企业之间自由流动，微观上增加个人和家庭收入，宏观上提高劳动生产率。深化相关领域的改革，消除阻碍劳动力横向和纵向流动的体制性障碍，构建“橄榄形”分配结构。

第二，加快健全以税收、社会保障、转移支付为主要手段的再分配调节机制。加大税收调节力度，改革个人所得税，完善财产税，推进结构性减税，减轻中低收入者和小型微型企业税费负担。完善房产保有、交易等环节税收制度，逐步扩大个人住房房产税改革试点范围，细化住房交易差别化税收政策，加强存量房交易税收征管。稳步提高社会保障水平，提高社会保障统筹层次，实行全国统一的社会保障体系。

第三，打破垄断部门的利益藩篱。不同行业间的收入差距是居民收入差距的重要组成部分。加快推进“混合所有制”和“以管资本为主”

的各项改革，打破垄断部门的利益藩篱。加快清理各类显性和隐性壁垒。在电力、电信、铁路、石油、天然气等重点行业和领域，放开竞争性业务，进一步引入市场竞争机制。

第四，加快基础教育、医疗等公共服务均等化进程。创造良好的政策环境和公共服务平台，使人人都有通过辛勤劳动实现自身发展的机会，打破社会身份的固化，阻断贫困的代际传递。中央和各地财政要划定合理的投入比例，推行“按片区划学校”、减少“跨区域择校”的比例，做到中小学基础教育资源均等化，为许多因家庭经济原因“上不起学”“上不了好学校”的孩子提供良好的基础教育，减少经济地位、职业、阶层等因素对下一代收入的影响。

第五，高度重视当前持续拉大的多层次“数字鸿沟”挑战。在信息基础设施建设方面，持续加强城乡网络基础设施升级，继续推进光纤宽带、4G/5G 等新一代通信网络的部署和升级，加快解决中西部和农村地区的“数字鸿沟”问题。从青少年抓起，高度重视可能出现的不同性别间、不同收入间、不同专业间的“数字鸿沟”问题，将信息技术基础知识和信息技术应用推广作为城市化进程的重要公共政策。

四、构建有利于新一轮技术革命拓展的现代监管模式

新一轮技术革命推动下形成的新产业、新业态和新模式，会不断提出突破原有监管制度和政策体系束缚的新要求，并推动建立与技术革命和新的产业发展相适应的监管制度与政策体系。从国际经验看，一个国家的监管制度体系越僵化，对新产业、新业态和新模式发展的监管束缚越多，技术革命的产生和成果转化越会受到制约。考虑到新一轮技术革命带来的各类创新活动增多，政府监管模式要坚持“鼓励创新、促进

竞争、审慎监管”的原则，推动技术革命更好地服务经济社会发展和民生改善。

第一，制定信息技术发展带来的隐私保护等针对性监管政策。随着欧美数据主权法案的实施，以及 Facebook 数据泄露事件影响，全球对于用户数据隐私保护更加关注。当前中国对于数据主权和隐私保护仍然处于起步阶段，需要加快国际接轨。如人工智能等技术在自动驾驶、工业机器人等领域的应用一直颇受争议，随着这些领域技术成熟度不断提升，“机器换人”“机器代人”将在更大范围推广。如何认识智能技术发展对经济、社会、伦理、道德等层面的变革，减少不必要恐慌，是推进信息技术发展的技术伦理难题，也是需要增进国际对话的核心议题。应以数字经济法制化为重点，发挥立法的引领和推动作用，规范信息技术发展与管理，根据各地实际，完善与此相关的个人信息保护法、网络安全法等法规和政策，解决城市化进程中的潜在挑战。

第二，加强平台经济有效监管，促进平台经济领域公平竞争。随着互联网、信息技术和运输手段的快速发展，中国在各个领域都形成了一些比较有影响力的互联网平台，比如淘宝、腾讯、京东、美团等，在方便居民生活、提升社会运行效率的同时，平台经济领域经营者之间可利用数据、算法等技术手段达成垄断协议，平台“二选一”、大数据杀熟、低价倾销等问题日益突出。因此，要加强平台经济有效监管，预防和制止排除、限制竞争的垄断行为，维护平台经济领域公平竞争、开放包容的发展环境。降低市场进入壁垒，促进更多主体进入市场，引导和激励平台经营者将更多资源用于技术革新、质量改进、服务提升和模式创新。维护平台各方合法利益是监管体系的重点，维护好平台内经营者和消费者等各方主体的合法权益，共享平台技术进步和经济发展成果，实现平台经济健康发展。

第三，创新对行业新业态的监管理念和监管方式。信息、能源、交通等领域的新业态新模式不断涌现，也引发了一系列新的社会焦点，对政府部门在监管设施、服务、政策、标准等方面的供给提出了新要求。以网约车为例，网约车模糊了营运与非营运界限，以许可资格审核的行业传统管理模式已难以适应“互联网+”时代要求，这就需要转变到对运营过程监管，加强对运营商动态价格机制、实时供需算法等监管。

第八节　构建中国城市化高质量发展的评估指标体系

中国过去的城市化取得很大成绩，但总体发展质量不高、注重短期增长的特点也比较突出。未来的中国城市化要按照高质量发展的要求，围绕“创新、协调、绿色、开放、共享”这五大发展理念，构建衡量城市高质量发展的指标体系（见表10.1），发挥指标体系对城市化进程的引导和评价作用。

第一，城市的创新发展指标。该指标下包含创新投入与创新产出两个指标。创新是一项复杂的系统性工程，涉及体制以及技术层面，在测量创新的过程中存在较大困难。指标体系从创新要素和绩效出发，选取了每万人研发人员数和创新投资指数分别衡量创新投入的人才要素和资本要素，选取每万人发明专利申请拥有量和科技进步贡献率衡量科技绩效及其背后的经济价值，基本衡量了城市的创新能力和潜力。

第二，城市的协调发展指标。该指标主要关注城市内部的城乡结构和产业结构。在城乡结构方面，城镇化率作为传统衡量城市发展水平的指标，反映了城市人口与农村人口的规模差距，而人均收入之比反映出城市与农村发展的物质生活水平差距。在产业结构方面，产业之间以及产业内部都需要保持协调共进，选取了非农产业产值占比和高新技术产值占比来代表产业结构的转型升级。制造业和服务业往往能够发挥城市的市场优势，一方面依托庞大的劳动力市场，提供供应端所需的生产要素；另一方面，构建了需求巨大的消费市场，反映了城市的经济发展模式，而高新技术产业代表了产业的高端领域，将影响城市长远竞争力，也往往决定着城市在全球价值链的定位和话语权。

第三，城市的绿色发展指标。该指标从资源和环境角度分别选取了污水处理率、每万元 GDP 综合能耗、建成区绿化覆盖面积和空气质量优良率四个指标。其中，前两个指标分别衡量了城市资源的清洁回收率和使用效率，而后两个指标描绘了城市绿色生态的建设情况及其成效。

第四，城市的开放发展指标。未来城市的高质量发展在于打破国与国之间的界限，在全球化的背景下充分调动国际资源要素。针对对外贸易和对外交流两方面，分别设计了贸易依存度、外资依存度以及外籍人口比重、旅游创汇能力。对外贸易主要从货物和服务进出口以及外商投资进行衡量；对外交流主要从人员往来角度进行衡量，这体现了城市在全球开放环境下的竞争地位，反映出城市的开放态度和能力。

第五，城市的共享发展指标。共享发展选取了社会保障、教育医疗和基础设施三个二级指标，对城市社会发展以及人民福利方面尽可能做到客观和全面的评测。其中，社会保障下设城市就业率、城镇职工养老保险参保比例和城镇职工基本医疗保险参保比例；教育医疗下设每万人专任教师数量、每万人学生数量和每万人执业（助理）医师数量；基础设施下设每万人互联网宽带接入用户数和每万人公共图书馆图书藏量。随着城市高质量发展，人民群众对美好生活的向往将愈加迫切，城市不均衡不充分发展的现状必须依靠多方协调共同推进解决。

表 10.1　　中国城市高质量发展评价指标体系

一级指标	二级指标	三级指标	备注
创新发展	创新投入	每万人中研发人员数	研发人员数/总人口 ×10000
		创新投资指数	创新研发投资额/GDP
	创新绩效	每万人发明专利拥有量	发明专利申请量/总人口 ×10000
		科技进步贡献率	扣除了资本和劳动后，科技等因素对经济增长的贡献份额
协调发展	城乡结构	城镇化率	城市人口/总人口
		城乡人均收入比	城市人均收入/农村人均收入
	产业结构	非农产业产值占比	1 - 第一产业产值/三产总产值
		高新技术产值占比	高新技术产业产值/三产总产值
绿色发展	节能减排	污水处理率	经过处理的生活污水、工业废水量/污水排放总量
		每万元 GDP 综合能耗	一次能源供应总量/GDP
	生态建设	建成区绿化覆盖率	城市建成区的绿化覆盖面积/建成区面积
		空气质量优良率	全年环境空气污染指数（API）≥二级的天数/全年天数
开放发展	对外贸易	贸易依存度	进出口总额/GDP
		外资依存度	外商投资额/GDP
	对外交流	外籍人口比重	外籍人口/总人口
		旅游创汇收入能力	旅游外汇收入/GDP
共享发展	社会保障	城市就业率	城市在业人员/（城市在业人员 + 城市待业人员）
		城镇职工基本养老保险参保比例	城镇职工基本养老保险参保人数/城镇职工人数
		城镇职工基本医疗保险参保比例	城镇职工基本医疗保险参保人数/城镇职工人数

续表

一级指标	二级指标	三级指标	备注
共享发展	教育医疗	每万人专任教师数量	专任教师数（普通高校 + 中等职业教育学校 + 普通中小学）/总人口 × 10000
		每万人学生数量	学生数（高等本专科学校 + 中等职业教育学校）/总人口 × 10000
		每万人执业（助理）医师数	执业（助理）医师数/总人口 × 10000
	基础设施	每万人互联网宽带接入用户数	互联网宽带接入用户数/总人口 × 10000
		每万人公共图书馆图书藏量	公共图书馆图书藏量/总人口 × 10000

在研究设立上述指标时，为了消除指标设计和计算带来的不可共度性，在测量时需对三级指标进行无量纲化处理。由于指标体系内的指标均为正向性单项指标，即数值越大，表现越好。采用均值化方法，首先计算出每个三级指标的量纲化数值，计算公式如下：

$$y_{ip} = \frac{x_{ip}}{x_{iP}}$$

其中：y_{ip}代表第 p 个城市的 i 项指标的量纲化数值；x_{ip}代表第 P 个城市 i 指标的实际值；$\overline{x_{iP}}$代表第 i 指标的均值。

在此基础上，此线性加权模型方法对各指标进行评分。各项指数计算方法如下：

$$Q = \sum_{1}^{5} w_i Y_i$$

$$Y_i = \sum_{1}^{n} W_{ij} y_{ij}$$

其中，Q 为城市高质量发展状况的综合得分；w_i 为第 i 类指标（二级指标）的权重系数；Y_i 为第 i 类指标的得分；w_{ij}为第 i 类第 j 项指标

（三级指标）的权重系数；y_{ij} 为第 i 类第 j 项指标经无量纲化处理后的数值。

同时，为了体现五大发展理念相辅相成、缺一不可的特点，指标体系对每级指标均附有等值权重，即第一级指标权重均为 20 分，在此基础上分别对若干指标的权重进行均衡分配。

本章小结

从国际经验和中国过去的城市化历程看，适应各个阶段发展的及时、有效的制度与政策调整是应对城市化挑战、推动城市化健康发展的重要保障。进入城市化中后期阶段，原先的城市发展路径难以维系。推动城市化发展的动力机制发生很大变化，将由简单地调动资源、制造业驱动的城市化，变成通过城乡和城市间更有效的资源配置能力以及更高效的城市群发展带来生产率提升，充分利用超大规模国内市场需求潜力和改革开放带来的制度红利。

新一轮技术革命为新阶段中国城市化高质量发展提供了强大动力。要抓住技术革命拓展期的发展机遇，推动城市产业结构转型升级，优化以城市群为主体形态的城市化空间格局，完善城市治理体系和深化以创新为导向的体制机制改革。

参考文献

[1] 钱纳里．工业化与经济增长的比较研究．牛津：牛津大学出版社，1986
[2] 王微，王青等．加快建设现代市场体系．北京：中国发展出版社，2019
[3] 重庆市生产力发展中心等．重庆 2035：迈向全球城市．重庆：西南师范大学出版社，2018
[4] 肖林，周国平．卓越的全球城市：不确定未来中的战略与治理．上海：格致出版社，2017
[5] Saskia Sassen 著．周振华等译．世界经济中的城市（第五版）．上海：格致出版社，2020

后记

市场经济研究所是国务院发展研究中心最早成立的部门之一，长期从事市场体系、消费、流通、服务业及房地产等方面的政策研究，在建立和完善社会主义市场经济体制的过程中，先后对我国价格改革、流通体制、期货市场、住房制度以及现代市场体系建设等重要领域的改革和发展提供了开创性的智力支持。

2014 年，我在参与国务院发展研究中心与世界银行合作课题“中国：推进高效、包容、可持续的新型城镇化”的研究工作时，深刻地认识到城市化是中国走向现代化的重要发展动力，市场所长期研究的消费、流通、服务业、房地产及市场体系等议题，都与城市化进程密切关联。2016 年初，我就任市场所所长伊始，多次与同事们提议在所内开展城市化方面的基础性研究，只有更好认识城市化的发展规律，才能更准确地把握消费、流通、服务业、房地产、市场体系的中长期发展趋势及其所需要的经济社会条件和制度环境，从而为提高政策咨询质量、更好服务国家发展奠定坚实的基础。

这一想法得到了时任分管领导国务院发展研究中心隆国强副主任的高度肯定和大力支持。他认为城市化是全球发展的重要趋势，现代意义上的城市化发端于工业革命，技术革命是城市化的不竭动力。当前全球新一轮技术革命方兴未艾，从新技术革命视角研究中国乃至全球城市化的发展变化趋势，是创新和挑战兼具的重大研究议题。在隆国强副主任与必和必拓集团首席商务官白伟诚先生（Arnoud Balhuize）深入沟通和共同倡议下，在国务院发展研究中心原主任李伟先生与必和必拓首席执行官麦安哲先生（Andrew Mackenzie）的支持下，市场经济研究所与必和必拓集团于2018年1月正式签约，就“新一轮技术革命背景下中国城市化战略”开展为期三年的合作研究。

面对这样一个极具创新性和挑战性的研究课题，全所同事多次集中深入讨论，确定了研究思路和框架，即从历次技术革命与城市化发展的互动关系入手，深刻把握历次技术革命推动城市化发展的内在机理、实现路径及其带来的城市规模、产业结构、城市体系、城市治理等方面的变化；从新一轮技术革命的主要内容及其演进方向入手，深入剖析新一轮技术革命对经济社会及城市化发展可能带来的影响，尝试对未来全球城市化发展的新趋势、新挑战作出预判；从中国城市化发展的现实国情出发，结合城市化发展规律与新技术革命的影响，分析研判中国新发展阶段城市化发展的主要趋势与前景，提出促进中国城市化高质量发展的战略思路与政策措施。

在三年的艰辛研究中，我们有幸得到了马建堂书记、王安顺副主任和隆国强副主任毫无保留的支持和指导，国务院发展研究中心吴敬琏研究员、刘世锦研究员，中科院院士邬贺铨、中美绿色基金徐林董事长，以及国家发展改革委、住建部、工信部、交通部、科技部、全国人大财经委等有关部门的专家和领导，均从各自视角给予了大量指导和有益建议。课题研究的核心团队成员主要来自国务院发展研究中心市场经济研究所，根据研究需要还邀请了国务院发展研究中心发展部和产业部、中国社会科学研究院农村发展研究所、国家发展改革委能源研究所、工信部中国电子信息产业发展研究院、同济大学、北京交通大学等机构的专家参与研究。

2018 年 3 月至 2019 年 12 月，核心团队成员在国内外开展了广泛的实地调研，足迹遍布成渝、京津冀、长三角、珠三角（包括香港）等国内大型城市群，以及新加坡、英国、法国、德国、瑞典、捷克等国家的主要城市。同时通过参加国际研讨会、派出访问学者等方式与世界经济论坛（WEF）、经济合作与发展组织（OECD）等国际机构，英国牛津大学、美国布鲁金斯学会、必和必拓集团发展策略研究部等国际研究机构进行了深度交流研讨。课题组还先后与政府部门、研究机构、大学和典型企业举行了 8 场大型调研座谈会以及 10 余场小型专题讨论会。

在充分调研和深入研究的基础上，课题组形成了包括 1 篇执行摘要、1 篇总报告、7 篇专题报告和 5 篇国别报告在内的研究成果。专题报告分别从信息技术、能源技术、交通技术、都市圈发展、城乡融合、技术革命史等角度分析了历次技术革命对城市化进程的影响，新一轮技术革命中核心技术的变革趋势及其对城市化的潜在影响及挑战等。国别报告研究了美国、英国、德国、日本、韩国和拉丁美洲城市化发展历程、经验和教训以及对我国的启示。总报告包括三部分，一是从历史层面看技术革命和城市化的关系，系统分析技术革命作为城市化的源动力，对城市产业升级、城市功能提升、城市体系调整、城市制度变革的影响及内在机理；二是重点分析新一轮新技术革命的主要创新趋势及其对全球城市化和经济社会发展的影响；三是系统梳理中国城市化的进展，着重分析新阶段中国城市化发展的新趋势，并就抓住新一轮技术革命机遇，推动中国城市化高质量发展提出了针对性的发展思路和政策建议。

我和邓郁松负责全书的框架设计与统稿。各章节初稿的执笔人如下：第一章（王瑞民）、第二章（刘馨、赵勇）、第三章（邓郁松）、第四章（赵勇）、第五章（赵勇、牛三元）、第六章（赵勇）、第七到第十章（邵挺）。形成初稿后，课题组成员进行了数十次的集体讨论与修改，部分章节内容进行了前后调整。定稿后，我和邓郁松、王瑞民、牛三元撰写了课题执行摘要。此外，王青、刘涛、李汉卿、王立坤、王念等同事也参与了专题报告的研究和讨论。

在付梓之前，我们还邀请知名专家学者对课题成果进行了审读和把关。2020 年 11 月和 2021 年 1 月，分别组织召开了两次专家咨询会，吸纳专家建议对书稿进行了新一轮修改；2021 年 3 月 20 日，在钓鱼台国宾馆举行的“2021 中国发展高层论坛经济峰会”上，市场所组织举办了“新技术革命与城市化”专题论坛，邀请王安顺副主任出席和致辞，必和必拓首席执行官韩慕睿（Mike Henry）先生、中美绿色基金董事长徐林先生、麦肯锡全球研究院院长华强森（Jonathan Woetzel）先生和中国科学院科技战略咨询研究院院长潘教峰教授参与讨论。在专题论坛上，我作为主持人介绍了课题研究的背景、思路及方法，邓郁松副所长代表研究团队介绍了课题研究的主要发现和主要观点。国内外与会嘉宾给予我们高度肯定，认为课题研究具有开创性，主要观点和相关判断具有一定的前瞻性，知识含量和政策价值较高，主要政策建议具有较强的指导性。

对市场所而言，这仅是城市化研究的开端，疏漏之处，敬请指正。后续我们还将继续深化研究，努力形成更多有价值、更高水准的成果，更好地服务中央、服务大局、服务建设社会主义现代化国家的新征程。

国务院发展研究中心市场经济研究所所长、研究员　王　微

2021 年 4 月 20 日